KB053399

조셉 머피

# 52주간 긍정 확언
# 잠재의식의 힘

52 Weekly Affirmations: Techniques to Unleash the Power of Your Subconscious Mind
by Joseph Murphy



This Korean edition was published byMiraejisig publishing companyin 2023
by arrangement with JMW Group Inc.through KCC(Korea Copyright Center Inc.), Seoul.

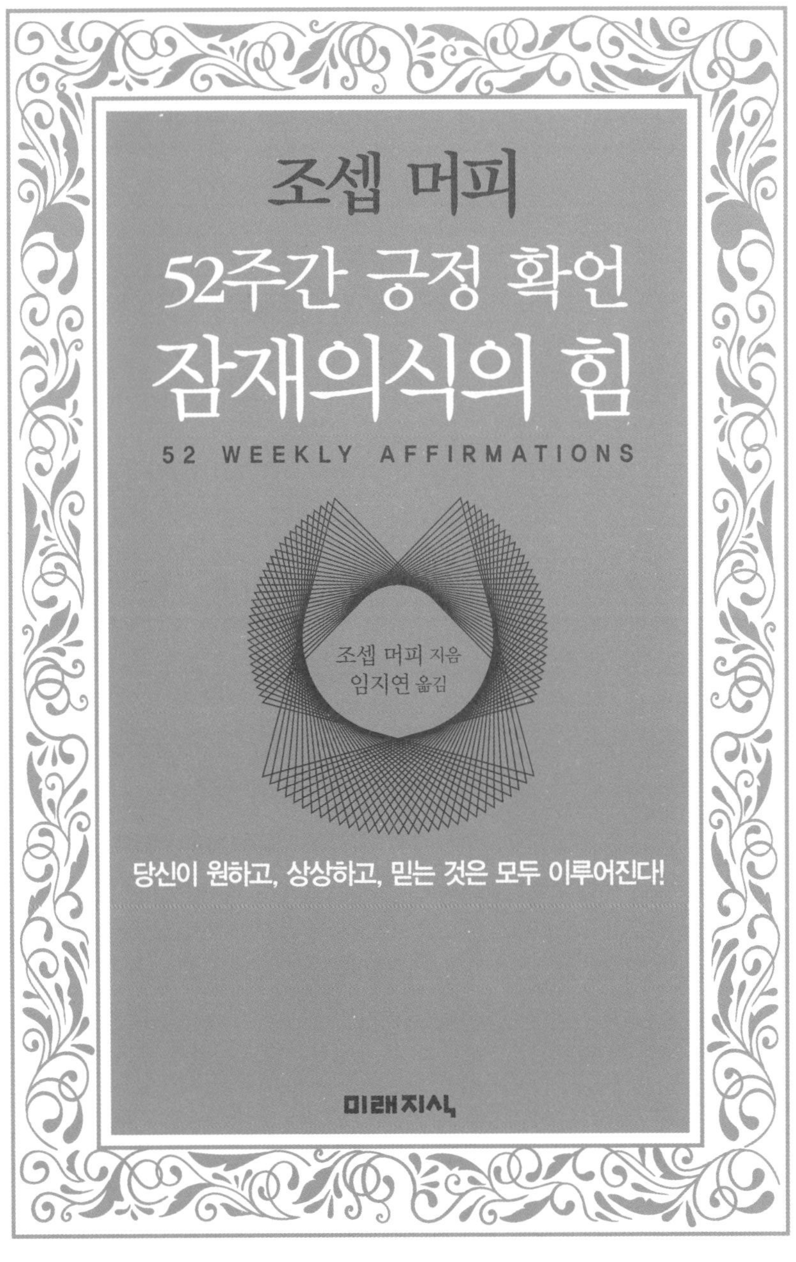
조셉 머피
52주간 긍정 확언
잠재의식의 힘
52 WEEKLY AFFIRMATIONS
조셉 머피 지음
임지연 옮김
당신이 원하고, 상상하고, 믿는 것은 모두 이루어진다!
미래지식

# 서문

우리는 누구나 자신이 원하고 상상하며 진심으로 믿는 것들을 무엇이든 이루고 행하며 얻어낼 수 있는 놀라운 잠재력을 가지고 있다. 그러나 안타깝게도 자신의 잠재력을 온전히 발휘하는 것은 소수의 사람들뿐인데, 대부분 잠재의식 즉 우리 내면과 주위를 둘러싼 신성의 무한한 힘을 인식하여 이용하지 못하기 때문이다.

사실 성공의 비결은 이제 더 이상 비밀이 아니다. 그 비법은 수천 년 동안 실행되어 오며 이미 널리 알려져 있다. 역사적으로 큰 업적을 이룬 사람들은 자신에게 주어진 현실을 담담히 받아들인 사람들이 아닌, 더 나은 현실을 상상하고 자신이 더 나은 현실을 만들어낼 수 있다고 진심으로 믿음으로써 주변의 상태를 변화시킨 사람들이다. 지금부터 우리가 마음속에 품고 있는 바람, 상상, 믿음을 통해 자신만의 새로운 현실을 만들어내는 방법을 살펴보자.

**1단계 | 긍정의 본질 깨닫기**

여기서는 잠재의식 속에 생각을 심는 법을 배운다. 그러면 생각이 현실로 바뀌는 기적이 일어날 수 있다. 별다른 노력을 기울이지 않았거나 혹은 전혀 노력하지 않았는데도 말이다.

**2단계 | 52주간 긍정하기 실전 연습**

52주 동안 진행되는 긍정하기 연습을 거치면 건강과 부, 인간관계, 결혼 생활, 경력 등 우리 삶의 모든 면을 향상시킬 힘을 얻는다. 주간 단위로 제시되는 긍정 확언에는 이를 현실에서 어떻게 해석하고 적용할지 설명하는 해설이 곁들여지므로, 경험하려는 새로운 현실을 더욱 명확히 상상하고 인식할 수 있다.

**3단계 | 잠재의식에 생각을 심는 여러 기법**

이러한 추가적인 기법을 익히면 잠재의식에 생각을 심고 비전을 더욱 구체화할 수 있다. 자신이 원하는 존재가 되거나, 원하는 것을 하거나 얻어낸 모습을 명확하고 구체적으로 상상할수록 우리의 바람은 더욱 확실히 이루어진다.

**4단계 | 내면의 무한한 힘을 발산하기**

실천 가능한 몇 가지 원리를 밝힌 후, 긍정 확언의 힘을 통해 문제를 해결하고 자신과 타인을 치유하며 삶을 구원하고 관계를 발전시키며 사회적 성공을 이루어내고 부를 일군 사람들의 진짜 이야기를 살펴본다. 또한 유체 이탈, 초감각 지각, 텔레파시, 투시, 예지, 리모트 뷰잉Remote Viewing, 그 밖의 심령 능력에 있어서 잠재의식의 역할을 알아본다.

이 책은 우리를 더욱 행복하고 풍요롭고 만족스러운 삶으로 인도하는 안내서이다. 여기서 제시된 지침을 따른다면 환경의 피해자로서 사는 것을 멈추고 자기 운명의 주인이 될 수 있다. 그리고 원하고 상상하며 믿는 것이 무엇이든 그러한 존재가 되고, 그것을 하며 그 결과를 얻기 위해 자기 마음의 힘과 주변의 무한한 자원을 이용하는 방법을 알 수 있다.

# 목차

## 4단계 : 내면의 무한한 힘을 발산하기

PART 1

제1단계

•

# 긍정의 본질 깨닫기

Affirmation Essentials

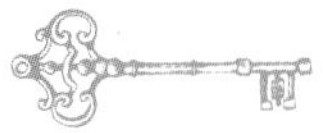

어째서 어떤 이는 행복하고 어떤 이는 불행할까? 어째서 어떤 이는 즐겁게 장밋빛 미래를 꿈꾸는데 또 다른 이는 우울감에 빠져 비관적으로 살아갈까? 어떤 이는 불안과 두려움으로 움츠러드는데 다른 누군가는 신념과 자신감을 바탕으로 당당히 나아갈까? 어째서 어떤 이는 아름답고 멋진 집에서 삶을 누리는데 다른 누군가는 빈곤한 삶을 살아내려 힘겹게 노력해야 할까? 어째서 어떤 이는 큰 성공을 거두지만 어떤 이는 절망적인 좌절을 맛볼까? 어째서 어떤 이는 자신의 분야에서 천재성을 발휘하는 반면 어떤 이는 주목받을 만한 일을 하거나 업적을 이루지 못한 채 평생을 힘들게 살아갈까? 어째서 그토록 많은 선량하고 친절한 종교인들이 자신들의 몸과 마음에 고문처럼 끔찍한 고통을 겪는 걸까? 반면에 어째서 그토록 많은 부도덕하고 반종교적인 사람들은 성공을 거두고 풍요로우며 건강한 삶을 사는 걸까? 어째서 누군가의 결혼 생활은 행복한데 그 자매는 불행하고 힘든 걸까?

이 모든 질문에 대한 답은 의식과 잠재의식의 작용에 있다. 그러므로 의식을 통해 긍정적으로 생각하도록 잠재의식을 재프로그래밍하면, 이에 따라 잠재의식이 힘을 발휘해 혼란, 불행, 우울, 좌절감으로부터 당신을 일으켜 세우고 당신이 원래 있어야 할 진정한 자리로 안내하며, 어려움을 극복하고 감정적·신체적 속박에서 벗어나 자유와 행복, 건강, 부유함, 마음의 평화로 향하는 왕도를 걷게 한다. 내면의 힘을 사용하는 법을 배우면, 자신이 상상하는 현실을 창조하는 방법을 알게 된다.

## 의식과 잠재의식

우리의 마음은 이성을 관장하는 의식과 창의성·직관을 관장하는 잠재의식으로 이루어진다. 의식을 통해 사고하고 추론하며, 습관적으로 사고하는 것은 무엇이든 그 사고의 본질에 따라 형성된 잠재의식 깊숙이 가라앉는다. 잠재의식은 감정의 중심이며 창조적인 마음이다. 좋은 생각을 하면 좋은 일이 따르고, 나쁜 생각을 하면 나쁜 일이 뒤따른다. 이것이 바로 마음이 작용하는 방식이다.

잠재의식은 어떤 생각을 받아들이면 그에 따라 움직이기 시작한다는 점이 중요하다. 많은 이가 미처 알아차리지 못하지만, 흥미롭게도 잠재의식의 법칙은 좋은 생각이든 나쁜 생각이든 똑같이 작용한다. 이 법칙이 부정적으로 작용하면 실패와 좌절, 불행의 원인이 되지만,

습관적 사고가 조화롭고 건설적이면 완벽한 건강과 성공, 번영을 경험한다. 정신적으로 무엇을 확신하고 무엇이 진실하다고 느끼든 간에, 잠재의식은 자신의 경험을 받아들이고 확장한다. 의식이 무언가를 결정하고 명령한다면, 무의식은 이를 실현하기 위한 계획을 세우고 실행한다.

마음의 법칙: 잠재의식은 의식 속에 품고 있는 생각의 본질에 따라 반응한다.

심리학자와 정신과 의사들은 생각이 잠재의식에 전달되면 그것이 뇌세포에 각인된다는 데 주목한다. 잠재의식은 어떤 생각을 받아들이는 즉시 그 작업을 실행한다. 잠재의식은 생각의 결합으로 작용하고 그 목적을 이루기 위해 당신이 평생 수집해 온 모든 지식을 활용한다. 당신 내면의 무한한 힘과 에너지, 지혜에 의존하며 결과를 얻기 위해 모든 자연법칙을 동원한다. 때로는 잠재의식이 당신이 겪는 어려움에 즉각적인 해결책을 제시하는 것처럼 보이지만, 어떤 때는 며칠, 몇 주 혹은 그보다 오랜 시간이 걸리기도 한다. 이처럼 잠재의식의 작용 방식은 인간의 이해를 뛰어넘는다.

잠재의식의 지혜를 통해 이상적인 동반자는 물론 적절한 동업자도 찾을 수 있다. 또한, 집을 구매할 적절한 매수자를 찾아 당신이 필요한 돈을 얻거나 마음이 원하는 상태에 이르고 마음이 이끄는 대로 무언가를 하거나 어디든 갈 수 있는 경제적 자유를 얻을 수도 있다.

나는 잠재의식의 힘이 마음이 속박되어 있는 상태의 사람들을 일으켜 세워 다시 한번 완전하고 활력 있는 강한 사람으로 변화시켜서 세상에 나아가 자유롭게 행복과 건강, 즐거움을 경험하는 것을 여러 차례 목격했다. 잠재의식에는 괴로움과 마음의 상처를 치유하는 기적 같은 치유력이 있으며, 마음의 감옥 문을 열어 당신을 해방할 수 있다. 모든 물리적, 정신적 속박으로부터 자유롭게 할 수 있다.

## 긍정 확언이 작용하는 법칙

긍정 확언은 어떤 것이 존재하거나 사실이라는 확신이다. 당신의 마음이 정원이라고 생각해보자. 당신은 정원사이고, 긍정 확언은 당신이 잠재의식이라는 토양에 의식적으로 심는 씨앗(생각)이다. 잠재의식에 어떤 씨를 뿌렸든 간에 그 씨앗은 당신의 몸과 환경에서 어떤 식으로든 결실을 맺기 마련이다. 이러한 이유에서, 당신의 마음이라는 화면에 반드시 긍정적인 이미지를 투사하고 이러한 이미지가 지금 당신의 현실이라고 충실히 믿어야 한다.

지금 바로 평화와 행복, 올바른 행동, 선의, 번영이라는 생각의 씨앗을 뿌리기 시작해라. 이에 대해 조용히 관심을 갖고 생각하며 의식적이고 이성적인 마음속에 이를 온전히 받아들여라. 그러면 결국 잠재의식으로 전달된다. 마음의 정원에 이처럼 멋진 씨앗(긍정 확언)을 계속 심으면 찬란한 수확을 거두게 될 것이다.

마음이 올바르게 생각하고, 진리를 이해하고, 잠재의식 속의 생각이 굳건하고 조화로우며 평화로울 때, 잠재의식의 마법 같은 힘이 발휘되어 조화로운 조건, 쾌적한 환경, 최고의 결과를 가져다줄 것이다. 사고 과정을 통제하기 시작하면, 잠재의식의 힘을 어떤 문제나 어려움에 적용할 수도 있다. 다시 말해서 실제로 무한한 힘과 모든 것, 당신 내면을 비롯해 당신을 둘러싼 세상을 지배하는 전지전능한 법칙과 의식적으로 협력하는 것이다.

## 종교적 믿음과는 다른 실천적 행위

잠재의식의 힘은 믿음에 기반을 두고 있지만, 종교적인 믿음과는 거리가 있다. 잠재의식은 우리가 태어나기 전, 어떤 교회나 세상이 존재하기 전부터 있었다. 삶의 위대하고 영원한 진리와 원칙은 어떤 종교보다 앞서 존재한다. 이러한 생각을 염두에 두고 정신적, 육체적 상처를 동여매고서 두려움이 가득 찬 마음에 자유를 선언하고 가난과 실패, 우울, 결핍, 좌절이라는 현실의 제약으로부터 당신을 완전히 해방할 이 경이롭고 마법 같은 변혁의 힘을 붙잡아라. 그리고 당신이 구현하고 싶은 좋은 결과와 정신적, 감정적으로 결합하라. 그러면 잠재의식의 창의력이 이에 반응할 것이다. 지금 당장, 바로 오늘,

당신의 삶에 놀라운 기적이 펼쳐지게 하자!

인생의 법칙은 곧 믿음의 법칙이며, 믿음은 마음속 생각으로 요약된다. 사람이 생각하고 느끼고 믿는 대로 그 몸과 마음, 환경의 상태는 변화한다. 자신이 무엇을 하고 있는지, 왜 그것을 하는지에 대한 이해를 기반으로 한 방법, 즉 기술을 익히면 삶의 모든 좋은 것들에 대한 잠재의식이 구현될 수 있다. 본질적으로, 기도에 응답을 받았다는 것은 신앙심과 상관없이 자기 마음의 바람을 인식한 것이다. 불교도, 기독교도, 무슬림, 히브리인들이 모두 자신의 기도에 대한 응답을 받는 것은 특정한 신조, 종교, 의례, 의식, 공식, 전례, 주문, 희생 예물이나 제물 때문이 아니라 기도에 대한 믿음이나 정신적 수용성, 기꺼이 받아들이려는 마음이 있었기 때문이다.

이 책에 나오는 긍정 확언에서는 '하나님'이라는 용어를 사용하지만, 이는 각자의 신앙에 따라 알라, 야훼, 브라만, 주님, 전능하신 분, 지극히 높으신 존재, 성령, 도(道), 위대한 영, 포스 등으로 대체될 수 있다. 조셉 머피 박사는 "하나님은 사람이 아니기 때문에 '하늘에 계신 우리 아버지Our Father, which art in Heaven'라고 할 때 사람을 가리키는 who 대신 which를 사용하는데, 이는 무한한 생명과 무한한 지성이라는 비인격적인 존재와 힘을 나타낸다."라고 말했다. 다시 말해서 기도란 마음과 믿음을 담아 긍정 확언을 암송하는 행위이다.

## 믿음의 힘과 그 필요성

마음의 법칙은 곧 믿음의 법칙이다. 즉 자기 마음이 작용하는 방식을 믿는 것, 믿음 그 자체를 믿는 것이다. 마음을 믿는다는 것은 이처럼 간단하다. 이것 외에 별다른 비법 같은 것은 없다. 사랑에 대한 믿음이 무형의 힘을 발휘해 영혼의 동반자를 끌어당기고 믿음이 가진 무형의 힘이 건강, 부, 지혜, 성취감을 가져다줄 수도 있다.

우리가 겪은 모든 경험과 사건, 현재 우리의 조건, 우리가 하는 행동은 모두 생각에 대한 잠재의식이 반응한 결과이다. 다시 말해, 어떠한 결과를 얻게 될 것이라는 믿음이 아닌, 우리 자신의 마음에 그러한 결과를 가능케 하는 힘이 있음을 믿는 것이다.

잘못된 믿음이나 의견, 미신, 인류에 대한 두려움 등은 이제 떨쳐야 한다. 삶에 대한 영원한 불변의 진리를 믿기 시작하자. 이 책을 읽고 여기서 제시한 잠재의식의 원칙을 적용한다면 자신은 물론 타인을 위해서도 선을 불러낼 수 있다. 그 말은 행동과 반응이라는 보편적인 원칙에 따라 만들어져서 생각이 형성된다. 생각은 이제 막 시작하는 행동이다. 반응은 우리 생각의 본질과 일치하는 잠재의식에 대한 대응이다. 조화, 건강, 평화, 선의라는 개념으로 마음을 가득 채우면, 우리 삶에 경이로운 일이 일어나기 시작한다.

## 긍정 확언으로 믿음 쌓기

믿음을 쌓는 방법은 다양한데, 대표적으로 다음의 네 가지가 있다.

- **경험** : 경험이나 지각을 통해 불이 뜨겁다는 사실을 아는 것처럼 어떠한 것이나 상태에 대해 알게 된다.
- **이성** : 이성을 통해 어떤 것이 존재하거나 어떤 방식으로 작용한다는 결론에 도달한다. 예를 들어, 대부분 사람은 자연선택에 의한 진화를 믿는다. 이 이론이 지구상에 존재하는 생명체의 다양성에 대한 합리적인 설명을 제시하기 때문이다.
- **초월적 믿음** : 믿음의 도약, 은총 또는 그 밖의 설명할 수 없는 현상을 통해 인식과 이성을 초월한 믿음을 갖는 것이다.
- **긍정 확언 또는 암시** : 암시나 자기암시를 통해 어떤 것이 그러하다거나 어떤 결과는 불가피하다고 믿게 된다. 최면술은 암시의 힘을 보여주는 예이다. 의식의 활동이 중단되면, 무의식은 암시를 훨씬 더 잘 받아들인다. 그러나 최면이 없더라도 반복적인 긍정과 암시는 무의식에 믿음을 심을 수 있다.

## 긍정 확언이 작용하려면

긍정 확언의 효과는 진실에 대한 이해와 '긍정 확언'이라는 말 이면의 의미에 의해 크게 좌우된다. 긍정 확언이란 보편적 진실을 인정하는 것이다. 그러므로 당신이 말하는 긍정 확언은 긍정의 내용을 명확하고 구체적으로 제시하고 이를 지적으로 적용하는 데서 힘을 얻는다. 예를 들어, 한 소년이 3 더하기 3은 7이라고 칠판에 적는다고 하자. 선생님은 수학적으로 확실히 3 더하기 3은 6이라고 확언한다. 이에 따라 소년은 자신이 쓴 답을 바꾼다. 선생님 말씀으로 인해 3 더하기 3이 6이 된 것이 아니다. 답이 6이라는 것은 수학적 진실이기 때문이다. 소년이 칠판에 쓴 답을 고친 것은 선생님의 말 때문이 아니라 수학적 진실 때문이었다.

아픈 것은 비정상이고, 건강한 것은 정상이다. 건강은 우리가 존재하는 진리이다. 우리가 자신이나 다른 사람을 위해 건강과 조화, 평화를 긍정할 때, 이러한 가치가 우리 존재를 지탱하는 보편적 원리임을 깨달을 때, 잠재의식의 부정적 패턴이 건강이라는 보편적 진리가 담겨 있는 긍정적 패턴으로 대체된다.

긍정 확언이 어떤 결과를 맺을지는 그 상황과 무관하게 우리의 생각이 삶의 원리에 부합하는지에 달려 있다. 수학적 원리는 있지만, 수학적 오류의 원리는 없다는 점을 생각해보자. 참됨에 대한 원리는 있지만, 부정직함에 대한 원리는 존재하지 않는다. 지성에 관한 원리는 있지만 무지에 관한 원리는 없으며, 조화의 원리는 있지만 불화의 원리는 없다. 건강을 지키는 원리는 있지만 병들기 위한 원리는 없고, 부자가 되는 원리는 있지만 가난해지는 원리는 없다.

나는 영국의 한 병원에서 담석 제거 수술을 받기로 한 누나에게 긍정하기 방법을 시도해보았다. 환자의 상태는 병원의 진단 검사와 엑스레이 촬영 결과를 토대로 했다. 누나는 내게 기도를 부탁했다. 우리는 지리적으로 1만 킬로미터보다 멀리 떨어져 있었지만, 마음으로는 시공간의 차이를 느낄 수 없었다. 무한한 마음이나 지성은 모든 지점에서 동시에 그 전체로 존재한다. 나는 누나의 증상과 신체적 특징에 모든 생각을 집중했다. 그리고 다음과 같은 긍정 확언을 반복했다.

나의 누나 캐서린을 위해 기도한다. 그녀는 편안하고 평화로우며, 마음이 균형을 이룬 침착한 상태이며, 고요하고 평온하다. 그녀의 몸을 만들어낸 잠재의식의 치유 능력이 이제 그녀의 세포와 신경, 조직, 근육, 뼈를 모두 무의식에 자리한 모든 기관의 완벽한 패턴에 따라 바꾸고 있다. 서서히 조용하게 그녀의 잠재의식 속 왜곡된 사고 패턴이 모두 제거되고 해체되어, 생명 원칙의 생명력과 온전함, 아름다움이 그녀 존재를 이루는 원자 하나하나로부터 드러나게 된다. 그녀는 이제 강물처럼 그녀를 통해 흐르는 치유의 물결에 몸과 마음을 열고 이를 받아들여 완벽한 건강과 조화, 평화를 채운다. 모든 왜곡되고 추악한 이미지는 이제 그녀를 통해 흐르는 사랑과 평화가 무한한 바다에 의해 씻기고, 그 자리에는 사랑과 평화가 채워진다.

나는 하루에도 몇 번씩 위와 같은 내용으로 긍정했다. 그리고 2주 후 다시 실시한 검사에서 누나의 상태는 놀랍도록 호전되어 엑스레이 판독 결과 음성으로 판명되었다. 긍정하기란 그것이 그렇다고 말하는 것이며, 반대되는 모든 증거에 상관없이 이러한 마음의 태도를 유지하면, 우리가 긍정하는 것은 무엇이든 이루어질 것이다.

## 더 나은 결과를 얻기 위한 몇 가지 제안

뒤이어 52주간 긍정하기 실전 연습을 살펴볼 것이다. 이때 긍정하기와 잠재의식의 힘을 최적화하기 위해 다음의 방법을 추천한다.

- 컴퓨터 모니터 하단이나 책상 근처의 벽, 냉장고 문 등 하루 중 오가며 눈에 잘 띄는 위치에 긍정 확언을 붙여둔다.
- 긍정 확언을 읽거나 암송하기에 앞서 마음을 편안하고 차분한 상태로 만들어라. 그러면 마음이 그 메시지를 수용할 준비가 된다. 마음이 긍정 확언의 내용을 받아들이게 하는 명상 상태를 조성하는 데는 어둡고 조용한 방이 더 효과적이다. 잠자리에 누워 잠을 청할 때 암송하는 것도 효과적인 방법이다. 의식이 긍정 확언을 거절할 수 없기 때문이다.(긍정 확언의 내용을 외울 수 있다면, 모든 시각적 방해물을 제거하기 위해 눈을 지그시 감아야 한다.)
- 가능하면 긍정 확언을 큰 소리로 암송하거나 머릿속으로 그 단어

들을 하나하나 또렷이 떠올리며 읽어보자. 그 메시지는 잠재의식에 깊은 인상을 새길 것이다.

- 긍정 확언을 읽거나 암송할 때 단순히 글을 읽는 데 그치지 말고 그 의미에 대해 깊이 생각해라.
- 긍정적인 면에 집중하고 부정적인 면에는 조금도 주의를 기울이지 마라. 예를 들어, 병에 걸렸다면 병을 치유하는 것이 아닌 건강을 회복하는 관점에서 생각해라. 병에 대한 어떠한 생각이나 언급은 병과 그에 수반되는 증상을 긍정하는 셈이기 때문이다. 마찬가지로, 부에 대해 생각하되, 빚을 줄이는 것은 생각하지 마라.
- 의지력이 아닌 상상력을 발휘해라. 그 결과와 자유로운 상태를 상상해라. 지성이 방해한다고 느껴지기도 하겠지만 아이처럼 단순하게 기적을 만들어낼 수 있다는 믿음을 유지해라. 건강하고 부유하며 성공한 모습을 그려보자. 정서적으로 우리가 갈망하는 자유로운 상태에 이른 모습을 상상해라. 그 과정에서 불필요한 모든 것들을 잘라내라. 단순해지는 것이 최선이다.
- 마음을 편히 먹어라. 세부적인 부분과 방법에 신경 쓰지 말고 최종 결과를 생각해라. 건강이든 재정이든 일자리든 우리를 괴롭히는 문제에 대한 행복한 해결책을 떠올려보자. 그 문제들이 해결되었을 때 어떤 느낌일지 상상해라. 그 감정이 잠재의식에 새겨진 시금석임을 명심해라. 지금 떠오르는 새로운 생각은 미래가 아닌 이미 완료된 상태, 즉 지금 내 마음에 존재하는 것처럼 느껴져야 한다.
- 각각의 긍정 확언을 매일 몇 차례씩 반복해서 써라. 52주간 긍정

확언을 단순히 읽는 것만으로는 그다지 효과가 없다. 씨앗이 싹을 틔우고 뿌리를 내릴 때까지 시간이 필요한 것처럼 생각이 잠재의식에 싹을 틔우고 뿌리를 내려 의식과 잠재의식이 하나로써 긍정의 진리를 받아들이게 될 때까지 시간이 걸린다.

- 긍정 확언대로 이루어진다는 깊은 확신을 갖고 휴식을 취하라.

**주의할 점** : "과연 내가 해낼 수 있을까."라든가 "나는 못 해." 같은 말은 생각도, 입에 올리지도 말자. 우리의 잠재의식은 우리가 하는 말을 그대로 받아들이기 때문에 돈이 없거나 원하는 걸 해낼 능력이 없다고 생각하게 된다.

"~면 얼마나 좋을까."나 "~면 좋겠어." 같은 식으로 말함으로써 긍정하기의 힘을 약화하지 말자. 의식적으로 긍정적인 말을 해야 한다. 삶의 조화도 건강도 자기 생각에 달렸다. 생각에 확신을 갖고 잠재의식에 전달한 뒤 마음을 편히 갖는다. 이렇게 마음이 휴식을 취하는 동안, 생각 이면의 운동 에너지가 작용하여 그 생각이 구체적으로 실현될 수 있다고 잠재의식에 새겨진다.

PART 2

제2단계

•

# 52주간 궁정하기 실전 연습

Weekly Affirmations

1주 차

# 마음 정화하기

신의 사랑이 내 영혼을 채운다. 나는 신의 바른 행동을 따른다. 신의 조화가 내 삶을 지배한다. 신의 평화가 내 영혼을 채운다. 내게 신의 아름다움이 있다. 신의 기쁨이 내 영혼을 채운다. 나는 모든 면에서 하나님의 인도를 받는다. 나는 하나님의 빛나는 존재이다. 나는 내 대담한 꿈을 뛰어넘는 충만한 삶과 사랑, 진리, 아름다움을 받게 될 것임을 알고 있으며, 그렇게 믿는다. 그리고 보편적인 사랑과 관용이 나를 감싸 안을 것임을 안다.

---

**해설** 현대인의 삶은 무의미한 방해 요소와 걱정으로 정신없이 빠르게 돌아간다. 삶의 요구에 압도된다고 느끼기 시작하면, 마음을 고요히 진정시키고 당신은 기쁨으로 채워진 삶을 살도록 창조되었다는 사실을 스스로 상기해라.

2주 차

•

# 잠재의식의 힘을 확신하기

나는 잠재의식의 힘을 통해 무엇이든 할 수 있다. 내가 의식적으로 내 잠재의식에 어떤 생각이든 심으면 잠재의식이 이를 실현한 방법을 찾을 것이다. 힘, 건강, 선함이 나와 내 주변 모든 사람을 통해 흐른다. 내가 매일 만나는 모든 사람에게 좋은 일만 있기를 바란다. 그리고 나에게 주어진 모든 축복에 감사한다.

---

**해설** 긍정이 힘을 발휘하기 위해서는 믿음의 힘을 믿어야 한다. 긍정은 이러한 믿음을 구축하는 데 도움이 되고, 이 믿음은 다른 긍정이 구축되는 기반이 된다.

3주 차

•

## 의식을 문지기로 삼기

의식은 대문을 지키는 파수꾼이며, 잘못 새겨진 각인으로부터 내 마음을 보호한다. 그리고 건강, 사랑, 지혜, 풍요라는 보편적 원칙에 부합하지 않는 모든 생각을 몰아내며, 내 자존감에 위협이 되는 어떤 생각도 떨쳐낸다. 나는 내가 생각하는 그대로의 존재이며, 의식을 통해 내 생각을 완전히 통제할 수 있다. 나는 모두에게 평화와 기쁨, 건강, 사랑, 풍요, 선의라는 생각을 전파할 것이다.

---

**해설** 인생에서 일어나는 일을 모두 통제할 수는 없겠지만, 그러한 일에 관한 생각은 완전히 통제할 수 있다. 어떤 사람이나 사건도 당신을 화나고 낙담하고 질투심을 느끼고 괴롭고 무능하다고 느끼게 할 수 없다. 의식은 이러한 생각으로부터 당신을 보호할 수 있다. 문지기이기 때문이다.

4주 차

•

# 진리를 받아들이고 구현하기

하나님의 사랑과 진리, 지혜가 내 마음과 정신에 넘친다. 나는 진리를 사랑하고, 진리의 소리에 귀 기울이며, 진리를 알고 있다. 하나님의 평화의 강이 내 마음에 넘쳐흐르며, 나는 내 자유에 감사한다. 나는 올바르게 생각하고 모든 면에서 신의 지혜와 신의 예지를 통해 생각한다. 나의 마음은 변하지 않는 영원한, 하나님의 완벽한 마음이다. 나는 평화, 진리, 사랑을 말하는 하나님의 목소리를 듣는다. 내 마음은 하나님의 지혜와 이해로 가득 차 있다. 나를 괴롭히는 것은 무엇이든 이제 나를 떠나갈 것이며, 그러므로 나는 자유롭고 평화롭다.

---

**해설** 거짓말, 기만, 잘못된 정보, 반쪽짜리 진실, 그릇된 믿음은 인간이 겪는 많은 고통의 근원이다. 왜곡된 생각을 낳게 하기 때문이다. 하나님은 진리이시며, 하나님과 하나가 된다는 것은 곧 진리와 하나가 되는 것이다. 진리를 받아들이고 구현하기 전까지는 진리와 대립하며 온갖 불행으로 계속 고통받을 것이다.

5주 차

# 인생의 목표를 명확히 세우기

내 잠재의식의 무한한 지성은 삶에서 나의 진정한 위치를 알려준다. 따라서 내 의식과 이성에 또렷이 작용하는 그 인도를 따른다. 무한한 지성은 나의 내밀한 부분까지 속속들이 알고 있다. 그것은 내 관심사, 지식, 기술, 재능, 열정을 명확히 파악하여 내게 완벽히 어울리며 내가 흥미를 가질 기회를 제공한다. 나는 그 기회를 받아들여 업무적인 부분에서 행복하고 생산성을 높인다. 상사, 동료들과 화합하여 공통의 목표를 달성하는 데 매진하고, 가치 있는 일에 헌신하고 창의성을 발휘하여 제품, 서비스, 공정에서 가치 있는 혁신을 이루어낸다. 그리고 이에 따른 합당한 보상을 받는다.

---

**해설** 거의 모든 사람이 '목적을 추구하는 삶'을 살려고 하지만, 대부분 자신의 목적이나 역할이 무엇인지 또는 무엇이어야 하는지 잘 알지 못한다. 이 긍정 확언을 통해 무한한 지성으로 가는 관문 역할을 하는 동시에 마음의 창의적인 부분인 잠재의식에 도전 정신을 전달하라. 잠재의식은 완벽한 배치 능력을 발휘해서 어디에 그 도전 정신을 집중하는 것이 가장 적합한지 찾아낼 것이다.

6주 차

•

# 완벽한 계획이 떠오르게 하기

내게 이러한 욕망을 준 무한한 지성은 내가 욕망을 펼치도록 나를 이끌고 안내하여 완벽한 계획을 제시한다. 나는 잠재의식에 더 깊은 지혜가 반응하고 있음을 알고 있으며, 이에 따라 내가 내적으로 느낀 것과 생각이 외적으로 표현된다. 그리고 내게 균형과 평형, 평정이 있다.

---

**해설** 의식은 이성적이지만 잠재의식은 창조적이고 직관적이다. 삶에서 원하는 것이 무엇이든 이를 잠재의식에 새겨라. 그러면 잠재의식은 계획을 세우고, 목표나 우리의 욕망 혹은 이루고자 하는 것을 성취하는 데 필요한 모든 자원을 끌어당긴다.

의식적인 계획은 잠재의식의 작용을 방해할 수 있다. 욕망을 잠재의식에 전달하고, 잠재의식이 스스로 제 할 일을 하게 하자. 잠재의식이 창의성을 발휘하도록 하면 완벽한 계획이 세워진다. 우리 입장에서는 조금도 노력하지 않았는데 섬광처럼 '천재성'이 찾아오는 셈이다.

7주 차

•

# 조화로운 삶 살기

무한한 지성은 우리의 모든 길을 인도하고 안내한다. 그로써 완벽한 건강을 얻고, 내 몸과 마음이 조화의 법칙에 따라 작용한다. 아름다움, 사랑, 풍요로움이 내 안에 자리하고, 바른 행동과 신의 질서 원칙이 내 삶 전체를 지배한다. 나의 가치관은 삶의 영원한 진리에 근거하고 있음을 알고 있으며, 잠재의식이 의식적 사고의 본질에 따라 반응한다는 것을 알고 느끼며 믿는다.

---

**해설** 일부 과학자들은 우주가 카오스 상태라고들 하지만, 사실 우주는 법칙의 지배를 받는 질서정연한 상태이다. 자연법칙은 물리적 우주를 지배하고, 도덕법칙은 인간의 행동을 지배한다. 우리가 이 영원한 법칙을 따르면 건강과 부, 행복, 조화가 보장된다. 바로 이러한 일반적인 긍정 확언이 우리를 질서 정연한 삶의 길로 나아가게 한다.

8주 차

•

# 평화 속에서 잠들고 기쁨으로 깨어나기

내 발가락의 힘이 풀린다. 이젠 발목의 힘이 풀리고 배의 긴장이 풀린다. 심장과 폐의 긴장이 풀리고 손과 팔의 힘이 풀리고 목의 긴장이 풀린다. 뇌의 긴장이 풀리고 얼굴의 긴장이 풀리며, 눈의 힘이 풀린다. 이렇게 온몸과 마음의 긴장이 풀려 편안하게 이완된다. 나는 모든 사람을 완전히 너그럽게 용서하며, 진심으로 그들이 조화, 건강, 평화와 모든 축복을 누리기를 바란다. 내 마음은 침착하고 고요하며 평온하다. 나는 안정감과 평화를 느끼며 휴식을 취한다. 내 안의 신의 존재를 깨닫는 순간, 위대한 고요가 슬그머니 내게 다가오고 위대한 평온이 내 존재의 모든 것을 잠재운다. 나는 삶과 사랑의 힘을 깨달음으로써 치유될 수 있음을 안다.

---

**해설** 당신이 지금 불면증으로 고통받고 있다면, 이 긍정의 메시지가 매우 효과적임을 알게 될 것이다. 잠자기 전 천천히, 나직이, 다정하게 이 메시지를 반복해라. 다른 수면 보조 요법의 도움이 필요 없어진다.

9주 차

# 행복을 습관으로 만들기

신의 질서가 매일의 내 삶을 책임진다. 오늘은 모든 일이 잘 풀린다. 오늘은 나에게 새롭고 멋진 날이다. 다시는 이런 날이 없을 정도로. 나는 온종일 신의 인도를 받으니, 내가 하는 모든 일은 잘 풀릴 것이다. 신의 사랑이 나를 둘러싸고 나와 더불어 내 안에서 숨 쉰다. 그리하여 나의 관심이 바르고 건설적인 것에서 멀어질 때면 나는 즉시 훌륭한 생각으로 되돌아간다. 나는 영적이고 정신적인 자석으로서 나를 축복하고 번영하게 하는 모든 것을 끌어당긴다. 나는 오늘 하는 모든 일에서 굉장한 성공을 거둘 것이고, 분명히 온종일 행복할 것이다.

---

**해설** 몇 년 전, 나는 아일랜드 서부 해안 지방 코네마라에 있는 한 농부의 집에서 일주일 정도 머물렀다. 그는 항상 노래하며 휘파람을 불었으며 늘 유머를 잃지 않았다. 그에게 행복의 비밀을 묻자 그가 대답했다.

"행복하다고 생각하는 습관 덕분이지요. 저는 매일 아침 눈을 뜨고 매일 밤 잠들 때면 가족과 곡물, 소들을 축복하고 풍요로운 수확을 거둘 수 있음에 대해 하나님께 감사합니다."

이 농부는 이러한 행동을 40년 넘도록 계속해 왔다. 규칙적이고 체계적으로 반복되는 생각은 잠재의식으로 가라앉아 습관이 된다. 행복은 습관이다.

10주 차

•

# 더 나은 미래를 꿈꾸기

나는 성령으로 말미암아 자유로운 흐름, 정화, 치유, 조화, 활력으로 가득 찬 삶을 살고 있다. 내 몸은 살아계신 하나님의 성전이며, 모든 부분이 순수하고 온전하며 완벽하다. 내 몸과 마음의 모든 기능은 신의 지혜와 신의 질서에 의해 통제되고 지배된다.

나는 이제 영광스러운 미래를 기다린다. 나는 지극한 기쁨이 넘치는 기대를 품고 살고 있다. 내가 지금 생각하고 있는 하나님 같은 멋진 모든 생각이 비옥한 토지에 씨를 뿌리듯 잠재의식으로 스며든다. 그리고 적절한 때가 되면 그러한 생각은 조화와 건강, 평화, 기회, 경험과 사건으로 나타날 것임을 안다.

나는 이제 두려움과 결핍을 넘어 하나님 안의 자유와 풍요로운 삶으로 넘어간다. 하나님은 내 안에 자리하신다. 보라! 내 모든 것이 새로워지지 않는가!

---

**해설** 우리는 매일 새롭게 재탄생한다. 모든 자연은 새로운 날의 영광을 선포한다. 이는 우리가 내면의 하나님을 깨우고 긴 겨울잠에서 일어나 새로운 날과 새로운 삶의 시작을 향해 나아가야 한다는 사실을 일깨우는 것이다. 우리 내면의 두려움, 무지, 미신은 사멸하고 믿음, 확신, 사랑, 선의가 부활한다. 이제 이러한 긍정 메시지를 통해 하나님의 은총과 사랑을 받아들이기 시작해라.

11주 차

•

# 자신을 치유하기

내 몸과 모든 장기는 잠재의식의 무한한 지성에 의해 만들어졌다. 잠재의식은 우리를 치유하는 법을 알고 있다. 그 지혜가 모든 장기와 조직, 근육, 뼈를 만들었다. 내 안의 이 무한한 치유력이 내 존재의 모든 원자를 변형하여 이제 온전하고 완벽한 나로 만든다. 지금 이러한 치유가 일어나고 있음에 감사한다. 이는 내 안의 창조적 지성이 이루어낸 훌륭한 성과이다.

---

**해설** 잠재의식은 심장을 뛰게 하며, 피를 순환시키고, 소화와 영양 흡수, 배설을 조절한다. 빵 한 조각을 먹으면, 잠재의식이 이를 조직, 근육, 뼈, 혈액으로 변환한다. 잠재의식은 신체의 중요한 작용과 기능을 조절한다. 잠재의식이 우리를 새롭게 만들 수 있다면, 우리를 치유하여 병에서 벗어나게 할 수도 있다. 끊임없는 긍정하기로 잠재의식을 적셔 마음을 변화시키면 몸도 변한다. 이것이 치유의 기본 원리이다.

12주 차

# 멀리 떨어진 곳에서 다른 이를 치유하기

치유의 기운이 ________가 있는 바로 그곳에 있다. 그 몸 상태는 화면에 드리워진 그림자처럼 생각이 만들어낸 그림자일 뿐이다. 화면에 비친 이미지를 바꾸려면 영사기의 내용물을 바꿔야 한다는 걸 나는 안다. 내 마음은 영사기의 필름이다. 그리하여 나는 이제 내 마음에 ________의 온전하고 조화로우며 완벽히 건강한 모습을 투사한다. ________의 몸과 모든 장기를 만들어낸 무한한 치유의 기운이 ________ 몸의 원자 하나하나를 흠뻑 적시고 평화의 강물이 그 모든 세포를 타고 흐르게 한다. 의사들은 신의 지도와 지시를 받고, ________를 만지는 사람은 누구라도 제대로 처치하도록 인도받는다. 나는 질병에 있어서 최선의 현실이란 없다는 것을 알고 있다. 이제 내가 사랑과 삶의 무한한 원칙을 따르는 만큼 조화와 건강, 평화가 ________의 몸 안에서 이루어질 것임을 믿는다.

---

**해설** 무한한 지성은 모든 사물을 통해 흐르며 시공간의 제약을 받지 않는다. 그리고 텔레파시, 초감각적 지각, 투시, 기도의 치유력 등의 현상으로 나타난다. 잠재의식은 무한한 지성으로 가는 관문이며, 우리가 소망하는 상대가 가까이 있든, 다른 도시에 있든, 지구 반대편에 있든 다른 사람을 치유하는 데 그 힘을 이용할 수 있게 한다.

13주 차

# 돈을 끌어당기기

나는 돈을 좋아하고 사랑하며, 이를 현명하고 건설적이며 분별력 있게 사용한다. 내 인생에는 돈이 끊임없이 돌고 있다. 나는 기쁘게 돈을 풀어주고, 이는 놀라운 방식으로 내게 다시 돌아온다. 돈은 좋은 것, 매우 좋은 것이다. 돈은 풍요의 눈사태처럼 내게 흘러들어온다. 나는 돈을 선한 목적을 위해서만 사용하고, 그리하여 내 마음에 선의와 풍요로움이 깃들게 됨을 감사한다.

---

**해설** 성장과 확장, 더 풍요로운 삶을 향한 강렬한 욕구는 우리에게 내재된 생명 원리이다. 우리는 판잣집에서 살며 누더기 옷을 입고 굶주리기 위해 사는 것이 아니다. 우리는 행복하고 번영을 누리며 성공해야 한다. 절대 돈이나 돈이 많은 사람을 비난하지 마라. 마음에서 돈에 대한 이상한 미신적인 믿음을 떨쳐내라. 돈을 유해하며 불결하다고 생각하지 마라. 만약 그렇게 생각한다면 돈은 날개를 달고 우리에게서 날아가 버릴 것이다. 비난하던 그것을 잃는 것이다. 그리고 그 비판하던 것을 매혹할 수 없게 된다.

**14주 차**

# 지속적인 돈의 공급로를 확보하기

나는 잠재의식의 무한한 풍요로움과 하나이다. 나는 부유하고 행복하며 성공할 권리가 있다. 돈은 내게 자유롭고 풍부하게 끊임없이 흐른다. 나는 나의 진정한 가치를 영원히 잘 알고 있을 것이다. 내 재능을 자유로이 펼칠 수 있으며, 재정적으로도 굉장한 축복을 누린다. 정말 멋진 삶이다!

---

**해설** 잠재의식의 힘과 사고 혹은 정신적 이미지의 창조성을 인식하는 것은 막대한 부와 자유, 끊임없는 돈의 공급으로 가는 길이다. 마음속으로 풍요로운 삶을 받아들여라. 부를 정신적으로 수용하고 기대하는 것에는 그 자체의 셈법과 표현 방식이 있다. 막대한 부를 가진 자의 자세를 가지면 풍요로운 삶을 위해 필요한 모든 것이 그 길을 지나게 된다. 이 말을 일상의 긍정 확언으로 삼고 마음에 새기며 살아가라.

15주 차

# 모든 관심사에서 성공하기

나는 밤낮으로 모든 관심사에서 성공을 거두고 있다.

---

**해설** 때로는 간단한 긍정 확언이 최선이기도 하다. 가끔 자신의 근본적인 믿음과 충돌하는 확언을 반복하는 경우도 있는데, 이럴 때 의식이 이러한 확언은 사실이 아니라고 거부하기 때문에 절대 잠재의식에 전달되지 않는다. 예를 들어보자. 우리의 의식이 우리가 백만 달러를 번다는 긍정 확언은 거부할 수도 있지만, 모든 관심사에서 번영하고 있다는 긍정 확언은 사실로 받아들일 수도 있다.

나는 매출과 재정 상태가 매우 좋지 않아 걱정하는 사업가에게 사무실에 앉아 조용히 이 말을 반복해보라고 제안했다.

"우리 회사의 매출은 매일 증가하고 있다."

이 말을 통해 의식과 잠재의식이 협력하게 되고, 뒤이어 그는 원하는 결과를 얻을 수 있었다.

16주 차

•

# 현명하게 재정적 결정과 투자 결정하기

무한한 지성이 내 모든 재무 거래를 지배하고 감시하여, 내가 하는 모든 일은 번창할 것이다.

---

**해설** 만약 투자에 대한 지혜를 구하고 있거나 주식이나 채권에 대해 걱정하고 있다면 우리의 잠재의식이 현명한 투자 결정을 내릴 수 있도록 이러한 확언을 반복하자. 이 확언을 자주 반복하다 보면 어느새 자신이 현명한 투자 결정을 내리고 있음을 알게 된다. 게다가 손실이 발생하기 전에 채권이나 주식을 매도하게끔 이끌기 때문에 손실을 줄인다.

## 17주 차

•

# 재정적 어려움에서 회복하기

나는 돈을 잃었다. 하지만 다시 생산성을 높여 더 많은 돈을 벌 것이다. 돈을 잃은 경험을 통해 좋은 교훈을 얻어, 그를 바탕으로 더 많은 보상을 얻는다. 나는 신념과 자신감, 출세하고 성장할 능력을 잃지 않았다. 내게는 여전히 많은 능력이 있으므로 다시 엄청난 성공을 거둘 것이다. 하나님이 이러한 능력의 원천이며, 하나님의 부가 내 삶을 순환하고 있다. 또한, 항상 신이 주시는 덤을 얻는다. 하나님은 내가 신의 질서 속에서 성공할 수 있는 길을 열어주신다.

---

**해설** 우리에게 일어나는 일 자체는 그리 중요하지 않다. 그보다는 그 일을 대하는 생각과 반응이 건설적인지 파괴적인지가 더 중요하다. 현명하게 상상력을 발휘하여 우리 마음속에 새로운 모범을 재구축하고 미래의 가능성을 내다보며, 신념과 상상의 날개를 펼쳐 더 나은 삶을 만들어라. 성공과 부는 우리 생각과 믿음의 산물이다.

## 18주 차

# 이상적인 집 구하기

잠재의식의 무한한 지성은 그 무엇보다 현명하다. 그것은 지금 내게 이상적인 집의 모습을 보여준다. 중심지의 좋은 환경에, 나의 모든 요구 조건을 충족하며, 경제적 능력에도 적합하다. 이러한 소망을 잠재의식에 넘겨주면 그 소망의 본질에 따라 잠재의식이 반응한다는 것을 나는 알고 있다. 나는 농부가 성장 법칙을 마음으로 신뢰하며 땅에 씨앗을 뿌리듯 절대적인 믿음과 자신감을 갖고 이 소망을 펼친다.

---

**해설** 무언가를 사고팔 때, 의식은 시동 장치며 잠재의식은 모터임을 기억하자. 모터가 작동하려면 먼저 시동 장치를 켜야 한다. 명확한 욕망, 생각 또는 이미지를 전달하는 첫 단계에서는 긴장을 풀고 주의력을 고정하며 움직이지 않은 채 고요히 있는다. 이렇게 고요하며 느긋하고 평화로운 마음 자세는 우리 생각이 정신적으로 흡수될 때 잡념의 방해를 받지 못하게 한다. 또한 고요하고 쉽게 흔들리지 않으며 수용적인 태도에서는 그 노력이 최소화된다.

우리 소망에 대한 응답은 신문 광고나 친구를 통해 나올 수도 있고 혹은 우리가 찾고 있는 바로 그 집으로 직접 안내될 수도 있다. 우리의 기도에 응답받을 수 있는 많은 길이 있다. 깊은 내면의 작용을 신뢰한다면 소망은 늘 응답받는다는 사실에 확신을 갖자.

19주 차

•

# 집이나 다른 자산 팔기

무한한 지성이 이 집을 원하고 이 집에서 번창하고자 하는 매수 희망자를 내게 끌어온다. 내 잠재의식의 창조적 지성이 구매자들을 내게 보내고 있다. 그들은 다른 많은 집을 보겠지만, 그들이 원하고 사고자 하는 집은 내 집뿐이다. 그들 안의 무한한 지성에 의해 인도되었기 때문이다. 나는 그 구매자들이 적합한 사람이며, 시기와 가격도 알맞다는 사실을 안다. 모든 것이 알맞다. 내 잠재의식 속 더 깊은 흐름이 이제 우리를 신의 질서 속에서 하나로 묶고 있다. 나는 그렇다는 것을 안다.

---

**해설** 늘 명심하라. 당신이 찾고 있는 것 역시 당신을 찾고 있으니, 집이나 다른 자산을 팔고자 할 때면 그것을 원하는 사람이 나타나기 마련이다. 잠재의식의 힘을 제대로 사용하면 사고파는 과정에서 생기는 경쟁심과 불안으로부터 해방될 수 있다.

20주 차

# 문제 해결하기

내 잠재의식은 답을 알고 있으며, 지금 내게 반응하고 있다. 잠재의식의 무한한 지성은 모든 것을 알고 있으며, 지금 내게 완벽한 답을 제시하기 때문에 이에 감사한다. 내 잠재의식의 위엄과 영광이 자유로이 펼쳐지고 있음을 진심으로 확신한다. 그러므로 나는 매우 기쁘다.

---

**해설** 자신의 문제를 해결하려고 굉장히 노력하다보면 오히려 그로 인해 상황이 악화되는 경우가 종종 있다. 의식에서 문제에 대한 해결책을 찾지 말고, 까다로운 문제를 해결하는 데 더 적합한 잠재의식에 그 문제를 넘겨라. 많은 경우에서 보듯, 잠자는 동안 의식의 활동이 정지된 상태에서 잠재의식이 문제를 해결하기 때문에 눈을 떴을 때 해결책이 생각난다.

**21주 차**

# 잃어버렸거나 다른 곳에 놓인 것을 찾기

내 잠재의식은 모든 것을 알고 있다. ________이 어디에 있는지 알고 있으므로, 이제 그것이 어디에 있는지 내게 보여줄 것이다.

---

**해설** 매일 이러한 긍정 확언을 몇 번씩 반복하라. 특히 잠들기 전에는 반드시 해야 한다. 잠재의식은 '당신이 그것을 마지막으로 보았던 장소'를 알고 있으므로 다른 사람이 그것을 잃어버렸거나 다른 곳에 놓아두었다면 무한한 지성이 그 위치를 파악하여 잠재의식의 힘을 통해 당신에게 그 정보를 전달할 것이다. 이러한 사실을 믿기만 한다면 잠재의식은 항상 당신에게 답을 줄 것이다.

22주 차

•

# 중요하거나 어려운 결정 내리기

내 잠재의식의 창조적 지성은 무엇이 내게 최선인지 안다. 그것은 늘 삶을 지향하며, 관련된 모든 사람에게 축복이 될 올바른 결정을 내리게 한다. 나는 이러한 답을 얻을 수 있음에 감사한다.

---

**해설** 이직, 이사, 결혼, 이혼, 출산 등 삶의 변화를 낳는 결정을 내려야 할 때면 잠재의식에 맡겨라. 이성적인 의식은 무엇이 최선인지 추론할 수는 있지만, 직관은 신의 질서를 따르는 결정으로 이끌 것이다. 당신의 직관을 믿어라.

로스앤젤레스에 사는 한 젊은 여성은 뉴욕시에서 일해야 하는 이직 제안을 받아들일지 고민하고 있었다. 월급은 현재 급여의 두 배였다. 그녀는 잠들기 전까지 이 긍정 확언을 몇 번이고 반복했다. 그리고 아침에 눈을 떴는데 그 제안을 받아들여선 안 된다는 느낌이 강하게 들었다. 그녀는 그 제안을 거절했다. 그리고 이후에 일어난 일들은 그녀의 직관이 옳았음을 입증했다. 그녀에게 이직 제안을 한 그 회사가 몇 달 후 파산한 것이다. 의식은 객관적으로 알려진 사실에 대해서는 옳을지 모르지만, 잠재의식의 직관은 해당 문제의 실패를 보았고, 이에 따라 그녀를 자극했다.

23주 차

# 무조건적으로 사랑하기

나는 ________ 를 마음껏 사랑한다. 그로써 그 사람은 기쁨이 넘치고 자유로운 상태가 될 것이라는 생각에 희열을 느낀다. 내 사랑에는 아무런 제약 조건이 없다. 바람처럼 자유롭다. 사랑을 느끼고 표현하는 능력은 그 자체로 놀라운 선물이므로 그 대가로 아무것도 바라지 않는다. 나는 내 사랑이 나와 다른 사람에게 주는 행복에 기쁘다.

---

**해설** 우리는 대부분 감사와 인정, 훗날 상대가 베풀 호의 같은 대가를 기대하며 다른 사람을 사랑하고 호의를 베푼다. 그리고 그 기대가 충족되지 않을 때 사랑은 섭섭함과 원망으로 바뀌어 준 사람과 받은 사람 모두를 감옥에 가둔다. 하지만 진정한 사랑은 서로를 해방하는 것이다. 사랑을 줄 때 다른 사람들을 기쁘고 자유롭게 함으로써 얻게 될 희열을 떠올리며 진심에서 우러나는 사랑을 주어라. 그 대가로 풍성한 축복을 받게 되겠지만, 그러한 기대를 염두에 두고 하진 말아라.

## 24주 차

# 다른 사람을 용서하기

나는 ________를 완전히 마음껏 용서한다. 나는 그를 정신적으로나 영적으로나 내 마음에서 놓아준다. 그 문제와 관련된 모든 것을 용서한다. 나는 자유로워졌고, 그 사람도 자유로워졌다. 이것은 경이로운 느낌이다. 오늘은 사면의 날이다. 내게 상처를 준 모든 사람을 원망으로부터 놓아주고, 그들의 건강과 행복, 평화, 삶의 축복을 기원한다. 나는 마음에서 우러나와 기꺼이 기쁜 마음으로 그렇게 하며, 내게 상처 준 사람이 생각날 때면 "내가 너를 용서하니, 네 삶에 축복이 가득하길. 나는 자유롭고 너 또한 자유로워진다."라고 말한다. 정말 멋지지 않은가!

---

**해설** 진정한 용서의 가장 큰 장점은 일단 그 상대를 용서하고 나면 이 긍정 확언을 반복할 필요가 없다는 점이다. 그 사람이나 그 상처가 당신 마음에 떠오르면 잘못을 저지른 상대가 잘 되기를 기원하며 이렇게 말하자. "너에게 평화가 있기를." 원망이나 상처가 떠오를 때마다 이렇게 반복해보자. 며칠 만에 당신을 힘들게 한 사람이나 일이 점점 덜 떠오르게 되면서, 점차 그 감정이 희미해질 것이다.

25주 차

•

# 다른 사람의 안녕을 기원하기

나는 이 땅을 걷는 모든 사람에게 나 자신의 바람인 평화와 사랑, 기쁨, 풍요로움과 하나님의 축복이 함께하기를 바란다. 나는 모든 사람의 진보와 발전, 번영을 반기며 기뻐한다.

---

**해설** 다른 사람들이 당신에 대해 생각하는 것과 똑같이 당신도 다른 사람들을 생각하라. 이는 삶의 위대한 법칙이다. 다른 사람들이 당신에 대해 느끼는 것처럼 당신도 다른 사람들을 느껴라. 절대 다른 사람에게서 기쁨을 빼앗으려 하지 말아라. 만약 그렇게 한다면 당신 자신의 기쁨을 빼앗는 셈이다. 당신 자신에게 진심인 만큼, 다른 사람에게도 진심으로 대하라. 마음의 평화와 행복을 기도할 때, 모두에게 평화와 행복이 깃들기를 기도하라. 그러면 평화와 사랑을 실은 배가 당신 주변 사람들에게 찾아올 때 당신에게도 찾아올 것이다.

26주 차

# 영혼의 동반자 찾기

나는 지금 정직하고 진실하며 충실하고 마음이 평화롭고 행복하며 좋은 기운으로 가득 찬 사람을 끌어당기고 있다. 내가 숭배하는 이러한 자질들이 지금 내 잠재의식으로 가라앉고 있다. 이러한 특징에 대해 깊이 생각하는 동안, 이 자질들은 나의 일부가 되어 잠재의식에서 구현된다. 그 사람은 나의 이상을 사랑하고, 나는 그 사람의 이상을 사랑한다. 그 사람은 나를 바꾸려 하지 않고, 나도 그 사람을 바꾸려 하지 않는다. 상호 간 사랑과 자유, 존경을 나눈다. 우리는 서로에게 저항할 수 없을 정도로 끌린다. 나는 사랑과 진실, 아름다움만 경험하게 된다. 이제 나는 나의 이상적인 동반자를 받아들인다.

---

**해설** 당신이 바라는 이상적인 동반자 상에 맞게 자유로이 이 확언을 바꾸면 된다. 기대를 품고 당신이 쓴 긍정 확언을 반복하라. 동반자에게 당신이 추구하는 자질과 특성에 대해 조용히 관심을 갖고 생각하면 당신의 정신에 이에 상응하는 자질이 형성된다. 그러면 잠재의식의 깊은 흐름이 두 사람을 신의 질서 속에서 하나가 되게 한다.

27주 차

•

# 배우자를 영적으로 지지하기

나는 내 배우자가 나의 건설적인 생각과 상상을 수용한다는 것을 알고 있다. 나는 그 사람의 중심에 평화가 있음을 알고 느끼며 확신한다. 내 배우자는 모든 면에서 하나님의 인도를 받는다. 그 사람은 하나님으로 이어지는 통로이다. 하나님의 사랑이 그 사람의 마음과 정신을 가득 채운다. 우리 사이에 조화와 평화, 사랑이 존재하며 우리는 서로를 이해한다. 나는 그 사람이 행복하고, 건강하며, 기쁘고, 사랑과 좋은 기운이 넘치는 사람이라고 생각한다. 나는 그 사람을 어떤 공격과 방해에도 끄떡없이 확고하며 그 존재에 대한 어떤 부정에도 흔들리지 않는 하나님 사랑으로 만든 신의 원으로 감싸고 있다.

---

**해설** 런던에 사는 한 여성이 남편이 주식 투자에서 전 재산을 날린 후 극심한 우울과 좌절감에서 벗어나지 못하고 있다고 말했다. 그는 그녀의 잔소리에 죽고 싶을 정도라면서 이혼을 요구했다.

나는 그녀에게 잔소리는 결혼 생활을 끝내는 가장 빠른 길이며, 지금 그녀의 남편에게는 격려와 지지가 필요한 시기라고 알려주었다. 그러자 그녀는 자신이 결혼을 결심하게 한 남편의 장점과 좋은 태도를 떠올렸다. 나는 그녀에게 처음 그녀를 매료한 바로 그 장점은 아직 남아있으니 부활시켜야 한다고 조언했다. 이는 긍정 확언의 힘을 통해 이루어질 수 있다.

나는 그녀에게 남편의 잠재의식이 그녀의 영적인 지지를 받아들이고 이로써 부부 둘 다 축복받게 될 것임을 염두에 두고 이와 같은 확언을 자주 반복하게 했다. 그들은 내가 런던에 있는 동안 계속 대화를 나누고 함께 기도하며, 결국 결혼 생활을 유지하기로 결정했다. 그녀의 남편은 최근 매우 급여가 높은 직장을 구했다. 기도는 모든 것을 변화시킨다. 그리고 기도하는 사람도 바꾼다.

28주 차

# 결혼 생활을 굳건히 영위하기

내 안의 성령이 ________의 성령에게 말한다. 우리 사이에 조화, 평화, 사랑과 이해가 늘 함께한다. 하나님은 나를 통해 생각하고 말씀하시고 행동하시며, 하나님은 내 배우자를 통해서도 생각하고 말씀하시고 행동하신다.

---

**해설** 결혼의 유대를 강화하기 위해서는 긍정 확언만으로는 부족하다. 서로에 대해 긍정적인 마음가짐을 갖고 온종일 우리의 사랑과 존경을 말과 행동으로 표현해야 한다. 돈독한 결혼 관계를 유지하기 위해 매일 위의 긍정 확언을 반복하는 것 외에 다음의 다섯 단계를 따라보자.

1. 작은 실망에서 생겨나 조금씩 쌓인 짜증이 다음 날까지 이어지게 하지 말자. 밤에 잠자리에 들기 전에 예민함을 누그러뜨리고 상대를 용서하라.
2. 아침에 눈을 뜬 순간, 무한한 지성이 오늘 하루 당신의 모든 길을 인도한다. 배우자, 모든 가족 구성원, 전 세계를 향해 평화와 조화, 사랑을 기원하는 따뜻한 생각을 보내라.
3. 아침 식사 때 훌륭한 음식과 풍요로움, 우리의 축복된 삶에 감사하라. 식사 자리에서는 문제나 근심, 말다툼이 없도록 해라.
4. 아내나 남편에게 이렇게 말하자. "당신이 한 모든 일에 감사하고, 온종일 당신에게 사랑을 전하며 좋은 기운이 함께하기를 바라요."

5. 당신의 배우자가 당신 곁에 있음을 당연시하지 말아라. 당신의 감사와 사랑을 표현해라. 상대를 탓하고 비난하며 잔소리를 퍼붓기보다 감사한 일과 내게 베푼 호의에 대해 생각해라. 평화로운 가정과 행복한 결혼 생활은 사랑과 아름다움, 조화, 상호존중, 공동의 믿음과 모든 것에 대한 선의라는 기반을 토대로 이루어진다.

29주 차

# 힘든 관계를 내려놓기

나는 ________를 마음에서 내려놓는다. 그는 언제나 나처럼 그가 본래 있어야 할 자리에 있다. 우리는 자유로이 갈라져 각자 갈 길을 간다. 이제 나의 말은 무한한 마음으로 들어가 그것을 통과한다. 그리고 그렇게 실현된다.

---

**해설** 관계를 끝내기는 어렵다. 특히 상대방이 헤어지기를 꺼릴 경우는 더욱 그렇다. 이러한 상황에서는 불만과 불안이 안으로 곪기 마련이다. 관계 종료를 선언하고 두 사람이 다른 방향을 향하는 모습을 상상하면, 그 관계가 끝났다는 분명한 메시지가 기운을 통해 전해진다.

30주 차

# 난관에서 벗어나기

여기 완벽하고 조화로운 해결책이 있다. 그것은 신의 질서에 따라 완성된 것이다.

---

**해설** 어려운 상황에 처해 있는데 그 어려움이 언제 끝날지 짐작도 할 수 없을 때면 이 긍정 확언을 주문처럼 몇 번이고 반복하자. "이 또한 지나가리라." 이 말대로 믿고 무한한 지성에 그 해결책을 맡겨라. 이러한 확언을 통해 당신이 통제할 수 없는 문제를 풀어 놓는 것은 당신의 잠재의식이 당신의 입장에서 어떠한 노력이나 고통 없이 이 문제를 해결할 수 있도록 자신을 해방하는 것이다.

**31주 차**

•

# 기억력을 향상시키기

오늘부터 나의 기억력은 모든 부분에서 향상된다. 나는 내가 알아야 하는 모든 순간과 장소를 언제나 잘 기억할 것이다. 그렇게 새겨진 것은 보다 명확하고 자세하다. 그래서 나는 그 기억을 자동으로 힘들이지 않고 저장한다. 그리고 내가 불러내고 싶은 기억은 무엇이든 즉시 내 마음속에 정확히 떠오른다. 나는 매일 빠르게 향상되어, 내 기억력은 곧 과거 그 어느 때보다 더 좋아진다.

---

**해설** "점점 기억력이 나빠지고 있어."라든가 "치매 아닐까?" 같은 말은 물론이고 생각조차 하지 말아라. 이러한 생각이 의식의 문지기를 지나 잠재의식에 뿌리내리게 하면, 당신의 잠재의식은 이를 열매 맺기 시작할 것이다. 부정적인 생각을 긍정적인 생각으로 밀어내라.

32주 차

# 나쁜 습관 고치기

내 마음은 평화와 침착함으로 가득 차 있으며 균형과 평형을 이루고 있다. 무한성이 내 안에서 미소짓는 휴식 속에 펼쳐져 있었다. 나는 과거, 현재, 미래의 어떤 일도 두렵지 않다. 내 잠재의식의 무한한 지성이 모든 면에서 나를 안내하고 인도하며 지시하기 때문이다. 이제 나는 모든 상황에 믿음을 바탕으로 침착하고 평온하며 자신감 있게 임한다. 나는 이제 그 습관에서 완전히 벗어났다. 내 마음은 내면의 평화와 자유, 기쁨으로 가득 차 있다. 내가 나 자신을 용서하니, 나는 용서받는다. 이제 평화와 건강, 자신감이 내 마음을 지배한다.

---

**해설** 인간이라면 습관이 있기 마련이다. 습관은 잠재의식의 기능이다. 수영, 자전거, 운전을 배울 때면 우리는 잠재의식에 흔적이 남을 때까지 의식적으로 반복해 연습한다. 그러면 우리 잠재의식의 자동적인 습관으로 자리잡게 된다. 당신의 생각과 행동에 대한 이러한 잠재의식의 반응을 제2의 본성이라고도 한다. 우리는 좋은 습관이든 나쁜 습관이든 자유롭게 선택할 수 있다. 만약 당신이 일정 기간 부정적인 생각이나 행동을 반복하면 이것을 습관으로 만들려는 충동에 휩싸이게 된다. 잠재의식은 충동적이라는 점을 명심하자.

33주 차

# 나쁜 성격 극복하기

앞으로 나는 더욱 유머러스한 사람으로 성장할 것이다. 평소의 나는 기쁘고 행복하며 명랑한 상태이다. 나는 나날이 더욱 사랑이 넘치고 이해심이 많은 사람이 되어 간다. 나는 이제 주변의 모든 사람을 즐거운 유머로 대하며 쾌활함과 선의의 중심이 된다. 이 행복하고 즐겁고 명랑한 기분은 평소 나의 자연스러운 상태가 된다.

---

**해설** 만약 당신이 가까운 가족이나 이웃, 동료, 상사 등 누군가에게 분노나 악의를 품고 있다면, 그 상대에 대한 태도를 바꿈으로써 관계를 개선할 수 있다. 사람들은 당신이 전반적으로 삶에 대해 긍정적인 태도를 갖고 특히 그들을 긍정적으로 대할 때 당신에게 더 호의적이다. 설령 결과만 봤을 때 관계가 더 나아지지 않더라도, 당신의 긍정적인 태도는 당신을 덜 비참하게 한다. 그런 사람들은 당신의 생각이나 감정에 더 이상 힘을 발휘하지 못할 것이다. 그리하여 당신은 홀가분하게 해방될 수 있다.

34주 차

# 부러움 극복하기

내가 줄 수 없는 것은 나 역시 받을 수 없다는 사실을 알고 있다. 그리하여 사랑과 평화, 빛, 선의에 대한 생각을 ________와 다른 모든 사람에게 베푼다. 나는 하나님의 인도를 받는다. 나는 ________가 가진 것을 바라는 것에서, 내가 진정으로 바라는 것으로(건강, 명성, 연봉, 배우자 등) 내 관심을 돌린다. 내가 다른 사람이 가진 것을 갖지 못해도 그것에 대해 축복하는 것만으로 모든 욕망은 충분히 충족될 수 있다. 끌어당김의 법칙에 따르면, 내가 진정으로 바라는 모든 것은 나를 끌어당긴다.

---

**해설** 어떤 상황에서도 절대로 다른 사람이 가진 것을 바라지 말아라. 다른 사람이 가진 것을 탐하거나 부러워하는 것은 자신에게 상실과 결핍, 한계만 느끼게 한다. 이는 모든 면에서 스스로 가난하게 만드는 행동이다. 즉 "저 사람은 이것들을 가질 수 있지만, 나는 못 가진다."라고 자신에게 말하는 셈이다. 이는 당신의 내재된 신성을 부정하는 것이다. 정신적으로 타인의 것을 훔치는 것은 사실상 자신의 것을 도둑질하는 것과 같다.

그 손실은 건강, 명성, 승진, 사랑 또는 돈 등 여러 면에서 일어날 수 있다. 손실이 오는 길은 알 수 없다. 당신은 다른 사람의 자리를 원하지 않는 것이 아닌 그만큼의 특권, 고소득, 월급, 인센티브를 주는 자리를 원한다. 무한한 지성은 이를 대체할 새로운 곳으로 가는 문을 열어줄 것이며, 그 문을 열면 답을 얻을 수 있다.

35주 차

•

# 미루는 버릇 극복하기

행동은 생각의 결과이다. 나는 무엇을 해야 하는지 알고 있으며 제때 그것을 한다. 나는 체계적이고 효율적이며 생산적이다. 나는 매일 해야 할 일의 우선순위를 정해 중요도에 따라 수행한다. 나는 가장 어려운 일을 열심히 한다. 나는 모든 과제를 완수할 수 있는 지식과 기술, 자원, 모든 장애물을 극복할 수 있는 끈기를 갖고 있다. 나는 내가 이뤄낸 성취에 자부심을 느끼며, 이에 따라 얻게 된 많은 축복에 감사한다.

---

**해설** 대부분 프로젝트나 과제는 시작하기가 가장 어려운 단계이다. 일과가 끝날 무렵 10–15분을 남겨 내일 할 일을 목록으로 정리해라. 그리고 잠자리에 누워 감사한 마음으로 다음 날의 목표와 계획을 기대하며 잠을 청해라. 그러면 무엇을 어떻게 해야 할지 알고 있는 채로 아침에 눈을 뜰 수 있다. 과제를 끝낼 때마다 그 성취에 대해 스스로 보상하기 위해 목록에서 하나씩 지워 가라. 잠자리에 들기 전 반드시 내일 무엇을 할지 계획을 세워라.

36주 차

# 운동 성과 높이기

나는 편안하고 차분하고 평온하다. 지금까지 내가 훈련과 컨디션 조절에 노력을 기울인 것은 이 대회를 위해서였다. 모든 경기를 앞두고 있는 나는 평온하며, 내 안의 전능한 힘이 나를 이끌고 있다. 이 위대한 힘이 나를 통해 흐르며 나를 움직이게 한다. 나는 이렇게 경기에 참여할 수 있음에 감사하며, 기쁜 마음으로 경기에 임한다. 그리고 우아하고 영광스러우며 힘겹지 않게 경기를 치른다.

---

**해설** 재능 있는 운동선수들은 뛰어난 성적을 거두었을 때 '무아지경'의 상태였다고 표현하곤 한다. 그들은 초인이 된 듯 의식적인 노력 없이 인간으로서 가능한 수준을 뛰어넘는 위업을 이루어낸다. 무아지경에 빠지면 자아에 대한 감각을 잃고 자아를 잃는다. 그 활동에 완전히 몰입하여 우주와 하나가 된다. 이렇게 해서 더 위대한 힘이 나를 채운 듯, 힘들지 않고 편안한 상태에서 경기를 치를 수 있다. 경기 전에 이 긍정 확언을 반복하여 전능한 힘에 당신의 경기를 맡겨라.

37주 차

•

# 대중 앞에서 자신감 있게 말하기

나는 모든 관중에게 사랑과 평화, 선의를 전파한다. 보편적인 사랑이 그들을 둘러싸고 감싸며 아우른다. 나는 이 자리에 서게 되어 기쁘고, 내가 매우 좋아하는 주제에 대해 이야기할 기회가 주어진 데 감사한다. 무한한 지성이 나를 통해 생각하고 말하며 행동한다. 나의 말이 치유하고 축복하며 의욕을 불어 넣는다. 평화가 관중 모두의 마음을 채우고, 그들은 내 말에 의해 기분이 고취되고 의욕을 얻는다.

---

**해설** 대중 앞에서 말하는 것에 대한 두려움으로 인해 잠재성을 최대한 발휘하지 못하는 경우가 많다. 이러한 두려움을 극복하고 자신감 있게 말하기 위해서는 연설이나 발표 준비에 시간을 쏟아야 한다. 긍정 확언을 반복하는 것이 발표 준비를 대신할 수는 없다. 긍정 확언의 역할은 당신의 관심을 청중에 집중하며 긴장된 마음을 평온하게 하는 데 있다. 연설이나 발표하기 전에 청중에게 사랑과 선의를 쏟아내면 그들을 위협이 아닌 그 행사의 동료 참가자로 보게 된다.

38주 차

# 학업 성과 높이기

내 잠재의식은 기억의 저장고이다. 이 저장고에는 내가 선생님으로부터 보고 들은 모든 것이 담겨 있다. 내게는 완벽한 기억력이 있고, 잠재의식의 무한한 지성은 구술이나 지필과 상관없이 시험에서 내가 알아야 하는 모든 것을 끊임없이 보여준다. 나는 선생님과 동료 학생들에게 사랑과 선의를 전파한다. 나는 그들이 성공하고 그들에게 모든 좋은 일이 생기기를 진심으로 바란다.

---

**해설** 학업 성취도 저하는 일반적으로 선생님이나 동료 학생들을 향한 무관심이나 분노에서 비롯한 결과이다. 매일 몇 번씩 이 긍정 확언을 반복하라. 특히 밤에 잠자리에 들 때와 아침에 눈을 떴을 때는 잠재의식에 이를 주입하기 가장 좋은 시간이다. 선생님과 부모님이 당신의 학업적 성공을 축하하는 모습을 상상해보자. 그러면 곧 학업 성적이 향상되는 경험을 하게 된다.

39주 차

# 직업적/사업적 성공 거두기

우리 회사에서 일하는 모든 사람은 정직하고 성실하며 협조적이며 충성도가 높고 모두를 향한 선의로 가득 차 있다. 그들은 이 회사의 성장과 복지, 번영이라는 상호 연결된 사슬의 정신적이며 영적인 연결고리이다. 나는 내 생각과 말, 행동에 사랑과 평화, 선의를 담아 동료와 회사의 모든 이에게 발산한다. 우리의 임원진과 관리자들은 프로젝트를 맡아 진행할 때 신의 인도를 받는다. 내 잠재의식의 무한한 지성은 나를 통해 모든 결정을 내린다. 우리는 모든 거래와 관계에서 옳은 행동만 한다. 나는 내 앞에 있는 평화와 사랑, 선의의 메신저를 사무실로 보낸다. 평화와 조화가 나를 비롯한 회사의 모든 이의 마음을 지배한다. 나는 이제 믿음과 자신감, 신뢰로 가득 찬 새로운 날을 향해 나아간다.

---

**해설** 직장에서의 분노는 당신의 직장 내 성과는 물론 동료나 상사와의 관계에 부정적인 영향을 미칠 수 있다. 긍정적으로 생각하고 조직 생활에서 성공하도록 자신의 마음을 재프로그래밍하면 직장은 물론 조직 생활에서 더 큰 성공을 거둘 수 있다.

40주 차

•

# 동료와의 관계 개선하기

나는 사랑을 담아 조용하고 평화롭게 생각하고 말하고 행동한다. 나는 이제 나를 비난하고 나에 대해 험담하는 모든 사람에게 사랑과 평화, 관용과 친절을 전파한다. 내 생각은 평화와 조화, 모두에 대한 선의에 고착되어 있다. 부정적으로 반응하려고 할 때마다 나는 자신에게 단호히 말할 것이다. "나는 내 안의 조화와 건강, 평화의 원칙에 따라 생각하고 말하고 행동할 것이다." 창조적 지성이 모든 방면에서 나를 이끌고 지배하고 인도한다.

---

**해설** 직장의 많은 사람이 당신의 신경을 건드린다면 마음의 동요, 짜증, 분노는 당신의 잠재의식 패턴이거나 마음이 투사된 탓일 수도 있다. 당신이 개를 싫어하거나 무서워한다면 개는 격렬하게 반응할 것이다. 동물들은 당신의 잠재의식의 동요를 감지하고 그에 따라 반응한다. 버릇없는 인간들은 개나 고양이 같은 동물만큼 민감하다. 다른 사람이 당신을 대하는 방식을 변화시키는 가장 좋은 방법은 그들에 대한 당신의 생각과 태도를 바꾸는 것이다.

41주 차

•

# 상사와의 관계 개선하기

나는 우주에서 유일한 사상가이다. 나는 상사에 대한 내 생각에 책임이 있다. 매니저는 내가 그를 생각하는 방식에 대해서 아무런 책임이 없다. 나는 내 신경을 거슬리게 하거나 괴롭히는 어떤 사람이나 장소, 사물에 힘을 더하지 않겠다. 나는 내 상사의 건강과 성공, 마음의 평화, 행복을 기원한다. 내가 진심으로 그의 안녕을 기원하니, 그는 모든 면에서 신의 인도를 받는다.

---

**해설** 만약 직장 상사와 껄끄러운 관계라면, 당신은 그 사람에 대해 불편함과 적대심을 품고 있으며, 마음에는 그에 대한 비판과 정신적 다툼, 비난과 규탄으로 가득 차 있을 것이다. 그러면 결과적으로 당신이 정신적으로 전달하고 있는 부정적인 기운을 되돌려받게 된다.

관계를 개선하기 위해서는 마음의 정원에 심는 대로 생각의 열매가 맺는다는 것을 염두에 둔 채, 위의 긍정 확언을 큰 소리로 마음에 새기며 반복해라. 또한, 잠들기 전 다음과 같은 식으로 정신적 이미지를 떠올려라. 당신의 매니저가 당신의 뛰어난 성과, 뜨거운 열정 그리고 고객들로부터 받은 칭찬에 대해 축하한다고 상상하자. 이 상상이 현실이라고 생각하며, 매니저와 나누는 악수의 촉감을 느끼고 그의 목소리를 듣고 그의 미소를 보아라. 당신의 능력을 최대로 발휘해 이를 실제 정신적인 영화로 만들어라. 그리고 잠재의식은 의식적으로 만든 이미지가 새겨지는 판임을 생각하며, 밤마다 그 영화를 마음속에서 재생해라.

42주 차

•

# 계획을 끝까지 해내기

나는 어떤 장애물이나 어려움, 미루기도 모르는 잠재의식의 무한한 지성을 가진 사람이다. 나는 최고가 된다는 기대를 품고 기쁘게 살아간다. 나의 기쁜 마음이 내 생각에 응답한다. 나는 내 잠재의식의 무한한 힘의 작용이 무엇에도 방해받지 않을 것임을 안다. 무한한 지성은 무엇을 시작하든 항상 성공적으로 마무리한다. 창조적인 지혜는 나를 통해 나의 모든 계획과 목적을 완성한다. 무엇을 시작하든 나는 성공적인 결론에 도달한다. 내 인생의 목표는 훌륭한 서비스를 제공하는 것이고, 내가 접촉하는 모든 사람은 내가 그들에게 제공하는 것으로 축복받는다. 나의 모든 일은 신의 질서 속에서 풍성한 결실을 맺는다.

---

**해설** 프로젝트를 완수하거나 거래를 성사시키거나 약속을 지키는 데 어려움을 겪는다면, 일을 끝까지 해내는 것을 방해하는 정신적 난관이나 다른 사람들이 물러설 것이라는 두려움을 갖고 있을 수도 있다. 끈기는 성공의 매우 중요한 요소이다.

43주 차

•

# 뛰어난 교사가 되기

"하나님께서는 우리에게 비겁함의 영을 주신 것이 아니라, 힘과 사랑과 절제의 영을 주셨습니다."(디모데후서 1장 7절) 나는 하나님을 나의 풍족하고 영원한 선으로서 굳게 믿는다. 나는 모든 길에서 활기를 얻으며 번영한다. 이제 평화가 나와 함께한다. 나는 내 모든 학생, 부서장, 교육청 공무원들, 동료 교사, 주변의 모든 사람에게 사랑과 선의를 전파한다. 나는 진심으로 그들 모두에게 평화가 깃들기를 기원한다. 하나님의 지성과 지혜가 내 수업을 듣는 모두에게 활기를 불어넣고 그들을 지탱하니, 이로써 나는 빛나고 의욕이 샘솟는다. 그리고 부정적인 생각이 들 때면 바로 하나님의 치유하시는 사랑을 떠올릴 것이다.

---

**해설** 한 젊은 교사가 꾸준히 번영과 성공을 기도했지만, 어떠한 결과도 얻지 못했다고 불만을 털어놓았다. 나는 그녀와 이야기를 나누면서 그녀가 무의식적으로 자신의 문제를 반복해 생각하며 학생과 학부모, 학교 행정부처를 비난하고 욕한다는 사실을 알게 되었다. 나는 그녀가 파괴적이고 부정적인 생각에 사로잡혀 사실상 그녀 내면의 삶의 보물을 낭비하고 있다고 지적했다. 그녀는 마음가짐을 고치고 그 뜻을 깊이 새기며 이 긍정 확언을 반복했다. 그리고 한 달도 지나지 않아 이 선생님은 자신의 모든 관계에서 조화를 이루며 바라던 대로 승진도 할 수 있었다.

44주 차

# 사업체를 세우고 성장시키기

내 사업이나 직업은 올바른 행동과 올바른 표현으로 가득 차 있다. 내가 필요한 아이디어와 돈, 전문성, 관계자들은 지금 그리고 앞으로도 계속 나와 함께 있을 것이다. 이 모든 것은 보편적인 끌어당김의 법칙에 따라 거부할 수 없이 내게 끌린다. 하나님은 내 사업의 생명이시다. 나는 모든 면에서 신의 인도를 받고 의욕을 얻는다. 매일 내게 성장하고 확장하며 발전할 멋진 기회가 주어진다. 나는 선의를 쌓고 있다. 나는 이심전심의 마음으로 다른 사람과 사업하므로 큰 성공을 거둔다.

---

**해설** 사업의 성공은 좋은 아이디어가 제대로 실행되는 것일 뿐이다. 많은 사람이 자신의 아이디어를 실행하는 데 필요한 여건을 갖추지 못했을까 두려워 선뜻 사업을 시작하지 못한다. 이 긍정 확언은 성공적인 사업을 시작하고 성장시키는 데 필요한 아이디어와 자본, 인력, 관계자들을 얻는 데 도움이 된다. 당신의 모험이 성공할 것이라는 뜨거운 열망과 진실된 믿음은 끈질긴 끈기와 결합해 성공으로 이끈다.

45주 차

# 가정생활, 사업, 재산 지키기

행성을 궤도로 인도하고 태양이 빛나게 하는 보이지 않는 존재가 내 재산과 가정, 사업, 모든 것을 지켜보고 계신다. 하나님은 내게 모든 것을 주시는 분이다. 하나님께서 주신 것은 이제 내 것이다. 하나님의 부가 내게 넘치도록 풍부하게 흐른다. 나는 내 진가를 영원히 의식한다. 나는 재능을 아낌없이 바치고 하나님으로부터 경이로운 보상을 받는다. 하나님 아버지, 감사합니다!

---

**해설** 이 위대한 진리를 매일 자신에게 상기시키고 하나님의 사랑의 법칙을 지키면 당신은 언제나 모든 길에서 인도받고 보호받으며 번영할 것이다. 당신은 지극히 높은 분을 당신의 경륜가로 택하였기에 결코 손해 보지 않는다. 하나님의 사랑이 늘 우리를 둘러싸고 감싸고 보호한다. 당신은 처음부터 계시는 하나님의 그 팔 안에서 안식을 누린다.

46주 차

# 비이성적인 두려움 극복하기

이러한 두려움은 생각과 자기기만에 지나지 않는다. 나는 내 생각의 주인이다. 나는 그 사물 주위에 있거나 그 활동하는 나 자신을 상상한다. 나는 자신감 있고 마음이 편안하다.

---

**해설** 이성적인 두려움은 좋은 것이다. 차가 다가오는 소리를 들으면 살기 위해 길가로 비켜선다. 차에 치일지도 모른다는 순간적인 두려움은 행동으로 극복된다. 아무런 이유가 없는 비이성적인 두려움은 부모, 친척, 선생님이나 당신의 어린 시절에 영향을 미친 모든 사람에 의해 심어진 것이다. 이러한 두려움은 거짓이거나 극도로 과장된 믿음에 불과하다. 뱀을 보면 심각한 위협을 떠올리는 것과 같다. 사실 대부분 뱀은 무해하며, 당신이 뱀을 피하고 싶어 하는 만큼이나 뱀도 당신을 피하려 하는데 말이다.

철학자이자 시인인 랄프 왈도 에머슨은 말했다. "당신이 두려워하는 일을 하라. 그러면 두려움의 죽음이 확실해지리니." 두려워하는 것에 맞서는 자신의 모습을 상상하는 데서 시작하자. 예를 들어, 물을 두려워한다면 수영장으로 내려가 물을 보며 크고 단호하게 말한다. "나는 너를 정복할 거야. 나는 너를 지배할 수 있어." 그런 다음, 필요하다면 물에 들어가 수영 수업을 들어라. 기억하라, 당신이 물의 주인이다. 물이 당신을 지배하게 하지 말아라. 새로운 마음가짐을 가지면, 잠재의식의 전지전능한 힘이 반응하여 당신에게 힘과 믿음, 자신감을 주어 두려움을 극복할 수 있게 된다.

47주 차

•

# 시험 불안 극복하기

나는 내 잠재의식이 기억의 저장고라고는 것을 인식한다. 그 저장고에는 내가 읽고 선생님으로부터 들은 모든 것이 담겨 있다. 나는 완벽한 기억력을 갖고 있고, 내 잠재의식의 무한한 지성이 지필이든 구술이든 모든 시험에서 내가 알아야 할 모든 것을 끊임없이 내게 보여준다. 나는 모든 선생님과 동료 학생들에게 사랑과 선의를 전파한다. 그들에게 성공과 좋은 일이 충만하기를 진심으로 기원한다.

---

**해설** 많은 학생이 시험장에 들어가 시험지를 받아 펼치면 알고 있는 것들이 갑자기 하나도 생각나지 않는 경험을 하곤 한다. 머리가 텅 비어서 공부한 것들이 전혀 기억나지 않는 것이다. 이를 악물고 의지를 불태울수록 답은 점점 더 멀리 달아나는 것 같은 느낌이 든다. 그러나 시험장을 벗어나 정신적 압박감이 완화되면, 그토록 찾으려 애를 쓰던 답들이 스르르 떠오른다. 바로 기억해내도록 자신을 압박한 것이 실패의 요인이었다. 이것을 당신이 요구하거나 기도하는 것과 반대되는 결과를 얻는다는 '역노력의 법칙'이라고 한다.

48주 차

# 위협을 느낄 때 평정심 유지하기

나는 부정적인 생각을 감정화하여 정신적으로 받아들이지 않는 이상, 그러한 생각이 내 마음에 뿌리내릴 수 없음을 알고 있다. 나는 다른 누가 불어넣은 두려움을 마음에 품지 않을 것이다. 그래서 그 두려움은 내게 어떤 해도 되지 않는다. 나는 내 존재의 중심에 있는 깊고 고요한 평화의 바다에서 일하며 휴식한다.

---

**해설** 세계를 돌아다니며 강연하던 중 한 정부 고위 관료와 2시간가량 대화를 나누었다. 그는 내면의 평화와 평온함을 섬세하게 느끼는 깊은 감각을 가지고 있었다. 그는 정치적인 면에서 언론이나 야당으로부터 받는 모든 비난과 괴롭힘이 결코 자신을 흔들고 괴롭히지 못한다고 말했다. 그는 아침에 15분 동안 가만히 앉아 자기중심에 있는 깊고 고요한 평화의 바다를 느끼는 것으로 일상을 시작한다고 한다. 이런 식으로 명상을 하면서 그는 온갖 어려움과 두려움을 극복하는 엄청난 힘을 만들어냈다.

49주 차

# 마음의 병을 진정시키기

나는 이제 하나님의 지성과 지혜, 평화가 ________ 안에서 드러나 ________가 자유롭고 빛나며 행복한 상태임을 선포한다. 그는 이제 올바른 마음을 갖췄다. 하나님의 마음은 유일하게 실재하며 영원한 마음이다. 그 마음이 ________의 마음이 되어, 그는 침착하고 평온하며 차분하다. 그는 하나님에 대한 믿음, 삶과 모든 좋은 것에 대한 믿음으로 가득 차 있다. 나는 이를 사실로 선포하며, 그것을 느끼고 온전하고 완벽해진 그를 본다.

---

**해설** 정신 질환으로 고통받는 누군가를 위해 기도할 때, 항상 그의 협조를 얻을 수는 없다. 그는 이성적 사고와 판단력을 잃었을지도 모른다. 사실 그는 마음속 안개 자욱한 회랑을 거니는 잠재의식의 유령에 지배받고 있다. 그런 사람을 위해 기도할 때는 모든 것을 당신이 직접 해야 한다. 그가 자유롭고 평화로우며 이해하고 있다고 당신 자신을 확신시켜야 한다. 당신이 사랑하는 사람이 나아지고 있다는 믿음을 가지고 깊은 애정과 믿음을 담아 하루에 두세 번 이 긍정 확언을 반복하라.

이러한 진리를 자신에게 반복하면 마음이 하나가 되었음을 깨닫게 되고, 자신의 마음에 그러한 그림을 자주 떠올리면서 점차 확신이 커져, 그 순간 당신이 기도하는 사람이 치유될 것이다.

50주 차

•

# 젊음을 유지하기

전선을 통해 전기가 흐르듯 생명력이 나를 통해 흐른다. 그것은 내 몸과 마음에 끊임없이 활력을 불어넣는 시간의 지배로부터 자유로운 힘이다. 나는 매일이 내 주변의 아름다움을 배우고 즐길 기회가 주어지는 새로운 하루이기를 기대한다. 나는 우주가 내게 그 경이로움을 드러낼 때 그것을 탐색할 호기심을 늘 품고 있다. 나의 지식과 경험은 나와 내 목표 사이에 놓인 난관을 극복할 수 있게 한다. 나는 활기차고 회복력이 있으며 영원을 사는 존재이다.

---

**해설** 당신의 잠재의식은 결코 늙지 않는다. 그것은 시간과 시대를 초월하며 영원하다. 그것은 결코 태어나지 않았고 죽지도 않을 무한한 존재와 힘이라는 보편적 마음의 일부이다. 피로나 나이 듦은 어떤 영적인 자질이나 힘으로도 예측할 수 없다. 인내, 친절, 진실성, 겸손, 선의, 평화, 조화, 형제애는 특성이자 자질이며, 결코 늙지 않는다. 만약 당신이 이러한 관점에서 살아가며 이러한 자질을 계속해서 만들어낸다면 당신은 정신적으로 항상 젊음을 유지할 것이다.

51주 차

•

# 긍정적인 생각에 몰입하기

나는 지금 이 순간부터 나를 치유하고 축복하며 의욕을 고취하고 강하게 하는 생각에만 정신적 에너지를 소비하겠다고 마음에 새긴다.

---

**해설** 성경보다 훨씬 이전에 존재한 고대 문명의 지혜는 이렇게 말했다. "사람은 상상하고 느끼는 대로 된다." 이러한 고대의 가르침은 고대 문명의 몰락과 더불어 시간의 어둠 속으로 사라졌다. 러시아의 수학자이자 밀교 사상가인 표트르 데미아노비치 우스펜스키는 내적 발언 또는 자신과의 대화를 강조했다. 감정이 외적인 행동과 태도를 만들어내기 때문이다.

당신이 내적으로 하는 말은 즐거운 것인가? 당신의 말, 당신 내면에서 침묵하는 생각과 감정이 욕망과 일치하게 해라. 우스펜스키의 제자인 니콜스는 이렇게 말했다. "당신 내면이 하는 말에 주의를 기울여서 그것이 당신의 목표와 일치하게 하라." 욕망과 감정이 정신적으로 결합하면 기도의 응답이 된다.

52주 차

# 부정적이거나 파괴적인 생각에 맞서는 나만의 긍정 확언 쓰기

**해설** 지금껏 살아오며 다른 사람들이 당신의 마음에 "넌 실패자야.", "네게는 기회가 없어.", "넌 틀렸어.", "쓸모없어.", "그건 네가 잘한 게 아니라 다른 사람 덕분인 거야." "끝장이야.", "아무도 신경 안 쓰는데 무슨 소용이야.", "그렇게 노력해도 소용없어.", "넌 이제 너무 나이가 많아.", "상황이 점점 더 나빠지고 있어.", "인생은 끝없는 고역이야.", "사랑은 사치라니까!", "넌 해낼 수 없어.", "곧 망할 거야.", "조심해, 곧 바이러스에 걸릴 거야.", "아무도 못 믿어." 같은 부정적이며 자기파괴적인 생각을 심었을 것이다.

당신 머리에 심어진 부정적이고 파괴적인 생각을 파악한 뒤, 그것에 맞설 당신만의 긍정 확언을 쓰고, 이를 반복하여 자기암시를 걸어 파괴적인 생각이 건설적인 생각으로 대체되게 하자. 이렇게 마음을 재정립하여 건강한 생각과 행동을 회복해라.

PART 3

제3단계

•

# 잠재의식에 생각을 심는 여러 기법

More Techniques for Planting Thoughts in the Subconscious Mind

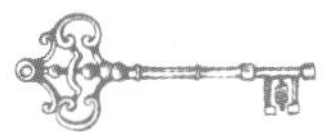

긍정하기는 소망이 실현될 때까지 창의적이고 끈질기게 작용한다는 점에서 잠재의식에 생각과 욕망을 심는 데 매우 효과적인 방법이다. 하지만 그 외에도 효과가 좋은 여러 기술이 있다. 이번 장에서는 당신의 생각을 통제하여 스스로 운명의 주인이 되게 하는 10가지 추가적인 기술을 제시한다.

## '지나가리라' 기법

이 기법은 본질적으로 의식이 건네준 당신의 요청을 잠재의식이 인수하도록 하는 것이다. 이러한 넘기기는 몽롱한 상태에서 가장 잘 수행된다. 당신의 더 깊은 마음속에 무한한 지성과 무한한 힘이 있다는 사실을 기억하라. 그리고 차분히 당신이 원하는 것을 생각하고 지금 이후부터 그것이 더 큰 결실을 맺은 모습을 그려보아라.

기침이 심하고 목이 아픈 어린 소녀가 어떻게 했는지 보자. 그 소녀는 단호한 어조로 몇 번이고 이런 말을 반복했다. "이제 통증이 지나가리라. 이 또한 지나가리라." 그리고 한 시간가량 지나자 실제로 그 통증이 사라졌다. 완벽히 단순하고 순수하게 이 기술을 이용해보자.

## 잠재의식은 당신의 청사진을 받아들인다

만약 자신과 가족을 위해 새로운 집을 짓는다면, 분명 그 집의 청사진에 깊은 관심을 기울일 것이다. 건축업자들이 그 청사진을 제대로 따르는지 확인하고, 어떤 자재를 사용할지 살펴보고 목재, 철근을 비롯해 최고의 자재를 고를 것이다. 당신의 정신적 집과 행복과 풍요를 위한 정신적 청사진은 어떤가? 당신의 경험과 지금까지 인생에서 겪은 모든 것은 정신적 집을 지을 때 사용하는 건축 자재인 셈이다.

정신적 청사진이 두려움이나 걱정, 불안, 결핍으로 가득 차 있고, 실의에 빠져 있거나 매사에 의심하고 냉소적이라면, 당신이 마음에 짠 정신적 직조물에는 고통, 염려, 긴장, 불안, 한계 같은 부정적인 특성이 새겨질 것이다. 깨어 있는 모든 순간 당신의 정신에 쌓은 활동은 인생에서 가장 근본적이고 가장 지대한 영향을 미친다. 당신이 하는 말은 순식간에 사라지며 눈에 보이지 않는다. 하지만 그것은 실재한다. 당신은 항상 정신의 집을 짓고 있고, 당신의 생각과 정신적 이미지는 청사진이 된다. 매시간, 매 순간, 당신은 마음속에 숨겨진 방에서 고민한 생각, 품고 있던 아이디어, 믿음, 상상하던 장면으로 빛나는 건강과 성공은 행복의 집을 짓고 있다. 당신이 죽을 때까지 건설하는 이 위풍당당한 저택은 당신의 인격이자 정체성, 이 세상을 살아가는 인생 그 자체이다.

## 새로운 청사진 만들기

지금 이 순간에 깃든 평화와 조화, 기쁨, 선의를 느끼며 고요한 마음으로 새로운 현실을 구축하라. 이러한 생각 속에 살며 그렇다고 자신에게 확신을 줌으로써 당신의 잠재의식은 당신의 청사진을 받아들이고 이 모든 것을 수용할 것이다. "너희는 그들이 맺은 열매를 보고 그들을 알아볼 수 있다."(마태복음 7장 16절)

## 과학적으로 기도하기 기법

기도는 당신이 이루고자 하는 것에 대한 생각을 정리한 것이다. 그것은 영혼의 진정한 욕망이다. 당신의 욕망이 곧 기도인 것이다. 기도는 가장 깊은 내면의 욕구로부터 나오며 삶에서 원하는 것을 드러낸다. 굶주림과 갈증 때문에 수십억 명의 사람이 매일 하루에도 몇 번씩 기도한다. 당신도 평화와 조화, 건강, 부유함, 기쁨, 그 밖의 여러 축복에 대한 굶주림과 갈증으로 이러한 소망이 이루어지기를 기도하지 않는가.

과학적 기도는 당신이 바라고 욕망하는 것에 대한 생각을 담는다. '과학'이란 조직적이고 정리된 체계화한 지식을 의미한다. 과학적으로 기도하기 위해서는 기도로 무엇을 요청할 것인지 명확한 정신적 이미지를 만들어야 한다.

"구하라, 너희에게 주실 것이다. 찾아라, 너희가 얻을 것이다. 문을 두드려라, 너희에게 열릴 것이다." 마태복음 7장 7절에는 당신이 요청하는 것을 받을 것이며, 문을 두드리면 열리고, 찾으면 얻을 것이라고 말한다. 이 가르침은 정신적, 영적 법칙의 명확성을 암시한다. 잠재의식의 무한한 지성은 항상 직접적으로 반응한다. 빵을 원하는데 돌을 주진 않는다.

얻기 위해서는 믿음이 선행되어야 한다. 당신의 마음은 생각에서 사물로 옮겨간다. 마음속에 이미지가 먼저 존재하지 않는 한 마음은 움직일 수 없다. 나아갈 방향이 제시되지 않았기 때문이다. 정신적 행위인 기도는 잠재의식의 힘이 작용하여 생산적으로 결실을 맺기 전에 먼저 이미지로 수용되어야 한다. 마음속에서 진심으로 받아들이는 단계에 도달해야 한다. 그것은 이론의 여지가 없는 합의 상태이다. 이 사색에는 소망이 성취되었을 때 느낄 기쁨과 편안함의 감정이 동반되어야 한다.

예술적이고 과학적인 진정한 기도의 기초는 의식의 움직임이 광대한 지혜와 무한한 힘을 가진 잠재의식으로부터 확실한 반응을 얻을 것임을 알고 확신하는 데 있다. 이러한 절차를 따르면 당신의 기도는 응답받을 것이다.

## 시각화 기법

아이디어를 구체화하는 가장 쉽고 확실한 방법은 그것을 마치 생물처럼 생생하게 시각화하여 마음의 눈으로 보는 것이다. 육안으로는 외부 세계에 존재하는 것만 볼 수 있다. 마찬가지로 마음의 눈으로 시각화할 수 있는 것은 보이지 않는 마음의 영역에 존재한다. 당신이 마음속에 품은 그림은 바라는 것의 실체이자 보이지 않는 것의 증거이다. 당신이 상상 속에서 만들어낸 것은 당신 신체의 어떤 부분처럼 실재하는 것이다. 그 아이디어와 생각은 실재하며, 당신의 정신적 이미지에 충실하다면 어느 날 당신의 객관적인 세계에 나타날 것이다. 이러한 생각의 과정은 마음에 인상을 남기고, 이러한 인상은 실제 삶에서 사실과 경험으로 나타난다.

건축가는 자신이 원하는 건물의 모습을 시각화하고 자신이 바라는 대로 완성된 건물의 모습을 떠올려본다. 그가 이미지화하고 사고하는 과정은 아름다운 건물인지 보기 흉한 건물인지, 고층 건물인지 저층 건물인지 어떠한 건물로 만들어질지 결정하는 모형이 된다. 그의 정신적 이미지는 종이에 투영된다. 그리고 건축업자와 작업자들은 건축가의 구상에 완벽하게 부합하도록 필수적인 자재를 모아 건물이 완성될 때까지 공정을 진행한다.

나는 연단에 올라 강연하기 전 이 시각화 기술을 사용한다. 마음의 수레바퀴를 잠재우고 내 마음의 그림을 잠재의식에 제시한다. 그런 다음, 강연장과 객석을 가득 채운 관객의 모습을 떠올리고, 그들이 각자의 내면에 존재하는 무한한 치유의 존재에 의해 깨달음을 얻고 동기부여되는 모습을 그려본다. 내가 보는 그들은 빛나고 행복하고 자유롭다. 나는 처음 상상에서 아이디어를 쌓은 뒤, 그들이 "치유받았어.", "날아갈 것 같은 기분이야.", "순간 치유되었어.", "난 완전히 달라졌어."라고 하는 말을 듣는 상상을 하며 이 그림을 계속 마음에 담아둔다. 나는 인간의 몸과 마음은 사랑과 온전함, 아름다움, 완벽함으로 가득 차 있다는 사실을 떠올리고 느끼면서 10여 분 동안 이 상태를 유지한다. 나의 의식은 마음속 어느 지점까지 고조되어, 실제로 건강과 행복을 선언하는 관객들의 목소리가 들릴 정도가 된다. 그러고 나서 나는 전체 그림을 마음에서 풀어놓고 연단에 오른다. 거의 일요일마다 멈춰 서 자신의 기도가 응답받았다고 말하는 사람들을 볼 수 있는 것도 이러한 맥락에서이다.

## 마음의 영화 기법

'한 번 보는 것이 천 마디의 말보다 낫다'라는 옛 속담이 있다. 미국 철학의 대부 윌리엄 제임스William James는 잠재의식은 믿음을 바탕으로 한 마음의 그림을 실현시킨다는 사실을 강조했다. "되고자 하는 대로 행동하라. 그러면 그렇게 되리니."

몇 년 전 중서부 여러 주를 오가며 강연할 때였다. 나는 도움을 원하는 사람들을 위해 봉사할 수 있도록 접근성이 좋은 지역에 상설 단체를 만들고 싶었다. 멀리까지 강연 여행을 다니면서도 그 욕망은 내 마음을 떠나지 않았다. 어느 날 저녁, 워싱턴주 스포캔의 호텔 방 소파에서 편안한 자세로 주의를 집중하고서 조용하고 수동적인 태도로 내가 많은 청중과 이야기하고 있다고 상상하며, 실제로 이렇게 말했다.

"이 자리에 서게 되어 매우 기쁩니다. 이런 기회가 오기를 얼마나 기도했는지 모릅니다."

나는 마음의 눈으로 상상 속 청중을 보고, 그 모든 것을 현실로 느꼈다. 나는 배우로서 이 마음의 영화를 연기했고 이 영상이 내 잠재의식으로 전달되어 나름의 방식으로 실현될 것이라는 데 만족감을 느꼈다.

다음 날 아침, 눈을 떴을 때 나는 엄청난 평화와 만족감을 느꼈다. 그리고 며칠 후, 내가 강연하던 중서부의 한 조직을 맡아주지 않겠느냐고 의사를 묻는 전보를 받았다. 나는 그 제안을 수락했고, 그 후 몇 년 동안 매우 즐겁게 그 일을 했다. 여기서 소개하는 방법은 '마음의 영화 기법'이라 불리며 많은 사람이 효과를 거둔 방법이다.

나는 라디오 강연이나 매주 열리는 공개 강연을 들은 사람들로부터 많은 편지를 받는데, 상당수가 이 기법을 사용하여 놀라운 결과를 얻었다는 내용이다. 특히 부동산을 매매하는 과정에서 이 기술이 큰 효과를 발휘했다고 한다. 나는 집이나 부동산을 매물로 내놓은 사람들에게 제안한다. 먼저 그들이 내놓은 가격이 적당하다고 진심으로 자신을 확신시킨다. 그러면 무한한 지성이 그들에게 진심으로 그들의 매물을 원하고 사랑하며 그 안에서 번영할 매수자를 끌어당길 것이다. 그런 다음, 마음을 진정시키고 편안히 긴장을 풀어 신경 소모가 최소 한도로 줄어든 나른하고 졸린 상태에 들어간다. 이러한 상태에서 손에 수표를 들고 있는 모습을 마음에 그리고, 그 수표를 들고 기뻐하고 감사하며, 자신의 마음속에서 만들어진 이 한 편의 마음의 영화가 그럴듯하다고 느끼며 잠을 청한다.

이때 이것이 마치 객관적인 현실인 것처럼 행동해야만 잠재의식에 각인되어 마음 깊은 곳의 물결을 통해 매도자와 매수자가 한 곳에서 만나게 된다. 이처럼 믿음이 뒷받침된다면, 마음속에 품은 그림은 실현되기 마련이다.

## 보두앵 기법

샤를 보두앵은 프랑스의 루소 연구소 교수였다. 뛰어난 심리치료사이자 뉴 낭시 치유학교의 연구소장이기도 했던 그는 1910년, 잠재의식에 무언가를 새기는 가장 좋은 방법은 나른하고 졸린 상태 즉, 신경 소모가 최소화되어 잠든 듯한 상태에 들어가는 것이라고 밝혔다. 그런 다음 조용하고 수동적이고 수용적인 자세로 깊이 성찰함으로써 잠재의식에 그 생각을 전달하는 것이다. 그는 그 과정을 이렇게 설명했다.

이것(잠재의식에 생각을 주입하는 것)을 확실하게 하는 가장 간단한 방법은 암시의 대상이 될 생각을 압축해 기억에 새겨질 수 있을 간단한 문구로 요약해 자장가처럼 몇 번이고 반복하는 것이다.

몇 년 전, LA에 사는 한 젊은 여성이 유언을 둘러싼 지리한 가족간 소송을 이어가고 있었다. 그녀의 남편이 전 재산을 그녀에게 물려주었는데, 전처 소생의 아들과 딸이 그 유언장을 무효로 하려고 소송을 제기한 것이다. 보두앵 기법을 알게 된 그녀는 다음과 같이 했다. 안락의자에 앉아 몸의 긴장을 풀고 졸린 상태로 들어갔다. 그리고 배운 대로 자신의 바람을 압축해 쉽게 기억에 새겨지도록 짧은 문장으로 만들었다.

"그것은 신의 명령으로 완성되노라."

그녀에게 이 말은 자신의 잠재의식의 법칙을 통해 작용하는 무한한 지성이 조화의 원리를 통해 조화로운 조정안을 도출해낼 것이라는 의미였다. 그녀는 열흘 동안 밤마다 이를 수행했다. 졸린 상태에 들어가면 그녀는 조용하고 천천히 감정을 담아 "그것은 신의 명령으로 완성되노라." 하고 몇 번이고 반복해서 긍정했고, 내면의 평화와 온몸에 깃든 평온함을 느끼며 정상적인 깊은 잠에 빠졌다.

이 기법을 사용하고부터 열하루째 되는 날 아침, 눈을 뜨는데 행복감과 함께 다 끝났다는 확신이 들었다. 그날 그녀의 변호사가 전화를 걸어와 상대측 변호사와 의뢰인들이 합의를 원한다는 소식을 전했다. 조화로운 합의가 이루어지고 소송은 취하되었다.

## 수면 기법

나른하고 졸린 상태가 되면 신경 소모가 최소한으로 줄어든다. 졸린 상태에서는 의식의 대부분이 가라앉는다. 그 이유는 잠들기 전과 잠에서 깬 직후에 잠재의식의 노출이 최고조에 달하기 때문이다. 이 상태가 되면 당신의 욕망을 억누르기 때문에 잠재의식이 받아들이는 것을 막는 부정적인 생각이 없어진다.

나쁜 습관을 없애고 싶다고 가정해보자. 편안한 자세로 몸의 긴장을 풀고 마음을 차분하게 한다. 그리고 졸린 상태에 들어간다. 그 졸린 상태가 되면 자장가를 부르듯 조용히 계속해서 되뇐다. "나는 이 습관으로부터 완전히 벗어난다. 조화와 마음의 평화가 내 모든 것을 지배하고 있다." 매일 저녁 잠들기 전과 아침에 눈 뜨자마자 이 긍정 확언을 천천히 조용하게 진심을 담아 반복한다. 이 말을 반복할 때마다 그 정서적 가치는 더 커진다.

부정적인 습관을 반복하고 싶은 충동에 휩싸일 때면 혼자서 이 말을 큰 소리로 거듭 말한다. 이렇게 해서 잠재의식이 그 생각을 받아들이도록 유도하면 치유가 뒤따른다.

## 감사 기법

성경에서 사도 바울은 우리의 요구를 칭찬과 감사로 알리라고 권한다. 이 간단한 기도 방법을 실천하면 놀라운 결과가 따른다. 감사하는 마음은 언제나 우주의 창조력과 가까이 있으므로, 작용과 반작용이라는 우주의 법칙에 근거한 상호관계의 법칙에 따라 무한한 축복이 감사하는 마음을 향해 흐르게 된다.

예를 들어, 아버지가 아들에게 졸업 선물로 자동차를 사주겠다고 약속한다. 아들은 아직 차를 받지는 못했지만, 마치 실제로 차를 받은 듯 매우 감사해하고 기뻐한다. 그는 아버지가 약속을 지키리라는 것을 알기에, 감사와 기쁨으로 충만하다. 객관적으로 말해서 아직 차를 받기 전이지만, 그는 마음 깊이 기쁨과 감사를 느낀다.

다음은 브로크 씨가 이 기법을 어떻게 적용해 놀라운 결과를 얻었는지 보여주는 일화이다. 그가 내게 털어놓았다. "지불해야 할 청구서는 쌓여 가고 있는데, 저는 실직 상태입니다. 아이가 셋인데 부양할 돈도 없습니다. 뭘 어떻게 하면 좋을까요?" 그는 약 3주 동안 매일 밤낮으로 꼬박꼬박 감사의 감정이 마음을 지배할 때까지 편안하고 평화로운 태도로 이 말을 반복했다. "하나님 아버지, 제가 가진 것에 감사합니다." 그는 물론 창조적 지성이나 무한한 마음을 볼 수 없다는 것을 알고 있었지만, 자신이 내면의 무한한 힘과 지성을 대하고 있다고 상상했다. 그는 내면의 영적인 눈으로 보면서, 자신이 필요한 돈과 지위, 음식에 관해 생각한 부에 대한 마음속 이미지가 첫 번째 원인임을 깨달았다. 그녀의 생각과 느낌이 어떤 전제 조건에도 구애받지 않는 부의 본질이었던 것이다.

"하나님 아버지, 감사합니다."를 몇 번이고 되풀이하면서 그의 몸과 마음은 수용점까지 높아졌다. 그리하여 그는 두려움과 부족함, 가난, 괴로움에 대한 생각이 마음에 떠올라 힘들어질 때마다 "하나님 아버지, 감사합니다."라고 말했다. 그는 감사하는 태도를 유지하면 자신의 마음이 부에 대한 생각을 바로잡는다는 사실을 알고 있었고, 결국 그렇게 실현되었다.

그의 기도는 매우 흥미로운 결과를 가져왔다. 위에서 말한 대로 기도한 뒤, 그는 20년 동안 만난 적 없던 과거의 고용주를 거리에서 만났다. 그는 매우 괜찮은 자리를 제안하고 500달러를 대출해주었다. 현재 브로크 씨는 그 회사의 부사장으로 재직 중이다. 그는 최근 내게 이렇게 말했다.

"'하나님 아버지, 감사합니다.'라는 메시지가 가져온 이 경이로움을 절대 잊지 못할 겁니다. 그 기도는 제게 기적을 가져다주었어요."

## 논쟁 기법

◇◇◇◇◇◇◇◇◇◇◇◇

이 기법은 이름 그대로의 의미이며, 메인주의 피니어스 파크허스트 큄비 박사의 처치법에서 비롯했다. 정신적, 영적 치유 분야의 선구자인 큄비 박사는 약 100년 전 메인주 벨파스트에서 환자를 진료

했다. 1921년 호레이쇼 드레서가 편찬하고 뉴욕시의 토머스 Y. 크로웰 컴퍼니에서 출간한 《큄비 저술집The Quimby Manuscripts》에는 큄비 박사가 환자를 기도 치료하여 거둔 놀라운 결과를 소개하는 신문기사가 수록되어 있다.

큄비는 성경에 기록된 수많은 치유의 기적을 재현했다. 간단히 정리하면, 큄비가 채택한 논쟁 기법은 병이 생기는 것이 잘못된 믿음, 근거 없는 두려움과 잠재의식에 내재된 부정적 사고방식 때문임을 환자와 자신에게 확신시키는 영적 추론법이다. 당신이 마음속으로 명확히 추론한 뒤, 환자에게 그의 병은 왜곡되고 뒤틀린 사고방식이 몸에 형성되었기 때문이라고 확신시킨다. 외부의 힘이나 원인에 대한 이러한 잘못된 믿음이 질병으로 나타나는 것이기 때문에 그 사고패턴을 바꿈으로써 변화할 수 있다.

당신에게 환자가 찾아오면 모든 치유의 기초는 믿음을 바꾸는 데 있다고 설명한다. 또한, 잠재의식이 육체와 그 모든 기관을 창조했으니, 치유하는 법을 알고 있고 치유할 능력이 있으며 지금 이 순간에도 치유하고 있다고 말해준다. 당신 마음의 법정에서 병이란 병든 마음, 불건전한 생각의 그림자일 뿐이라고 주장하며, 그 안에서 처음에 모든 기관을 창조하고 그 안에 모든 세포, 신경, 조직을 완전한 형태로 갖춘 내면의 치유력을 대표할 수 있는 증거를 계속해서 쌓아간다. 그런 다음, 마음의 법정에서 당신이나 환자에게 유리한 판결을 내린다. 당신은 믿음과 영적 이해를 부여하여 환자를 병으로부터 해방시킨다. 당신이 제시하는 정신적, 영적 증거가 모든 것을 압도한다. 그들은 모두 한마음이므로, 당신이 진실이라고 느낀 것이 환자의 경험 속에서 부활할 것이다.

## 절대 기법

전 세계 많은 사람이 이러한 치료법을 실천하여 놀라운 성과를 거둔다. 절대 기법을 사용할 때는 존 존스처럼 환자의 이름을 직접 언급하면서, 하나님은 더없는 행복이시며 끝없는 사랑, 무한한 지성이시며, 전능하고, 끝없는 지혜이며, 절대적 조화이며, 형언할 수 없는 아름다움이며, 완전무결한 존재임을 떠올리며 하나님의 자질과 특성에 대해 조용히 묵상한다.

조용히 이러한 면면을 생각할 때 그 사람은 의식 속에서 새로운 영적 물결을 타게 되고, 그때 하나님 사랑이라는 무한한 바다가 그가 기도하고 있는 존 존스의 몸과 마음속에 하나님을 닮지 않는 모든 것을 녹이고 있다는 느낌을 받는다. 이제 하나님의 힘과 사랑이 존 존스에게 집중되어 그를 괴롭히거나 성가시게 하는 것은 무엇이든 생명과 사랑으로 가득 찬 무한한 바다에서 완전히 사라진다.

절대 기법은 최근 LA의 한 저명한 의사가 내게 설명해준 초음파 치료에 비유할 수 있다. 그가 사용하는 초음파 기계는 엄청난 고주파로 진동하여 몸의 구석구석으로 직접 음파를 내보낸다. 그는 이러한 음파를 조절할 수 있어서, 관절에 쌓인 석회질을 녹이는 것은 물론 그 밖의 여러 불편한 증상을 치유하고 없애는 데 탁월한 효과를 거두었다고 말했다.

하나님의 자질과 특성에 대해 명상하며 의식이 고양되어 가면서 우리는 조화와 건강, 평화에 대한 영적 전자파를 발생시킨다. 수많은 기적적인 치유의 사례들이 이러한 기법을 따른 것이다.

앞서 언급한 큄비 박사는 말년에 이르러 절대 기법을 사용했다. 그는 진정한 심신의학의 아버지이자 최초의 정신분석가였다. 그는 환자의 고민이나 고통, 아픔의 원인을 통찰력 있게 진단할 수 있는 능력이 있었다. 다음은 큄비의 원고에 수록된 한 장애인을 치료한 기록이다.

큄비는 한쪽 다리를 쓰지 못한 채 자리보전하고 있는 노파를 방문해달라는 부탁을 받았다. 그는 노파가 편협하고 옹졸한 생각에 갇혀 있기 때문에 똑바로 일어서거나 걷지 못한다고 말했다. 그녀는 두려움과 무지라는 무덤에 살고 있었다. 성경을 문자 그대로 받아들여 두려워하고 있었다. 큄비는 말했다. "이 무덤에는 옭아맨 줄을 끊고 굴레를 부수어 죽은 자들 가운데서 일어나시려는 하나님의 존재와 힘이 있다." 그녀가 다른 이에게 성경 구절을 설명해달라고 했을 때 그 답은 마치 돌맹이 같았지만, 그때 그녀는 생명의 빵을 갈구하고 있었다.

큄비 박사는 그녀가 당시 읽고 있던 성경 구절의 의미를 제대로 이해하지 못한다는 데서 기인한 흥분과 두려움 때문에 마음이 흐리고 혼탁해진 것이라고 진단했다. 이러한 마음이 몸을 무겁고 늘어지게 만들어 결국에는 마비에 이르게 한 것이다. 이때 큄비는 그녀에게 다음 성경 구절이 무슨 의미인지 물었다. "그러자 예수께서 이르셨다. '나는 잠시 동안만 너희와 함께 있다가 나를 보내신 분께 간다. 그러면 너희가 나를 찾아도 찾지 못할 것이다. 또 내가 있는 곳에 너희는 올 수 없다.'(요한복음 7장 33-34절)" 그녀는 예수께서 천국에 가셨다는 의미라고 대답했다.

큄비는 '잠시 동안만 너희와 함께 있다'라는 구절의 진정한 의미가 그녀의 증상과 감정, 그 원인에 대한 설명이며, 그는 잠시 동안 그녀에게 연민과 동정심을 가졌지만, 그런 마음을 오래 유지할 수는 없었다고 말했다. 그 다음 단계는 우리를 보내신 하나님께 가는 것인데, 그것은 우리 모두의 내면에 있는 하나님의 창조적인 힘을 뜻한다고 지적했다. 큄비는 즉시 마음속으로 여행을 떠나, 그 환자 속에서 작용하는 하나님의 활력과 지성, 조화, 힘 같은 신성한 이상에 대해 명상했다. 그리고 그 노파에게 말했다. "그래서 내가 가는 곳에 당신은 올 수 없습니다. 당신은 좁고 편협한 믿음에 사로잡혀 있는데, 나는 건강하기 때문입니다." 그녀는 이 기도와 설명을 듣고 순간적인 깨달음을 얻었고, 그녀의 마음에 변화가 찾아왔다. 그리하여 목발 없이 걷게 되었다!

큄비는 이 노파가 자신이 치유한 사례 중 가장 특별한 사례였다고 말했다. 말하자면 그녀는 그릇된 생각에 무감각했으므로, 그녀에게 생명이나 진리에 대해 생각하게 함으로써 죽은 이들 가운데 일어나게 한 것이다. 큄비는 그리스도의 부활을 인용해 그녀 내면의 그리스도 즉 그녀의 건강에 적용하였다. 또한, 그녀가 받아들인 진리는 천사 즉 두려움과 무지, 미신의 돌을 굴려내 그녀를 온전하게 만드시는 하나님의 치유력을 풀어낸 생각이라고 설명했다.

## 명령 기법

말에 힘이 들어오는 것은 그 이면의 느낌과 믿음에 달려 있다. 세상을 움직이는 힘이 우리 편에서 움직이고 우리의 말을 뒷받침해줄 때 우리의 자신감과 확신이 자라난다. 힘에 힘을 더하려 하지 말아라. 그러므로 정신적인 갈등, 강요, 압박, 투쟁이 있어서는 안 된다.

어느 젊은 여성이 자신에게 끊임없이 전화하며 데이트하자고 강요하면서 회사까지 찾아오는 젊은 남성에게 이 명령 기법을 사용했다. 그녀는 그를 떼어내기가 매우 어렵다고 생각했다. 그래서 다음과 같이 명령했다.

"나는 ________를 하나님께 풀어놓는다. 그는 언제나 자신이 있어야 할 곳에 있다. 나는 자유롭고, 그도 자유롭다. 이제 내 말이 무한한 마음으로 들어가, 무한한 마음이 그 일을 실현할 것을 명한다. 그리고 그렇게 된다."

그녀는 그후 그 남자가 자취를 감추어 다시는 자신 앞에 나타나지 않았다고 말했다. "마치 땅이 그를 삼켜 버린 것 같았어요."

'자네가 일을 결정하면 이루어지고 자네의 길에 광명이 비칠 것이네.'(욥기 22장 28절)

PART 4

제4단계

•

# 내면의 무한한 힘을 발산하기

Unlock the Infinite Power Within You

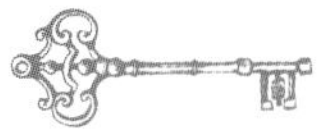

우리 안에는 무한한 힘이 존재한다. 그 무한한 힘은 우리를 일으키고, 치유하고, 의욕을 불어넣으며, 나아갈 방향을 지시하며 길을 인도하고, 행복과 자유, 마음의 평화 그리고 삶의 성취감과 승리감이 주는 기쁨으로 이어지는 확실한 길로 나아가게 한다.

각계각층의 수많은 사람이 매일 조금씩 나아가며 위대한 업적을 이루어낸다. 그들은 활기차고 강인하고 건강하며 인류에 셀 수 없이 많은 축복을 선사한다. 그들은 자신들의 이익을 위해 끊임없이 작용하는 원초적인 힘으로 충만하다. 당신에게도 이러한 내적인 힘이 있다. 이 무한한 힘과 소통하며 일치를 이루는 방법을 배워 일상 생활에 활용만 하면 된다. 이번 장에서는 마음의 근간으로 기초를 이루는 그 위대하고 무한한 힘에 대해 간단하게 설명하고자 한다.

이번 단계를 진심으로 익혀서 여기서 제시하고 구성한 여러 효과적인 기법을 삶에 적용해보자. 그러면 당신 내면의 무한한 힘과 정신적으로 접촉하고 소통하여 혼란과 불행, 우울, 실패감을 담대하게 넘어설 것이다.

이 무한한 힘은 정확히 당신이 있어야 할 바로 그 자리로 인도하고, 당신의 문제와 어려움을 해결하며, 부족함과 한계를 느끼게 하는 환경과 영원히 단절시키고 영광스럽고 평온한 향상된 삶으로 가는 길로 인도할 것이다.

## 마음의 무한한 힘은 무슨 일을 할까

나는 30년 넘게 국내외를 넘나들며 마음의 기적적인 힘에 대해 가르치고 글을 쓰는 활동을 해왔다. 그러면서 마음의 무한한 힘을 진심으로 사용해 다음과 같이 삶의 변화를 이루어낸 수많은 사례를 목격했다.

- 풍요로운 부
- 인생의 새로운 친구들과 멋진 동반자들
- 모든 위험으로부터 보호
- 불치병으로부터 치유
- 자기비하와 자기비난으로부터 해방
- 사람들로부터 찬사와 명예, 인정
- 삶을 향한 새로운 활력과 열정
- 화목하지 못한 결혼 생활에 찾아온 평화와 행복
- 변화하는 세상 속에서 느끼는 평온함
- 그리고 무엇보다 기도에 응답받았다는 기쁨

이러한 기적의 힘은 삶의 모든 분야, 모든 계층에 작용한다. 내가 관찰하고 경험한 바에 따르면, 무한한 힘을 이용한 사람들은 고등학생과 대학생, 택시 운전사, 대학교수, 과학자, 약사, 은행가, 의사, 지압사, 주부, CEO, 영화감독, 배우, 트럭 운전사 등 사회적 위치와 소득 수준과 무관하게 매우 다양하다.

이들은 실패와 절망, 결핍으로부터 자신들을 일으켜 세우고, 문제를 해결해 눈물을 닦아내주고 감정적, 재정적 족쇄를 벗고, 힘겨운 부담을 떨치고, 자유로 향하는 희망의 큰길로 나아가 명성과 부, 삶의 성공을 향한 영광스러운 새로운 기회를 가져다주는 무한한 힘의 신비로우면서도 실재하는 위력을 발견했다. 그리고 이들은 모두 멍들고 부서진 마음을 치유하고 완벽한 삶을 살아가도록 영혼을 회복시키는 마법 같은 치유의 사랑도 발견했다.

## 실용적 접근

무한한 힘의 가장 독특한 특징은 현실적 실용성과 일상적 유용성이다. 미래에 일어날 사건을 시각화하고 직관의 목소리가 우리를 안내할 수 있도록 타고난 이 특별한 능력을 사용하는 방법을 배워보자.

일상에서 쉽게 적용할 수 있는 유용한 기법과 원칙 중에서 내면의 무한한 힘을 사용하는 데 필요한 모든 방법을 찾아본다. 그것은 의문에 답을 줄 뿐만 아니라 자신감과 침착함을 얻는 법, 사업이나 직업상 성공하는 법, 자신과 다른 사람을 축복하기 위해 초감각적인 지각을 사용하는 법, 신의 인도를 받는 법, 아픈 이를 위해 자주 기도하는 법, 의사와 협력하는 법, 긍정 확언을 효과적으로 사용하는 법 등 개인적인 문제에 대한 해결책을 제시하기도 한다. 또한, 당신이 기도했음에도 응답을 얻지 못한 이유와 신의 인도를 요청하고 인식하는 법을 살펴본다. 그러면 무한한 힘의 엄청난 위력을 즉각 사용하는 데 필요한 모든 것이 완벽히 명확해지면서 적용할 수 있게 된다.

## 인생에서 기적을 일으키는 법

인생의 가장 위대한 진리는 의외로 간단하다. 지금부터 나는 이 진리들을 간단하며 드라마틱한 예시를 통해 명확하게 제시하고, 현재의 어려움을 극복해 일어서는 법, 기도한 요청에 인도와 응답의 축복을 받는 법을 설명하겠다.

당신 내면에 숨겨진 이 무한한 힘을 풀어내기 위해 여기서 제시하는 기법들을 따르면 삶의 매일은 더욱 풍성하고 장엄하고 고귀하며 더욱 멋진 날이 될 것이다. 이제 이 지시들을 따라 당신 내면에 갇혀 있던 빛나는 영광을 해방하여 삶에서 선하고 만족스러운 일이 일어나도록 그 첫걸음을 내딛어보자.

1장

# 삶을 풍요롭게 하는 무한한 힘

내면의 무한한 힘은 병, 우울, 실패와 좌절로부터 당신을 일으켜 세워 건강과 행복, 풍요, 안전으로 가는 길로 인도한다. 나는 전 세계 각계각층의 사람들이 그들 내면의 이 무한한 힘을 접촉하고 풀어냄으로써 기적적인 대변화를 맞이한 모습을 목격했다.

몇 달 전, 나는 어느 병원에서 절망의 구렁텅이에 빠진 한 알코올 중독자와 두 시간가량 대화를 나누었다. 그는 이 무한한 힘을 사용하기 시작했고, 그 결과 지금은 활력이 넘치고 행복한 상태이며 사업 역시 번창하고 있다. 그는 '눈 깜짝할 사이'에 변화했고, 그 무한한 치유의 힘이 흐르기 시작하자 문제가 사라지고 근심으로 가득 찬 마음에 평화가 찾아왔으며, 아내와 아이들이 다시 그의 품으로 돌아왔다.

자신 있게, 확실히, 단언컨대 이 무한한 힘은 당신 내면에서 해방되기만을 기다리고 있다. 이 힘은 당신의 삶을 완전히, 송두리째, 놀라울 정도로 변화시킬 수 있으므로 몇 주 혹은 몇 달 후에 가까운 친구들이 당신을 알아보지 못할 수도 있다.

이 무한한 힘이 어느 범죄자에게는 구원의 원천이었다. 여러 사람을 살해한 살인범이었던 사람이 이제는 하나님의 뜻을 펼치며 다른 사람이 삶을 영광스럽고 평화롭게 살아가도록 돕는 사람이 된 것이다. 이 남자는 내게 말했다. "박사님이 말씀하신 이 무한한 힘과 접촉하기 시작하고 한 달쯤 지나서 거울에 비친 제 모습을 봤습니다. 이전과 같은 사람이라곤 생각할 수 없는 모습이었지요. 이제 저는 과거에 제가 저지른 범죄는 감히 생각조차 할 수 없는 사람이 되었습니다." 그러고는 덧붙였다. "어떻게 살인을 저지를 수 있었을까 하는 의구심이 들기 시작했습니다." 그는 감옥의 문조차도 열게 하는 내면의 무한한 힘을 발견했고, 그 힘은 그를 해방시켰다. 무한한 치유의 존재가 그의 영혼을 부활시킨 것이다.

이 신비한 무한한 힘은 당신에게도 기적을 일으킬 수 있다. 이번 장과 다음 장을 꼼꼼히 읽으면, 이 힘의 흐름을 통해 큰 행운을 가져올 새로운 아이디어를 얻을 수 있다는 사실을 깨달을 것이다.

## 특별한 힘은 어떻게 사용할까

오랜 세월을 거치며 사람들은 숨겨진 재능을 드러내는 무한한 힘을 발견해왔다. 그들은 하나님으로부터 영감을 받았고, 그들 내면의 무한한 창고로부터 경이롭고 영광스러운 독자적인 지식을 받기도 했다. 이 힘은 당신이 세운 목표를 이루는 데 필요한 지혜와 힘, 동력을 제공한다. 당신이 해야 할 일은 그 힘에 발맞추고 협력하는 것뿐이다.

이 무한한 힘을 사용하면 사업상 좋은 파트너를 만나고, 좋은 친구를 찾고, 이상적인 가정을 만들 수 있다. 당신이 바라던 꿈 이상으로 번영할 수 있고, 마음이 원하는 대로 되고, 그렇게 하며 여행할 기쁨과 자유를 발견할 수 있다.

## 벨보이는 어떻게 승진 열쇠를 발견했을까

캐나다 오타와에서 강연했을 때였다. 강연 후 한 젊은이가 찾아와 이야기를 나누었다. 그는 2년 동안 뉴욕에서 벨보이로 일했는데, 어느 날 한 투숙객이 그에게 《잠재의식의 힘The Power of Your Subconscious Mind》이라는 내 저서를 주었다. 그는 이 책을 네 번 읽고서 그 가르침을 따라 잠들기 전에 자신만의 긍정 확언을 반복하기 시작했다. "나는 곧 승진한다. 나는 곧 성공한다. 나는 부자가 된다." 그는 매일 밤 이 확언을 반복하며 잠을 청했는데, 2주 정도 지난 후 예상치도 못하게 호텔 체인의 대리가 되었고, 6개월 후에는 총괄 매니저가 되었다. 그는 자신 안에 하나님의 힘이 흐르고 있다는 사실을 깨달았다. "생각해보세요. 지금까지 내면의 이 거대한 잠재력의 극히 일부만을 사용하며 살아왔었던 거죠." 그가 말했다. 이 젊은이는 자신의 내면에서 무한한 힘을 풀어내는 법을 배웠고, 그 놀라운 위력에 의해 그의 삶 전체가 조화를 이루었다.

## 어떻게 실패를 성공으로 바꾸었을까

몇 년 전, 한 여대생이 아버지가 시켰다며 나를 찾아왔다. 그녀는 대학 수업을 잘 따라가지 못해 낙제한 상태였다. 나는 그녀와 대화를 나누며, 그녀가 마음이 바른 사람이고 마음의 법칙에 대한 견고한 기초 지식을 갖고 있다는 사실을 깨달았다. 나는 그녀에게 물었다. "왜 자신을 비하하나요? 왜 그렇게 자신을 저평가하는 거죠?" 그녀는 새빨갛게 얼굴을 붉히며 말했다. "사실 저는 가족 중에서 가장 멍청해요. 아버지는 제가 절대 잘 되지 못할 거라고 하세요. 제 형제들은 아버지를 닮아 똑똑한데, 저는 어머니를 닮아 멍청한 거라고요." 나는 대답했다. "글쎄요, 당신은 하나님의 자식입니다. 하나님의 모든 무한한 힘, 특성과 자질, 지혜가 당신 안에 있으며, 발현되어 사용되기를 기다리고 있답니다. 아버지께 딸에게 절대 그렇게 끔찍하게 부정적인 말을 해서는 안 된다고, 내가 그러더라고 말씀드리세요. 오히려 당신을 격려하고 하나님의 무한한 지성이 당신 안에 있으며, 당신이 무한한 지성을 부르면 그것이 당신에게 대답한다는 사실을 상기시켜 주어야 한다고도요. 그리고 당신이 어머니보다 아버지를 닮은 면이 더 많을 거라고도 말하세요."

나는 그녀에게 매일 아침 학교에 가기 전과 매일 밤 잠들기 전에 다음 긍정 확언을 반복하게 했다.

나는 하나님의 자식이다. 나는 결코 다시는 나의 내적인 힘을 저평가하거나 자신을 비하하지 않겠다. 나는 마음속 깊이 하나님을 찬양한다. 하나님이 나를 사랑하고 돌보신다는 것을 알고 있다. 그것은 성경에도 씌어 있다. '그분께서 여러분을 돌보고 계십니다.'(베드로전서 5장 7절) 내가 읽고 공부하는 것은 무엇이든 바로 마음에 흡수되어 필요할 때 순간적으로 떠오른다. 나는 아버지와 형제들, 교수들에게 사랑을 발산하고, 어머니가 행복하고 자유롭다는 사실을 알고 있음을 전제로 어머니에게도 사랑을 발산한다. 무한한 지성은 내 공부를 인도하여 내가 알아야 하는 모든 것을 늘 내게 보여준다. 나는 자신을 존경하고, 자신을 새롭게 평가한다. 나의 진정한 자아는 하나님임을 알고 있기 때문이다. 내가 스스로 비난하거나 비판하려 할 때면, 나는 그 즉시 긍정할 것이다. '하나님께서 나를 사랑하시고 나를 돌보신다.' 나는 그분의 딸이다.

그녀는 이 긍정 확언을 충실히 실행에 옮겼고, 결국 기쁘게도 그로부터 얼마 지나지 않아 좋은 성적을 얻고 차석으로 졸업하게 되었다. 그녀는 완벽한 삶으로 이끄는 무한한 힘을 발견하고 그것을 풀어내기 시작했다. 그리고 더는 아버지의 부정적인 메시지를 받아들이지 않고, 마음 깊이 하나님을 찬양하기 시작했다.

## 어떻게 무한한 힘으로 꿈을 실현할 수 있을까

앞으로 예시로 들 완벽한 삶으로 이끌 무한한 힘의 원리를 실천한다면, 당신의 삶이 선한 방향으로 경이롭고 환상적인 변화가 일어나는 것을 목격하게 될 것이다. 당신의 꿈, 염원, 아이디어, 목표는 당신 마음속의 생각과 아이디어, 정신적 그림이다. 마음속의 아이디어나 바람은 손이나 마음처럼 현실에 기반을 두고 있다는 사실을 깨달아야 한다. 그것은 마음의 다른 면에 틀과 형태, 실체를 가지고 있는 것이다. 이번 4단계의 각 장에서는 욕망을 받아들이고, 그 현실성을 느끼며, 내면의 무한한 힘이 신성한 질서에 따라 실현될 것임을 깨닫는 방법을 제시할 것이다. 당신에게 욕망을 불어 넣는 무한한 힘은 그 욕망을 펼칠 완벽한 계획도 제시한다. 당신은 그것을 받아들이고 믿기만 하면 된다. 당신 내면의 무한한 힘이 그것을 실현할 테니 말이다.

## 삶은 어떻게 신나는 모험이 될 수 있을까

무한한 힘의 기적적인 위력은 우리가 태어나기도 훨씬 전부터, 교회 아니 이 세상이 존재하기 훨씬 전부터 있었다. 우리를 축복하고 치유하고 의욕을 고취하고 고양하는 위대하며 영원한 삶의 진리와 원칙들은 모든 종교의 출현 이전부터 존재했다. 이제 우리는 우리 마음속 깊은 곳으로 여행을 떠나려 한다. 그리고 그곳에서 무한한 힘이 어떻게 작동하는지 보고, 모든 눈물을 씻어내는 마법처럼 경이로우며 치유력 있는 변화의 힘에 대해 배울 것이다. 또한, 그 힘이 마음의 상처를 어떻게 봉합하고, 두려움과 병으로 무너진 마음에 어떻게 자유를 선언하며, 스스로 부과한 가난과 실패, 병, 좌절 등 온갖 종류의 한계의 사슬로부터 우리를 어떻게 해방시키는지 보게 될 것이다.

당신은 앞으로 설명할 간단하지만 과학적인 방법에 따라, 당신이 바라는 좋은 경험과 자신을 정신적, 감정적으로 결합하기만 하면 된다. 그러면 무한한 힘이 마음의 욕망이 이루어지도록 이끌 것이다.

이제 막 시작하려는 이 정신적이고 영적인 여행은 당신 인생에서 가장 멋진 치유와 계시를 경험하게 하며, 신나고 즐겁고 보람찬 시간임을 입증할 것이다. 오늘, 지금 바로 시작해라. 당신의 삶에 경이로움과 기적이 일어나게 해라! 날이 밝아오고 모든 어둠이 사라질 때까지 버텨라.

## 2장

# 풍요로운 삶을 위한 패턴 구축

당신은 삶의 모든 장애물을 이겨내고 승리하기 위해 태어났다. 하나님은 당신 안에 존재하며 당신 안에서 걷고 말씀하신다. 하나님은 당신 안의 생명의 원리이시다. 당신은 신의 통로이며, 우주라는 화면에 하나님의 자질과 특성, 능력과 모습을 재현하기 위해 이 자리에 있다. 그만큼 당신은 중요하고 멋진 사람이다!

삶이라는 게임에서 이기고 승리하기 위해서는 내면의 우주의 힘과 함께해야 한다. 그리고 이 무한한 힘을 가진 생각과 느낌에 자신을 일치시키면, 우주의 힘이 당신을 대신해 움직여 승리와 성공을 이룬 삶을 성취할 수 있다.

### 어떻게 풍부한 배당금을 벌 수 있었을까

"저는 이 회사에 10년 동안 근무했는데, 승진도 못 했고 임금 인상도 받지 못했습니다. 제게 뭔가 문제가 있는 게 확실해요." 한 남자가 (편의상 존이라고 하자) 나와 처음 상담하는 자리에서 심하게 불평을 토로했다. 그와 이야기를 나누면서 나는 그가 실패로 이끄는 잠재의식 패턴을 가지고 있다는 사실을 발견했다.

존은 끊임없이 자신을 격하하는 버릇이 있었다. '나는 별로다. 나는 항상 무시당한다. 곧 일자리를 잃을 것이다. 내게는 징크스가 있다.' 같은 식으로 그는 자기비하와 자기비판으로 가득 차 있었다. 나는 그에게 이 두 가지가 스스로 만들어내는 가장 해로운 정신적 독이며, 그로부터 활력과 열정, 에너지, 좋은 판단력을 앗아가 궁극적으로는 신체적, 정신적으로 피폐해지게 할 것이라고 설명했다. 게다가 "나는 별로다. 나는 항상 무시당한다." 같은 말들이 잠재의식에 명령을 내려 말 그대로 인생에서 난관과 지연, 결핍, 한계, 장애를 만들어낸다고 지적하며, 부정적인 말이 가져오는 영향을 자세히 설명했다. 잠재의식은 좋은 품종이든 나쁜 품종이든 가리지 않고 받아들여 성장에 필요한 양분을 공급하는 토양과 같다.

## 어떻게 실패의 원인을 발견했을까

그는 내게 물었다. "이것이 정기적인 비즈니스 컨퍼런스에서 배제되고 무시당하는 이유인가요?" 내 대답은 이랬다. "그렇습니다." 그가 거절당하는 장면을 정신적 이미지로 형성하면서 무시당하는 상황을 예상했기 때문이다. 자신에게 올 좋은 일을 막고 있었던 것은 사실 그 자신이었다. 존은 성경의 진리를 증명했다. "두려워 떨던 것이 나에게 닥치고 무서워하던 것이 나에게 들이쳤다."(욥기 3장 25절)

## 어떻게 성공을 얻을 실제적인 기법을 실천했나

다음은 존이 자기거부, 실패와 좌절로부터 스스로 구해낸 방법이다. 나는 그에게 이 위대한 진리를 마음에 새기고 살아가게 했다.

"그러나 이 한 가지는 분명합니다. 나는 내 뒤에 있는 것을 잊어버리고 앞에 있는 것을 향하여 내달리고 있습니다. 하나님께서 우리를 하늘로 부르시어 주시는 상을 얻으려고, 그 목표를 향하여 달려가고 있는 것입니다."(빌립보서 3장 13-14절)

그는 물었다. "어떻게 모욕, 괴롭힘, 무시당한 경험을 잊을 수 있겠어요? 그건 정말 힘든 일입니다." 물론 그렇다. 하지만 그에게 과거를 단호히 떨쳐내고 긍정적인 결단을 내려 성공과 승리, 성취, 승진을 생각하라고 설명했다. 잠재의식은 언제 당신이 진심을 말하는지 알고 있으므로 언제 당신이 자신을 습관처럼 비하하는지 자동적으로 상기시킬 것이다. 그러므로 그 즉시 생각을 뒤집고 지금 이 자리에서 좋은 점을 단언해야 한다.

그는 과거의 실망과 실패라는 정신적 부담을 미래로 가져오는 것이 어리석은 잘못임을 인식하기 시작했다. 그것은 마치 온종일 무거운 쇠막대기를 어깨에 짊어지고 다니는 것과 같아서 피로와 탈진을 일으킨다. 자아비판이나 자기비난 같은 생각이 떠오를 때면 그는 "성공은 나의 것, 조화는 나의 것, 승진은 나의 것"이라고 단언하며 사고를 뒤집었다. 그리고 얼마 후, 부정적인 패턴은 건설적인 사고 습관으로 대체되었다.

## 어떻게 잠재의식 통제에 성공했을까

나는 다음과 같이 잠재의식에 생각을 주입하는 기법을 알려주었다. 존은 아내가 행복에 젖어 뜨겁게 그를 껴안으며 승진을 축하하는 모습을 상상하기 시작했다. 그는 한곳에 정신을 집중하고 몸에 긴장을 풀고 아내에게 마음 렌즈의 초점을 맞추면서 이 마음의 그림을 매우 생생하고 사실적으로 만들었다. 그는 아내와 다음처럼 정신적으로 대화했다.

'여보, 나 오늘 승진했어. 사장님이 크게 칭찬했고. 연봉도 5,000달러 인상됐지! 정말 멋지지 않아?'

그런 다음, 그는 아내의 반응을 상상했다. 그녀가 얼마나 들뜬 목소리로 말하는지 들리고, 그를 향한 미소와 몸짓도 보였다. 그 모든 것이 그의 마음속에 실재했다. 이 마음의 영화는 삼투압 작용처럼 잠재의식으로 흡수된다. 얼마 전, 존이 나를 찾아와 말했다. "알려드릴 일이 있어요. 제가 지역 총괄 매니저로 승진했답니다! 그 마음의 영화 기법이 효과가 있었어요!"

자신의 마음이 어떻게 적용하는지 알게 된 존은 그의 습관적인 사고 패턴과 마음의 영화가 잠재의식에 스며들고 있었다는 사실을 깨닫기 시작했다. 그리고 잠재의식은 그가 마음에 품은 소망을 실현하는 데 필요한 모든 것을 끌어들이도록 활성화된다는 사실도 알았다. 성경에 다음과 같은 구절이 있다.

"너희가 기도하며 청하는 것이 무엇이든 그것을 이미 받은 줄로 믿어라. 그러면 너희에게 그대로 이루어질 것이다."(마가복음 11장 24절)

간단히 말하면, 우리가 최고의 기쁨을 믿고 그 안에서 살아갈 때 우리가 추구하는 모든 좋은 것을 받으리라는 말씀이다. 존은 자신이 명예를 얻고 인정받아 승진하고, 이에 따라 임금도 인상될 것이라고 믿었다. 그의 믿음에 따라 그 바람이 실현되었다.

존은 오늘 새롭고 행복한 사람으로 거듭났다. 그는 활기차고 열정으로 가득 차 있다. 눈빛은 반짝이며 목소리에는 자신감과 침착함이 담겨 있다.

## 마음의 영화로 백만 달러를 벌다

팜스프링 스파 호텔에서 산페드로 출신의 한 남자와 대화를 나눴다. 그는 마흔 살 무렵에 실망이나 실패, 우울, 환멸 같은 감정에 젖어 살고 있었다. 그러던 중 산페드로에서 여행가이자 강연가인 해리 게이즈 박사의 '마음의 기적'이라는 강연을 듣게 되었다.

그는 그 강연을 듣고 나서 자기와 자기 내면의 힘을 믿기 시작했다. 그는 영화관을 운영하는 것이 평생의 소원이었지만, 하는 일마다 실패해서 그럴 돈이 없었다. 그래서 이런 긍정 확언을 반복하기 시작했다. "나는 내가 성공할 것임을 알고 있으며, 영화관을 소유해 운영할 것이다."

그는 현재 500만 달러에 상당하는 극장 두 개를 소유하고 있다. 그는 도저히 극복할 수 없을 것 같은 역경을 극복하고 성공을 이루어낸 것이다. 그의 잠재의식은 그가 성실하며 성공하려는 마음이 진심임을 알고 있었다. 잠재의식은 우리의 내적 동기와 진정한 신념을 알고 있다. 성경에서는 이렇게 말한다. "자네가 일을 결정하면 이루어지고 자네의 길에 광명이 비칠 것이네."(욥기 22장 28절)

이 남성의 성공 공식은 그가 늘 마음에 충실히 품고 있던 정신적 그림이었고, 그의 잠재의식은 그의 꿈을 펼치는 데 필요한 모든 것을 보여주었다.

## 여배우는 어떻게 실패를 이겨냈을까

한 젊은 여배우가 나를 찾아와 오디션이나 스크린 테스트만 받으면 무대공포증과 공황이 찾아온다며 고민을 털어놓았다. 그녀는 이런 이유로 세 번이나 테스트에 떨어졌다고 했다. 이 절박한 고민은 장황한 신세 한탄으로 연장되었다.

나는 그녀의 진짜 문제는 카메라 앞에서 공황 발작하는 마음의 그림을 갖고 있다는 사실임을 간파했다. 그녀는 성경 속 욥처럼 실패를 자초하고 있었던 것이다. "두려워 떨던 것이 나에게 닥치고(…)."(욥기 3장 25절)

## 자신감과 침착함을 얻는 방법

나는 이 젊은 여배우에게 의식과 잠재의식의 작용에 대해 알려주었다. 그녀는 건설적인 생각에 주의를 기울이면 자연스럽게 자신의 생각으로부터 생겨난 이익을 경험하게 될 것이라는 사실을 깨닫기 시작했다. 그녀는 직선적으로 사고하기 위한 자신만의 계획을 세웠다. 마음의 법칙에 따라 마음은 우리가 자신에게 명령하는 것에 응답한다는 사실을 알게 되었기 때문이다. 물론 그 전제 조건은 자신에 대해 진실이라고 주장하는 것을 믿는 것이다. 예를 들어, "두렵다."라고 자주 단언할수록 두려움은 더욱 커질 것이다. 반면에 "나는 믿음과 자신감으로 가득 차 있다."라고 단언할수록 자신감과 자기확신이 더욱 커지게 된다.

나는 그녀에게 메모장에 다음과 같은 긍정 확언을 쓰게 했다.

나는 평화, 침착함, 균형감, 평정심으로 가득 차 있다.

하나님께서 나와 함께 계시므로, 나는 아무것도 두렵지 않다.

나는 항상 평온하고 차분하고 여유로우며 편안하다.

나는 전지전능하신 하나님에 대한 믿음과 확신으로 가득 차 있다.

나는 이기고, 성공하고, 승리를 거두기 위해 태어났다.

나는 내가 하는 모든 일에서 성공한다.

나는 뛰어난 배우이므로 엄청난 성공을 거둘 것이다.

나는 사랑이 넘치고 다정하며 평화롭고, 하나님과 하나됨을 느낀다.

그녀는 이 메모장을 들고 다니며, 기차나 비행기로 이동 중일 때나 일과 중에 짬짬이 이 진실에 마음을 집중했다. 3~4일쯤 지났을 때는 이미 기억에 새겨진 상태였다. 그녀는 이 긍정 확인을 반복하면서, 이 진리가 그녀의 잠재의식으로 가라앉아 놀라운 영적 진동을 일으켜 잠재의식 속 두려움, 의심, 무능함 같은 부정적인 사고 패턴을 무력화한다는 사실을 깨달았다. 그녀는 이제 차분하고 평온하고 고요하며 자신감으로 가득 차 있다. 완벽한 삶으로 이끄는 우주의 힘을 발견한 덕분이었다.

## '마음의 영화'는 어떻게 기적적으로 작동했을까

그녀는 다음처럼 이 기법을 아침, 점심, 저녁 약 5~6분간 실천했다. 그녀는 몸의 긴장을 풀고 조용히 의자에 앉아 카메라 앞에 있는 자신의 모습을 상상하기 시작했다. 차분하고 평온하며 안정된 편안한 상태이다. 그녀는 완벽히 성공한 자신을 시각화하고 작가와 에이전트의 축하 인사를 받는 모습을 상상했다. 그녀는 훌륭한 여배우만 할 수 있는 역할을 맡아 실감나게 연기해냈다. 그녀는 세상을 움직이는 우주의 힘이 그녀의 정신적 그림을 통해 움직이며 뛰어난 연기를 하게 한다는 사실을 깨달았다.

몇 주 후, 그녀의 에이전트가 또 다른 스크린 테스트 기회를 잡아왔고, 승리할 수 있다는 생각을 품은 그녀는 열정적이고 유쾌하게 테스트에 임해 훌륭한 연기를 선보였다. 그녀는 오늘날 연이어 성공을 거두며 대스타로 가는 길로 차근차근 나아가고 있다.

## 부와 성공으로 가는 열쇠는 내면에 품은 생각

하와이 코나인 호텔에서 한 남성과 흥미로운 대화를 나눴다. 그는 나에게 자신의 젊은 시절에 대한 매혹적인 이야기를 들려주었다. 그는 영국 런던에서 태어났다. 어린 시절, 그는 가난한 집에서 태어났는데 그의 어머니는 그의 사촌이 막대한 부를 가진 부유한 집에 태어난 것은 하나님이 만물을 평등하게 하시는 방식 때문이라고 말씀하셨다. 나중에 그는 어머니 말씀이 그가 전생에 매우 부유했을테니 지금은 하나님께서 정의롭게 평등을 구현하시고자 그 대가로 그를 가난한 집에 다시 태어나게 하셨다는 의미임을 깨닫게 되었다.

"말도 안 되는 허튼소리라고 생각했지요. 더군다나 우주의 법칙이 사람을 차별하지 않고, 하나님은 사람들이 믿는 만큼 주시며, 수백만 파운드를 소유한 억만장자라도 신앙심 깊은 영적인 사람일 수도 있는가 하면 경제적으로 빈곤한 사람 중에도 악질적이고 이기적이며 질투심 많고 탐욕스러운 사람이 있다는 것을 알게 되었습니다." 그가 말했다.

젊은 시절 그는 런던에서 낮에는 신문을 팔고 유리창 닦이로 일하며 밤에는 학교에 다녔고, 아르바이트를 병행하며 대학을 졸업했다. 현재 그는 영국 최고 외과의사 중 하나이다. 그의 삶의 좌우명은 '미래상을 향해 나아가라'이다. 그가 상상한 미래상은 외과의사가 되는 것이었고, 그의 잠재의식은 의식 속 정신적 이미지에 따라 반응했다.

그의 사촌의 아버지는 억만장자였기에 아들에게 가능한 모든 것을 주었다. 가정교사를 붙여주었고, 유럽으로 교육 연수를 보내주었고, 5년간 옥스퍼드 대학교에 보내기도 했다. 전용 비서, 자동차를 비롯해 모든 비용을 제공했다. 그러나 그 사촌은 실패자가 되고 말았다! 그는 안하무인으로 자랐고, 자신감이나 자립심도 없었다. 그에게는 뭔가를 이루어내야 할 동기도, 극복해야 할 장애물도, 위로 올라가야 할 난관도 없었다. 그는 생활인으로 완전히 실패한 알코올중독자로 전락하고 말았다.

어느 쪽이 부자이고, 어느 쪽이 가난한 자였던가? 그 외과의사는 자신의 불리한 조건을 극복해냈다. 그는 이렇게 힘든 과정을 겪게 된 데 감사하다고 말했다. "공정함이란 마음의 문제입니다. 만약 하루 벌어 하루 사는 삶이 괜찮다고 생각하면 그런 삶을 살게 됩니다."

그는 부와 성공, 성취, 번영이 모두 마음가짐에 달려 있다는 사실을 깨달았다. 사람은 잠재의식에 뿌린 대로 거두기 때문이다.

## 일생일대의 기회가 항상 있는 이유

최근 한 남성이 내게 말했다. "전 기회라는 게 없는 인생입니다. 가난한 집안에서 태어나서 한 번도 배불리 먹지 못했지요. 학교 다닐 때 다른 아이들을 보면 수영장이 딸린 멋진 집에서 살며 좋은 자동차를 타고 돈 걱정 없이 하고 싶은 걸 하더군요. 인생이 얼마나 불공평하던지요!"

나는 많은 경우 가난이라는 고난이 우리를 성공의 정점으로 올라가게 하는 자극제로 작용한다고 설명했다. 아름다운 집, 정원의 수영장, 부, 특권, 성공, 황금 마차, 롤스로이스, 이런 것들 모두 마음속의 생각이며, 그 생각은 하나님의 무한한 마음과 일치를 이룬다.

## 헬렌 켈러의 선량한 삶을 사는 비결

나는 이 남자에게 많은 사람의 생각이 철저히 비논리적, 비합리적이며 대부분 비과학적이라고 말했다. 그러면서 헬렌 켈러의 예를 들었다. 사람들은 헬렌 켈러가 유아기에 시력과 청력을 잃었기 때문에 불공평한 인생이라고 생각한다. 그러나 그녀는 마음의 풍요로움을 발휘하기 시작했다. 그녀는 시력을 잃은 그 푸른 눈동자로 오페라 공연에서 화려한 색을 다른 사람들보다 훨씬 더 잘 볼 수 있었고, 청력을 잃은 귀로 관현악단 공연에서 점점 커지고 작아지는 음악을 구분하며 완전히 들을 수 있었다. 그녀는 리릭 소프라노의 맑은 음을 완벽히 인지했고, 연극 속 유머도 파악할 수 있었다.

헬렌 켈러는 세상에 엄청나게 선한 영향을 미쳤다. 명상과 긍정하기를 통해 그녀는 내면의 눈을 일깨우고 전 세계 시각장애인과 청각장애인의 마음에 용기와 희망을 불어넣었다. 전 세계 수천 명이 넘는 병석에 누워 있는 이들과 그 밖의 다른 이들에게 믿음과 자신감, 기쁨을 불어넣고 엄청난 영적 향상을 이루게 했다. 실제로 그녀는 정상적인 시력과 청력을 가진 사람보다 훨씬 더 많은 것을 성취했다. 그녀는 불행하게 태어났거나 차별받을 운명이라고 생각하지 않았다. 혜택을 받지 못했다거나 과잉 혜택을 받았다고 느끼지도 않았다.

## 성공의 문을 여는 마법 열쇠

그 남자는 헬렌 켈러의 이야기에 깊은 감동을 받았고, 나는 그를 위해 성공을 위한 우주의 계획을 다음과 같은 긍정 확언 형태로 써주었다.

나는 삶에서 내가 있어야 할 진정한 그 자리에서 내가 하고 싶은 일을 하며, 하나님에 의해 행복하다. 내게는 좋은 집과 다정하고 멋진 아내, 새 자동차가 있다. 나는 멋진 방식으로 세상에 내 재능을 펼치고 있으며, 하나님은 내가 인류를 위해 봉사할 더 나은 길을 보여주고 있다. 나는 내 앞에 새로운 멋진 기회가 열려 있다는 사실을 확신을 갖고 긍정적으로 받아들인다. 나는 능력을 최대치로 발휘하도록 모든 면에서 하나님의 인도를 받고 있다는 사실을 알고 있다. 나는 내가 풍요롭고 안전하다는 사실을 믿고 그렇게 받아들인다. 이제 내게 놀랍고 멋진 기회가 열려있다고 믿는다. 내가 가장 바라던 꿈 이상으로 번영할 것이라고 믿는다.

그는 이 긍정 확언을 수첩에 적어 항상 지니고 다니며 하루 세 번 15분씩 규칙적이고 체계적으로 이 진실을 반복했다. 두려움이나 불안이 마음에 떠오를 때면, 카드를 꺼내 이 확언을 반복했다. 부정적인 생각은 건설적인 생각에 의해 지워지고 소멸된다는 것을 알기 때문이다.

## 행동에 대한 믿음의 힘

그는 아이디어가 반복, 믿음, 기대를 통해 잠재의식에 전달된다는 사실을 깨달았고, 사고 습관에 따라 반응하는 잠재의식의 기적적인 위력이 그의 잠재의식 위에 새겨진 인상에 작용하기 시작했다.

3개월 후, 그가 명상했던 모든 것이 실현되었다. 현재 그는 결혼해 멋진 집에 살며, 아내가 그를 위해 마련한 자신의 사업을 운영 중이며, 하고 싶은 일을 하고 있고, 하나님 안에서 완벽히 행복한 삶을 살고 있다. 그는 마을 위원회 위원이 되었고, 미국 보이스카우트와 여러 봉사 단체에서 봉사활동을 하고 있다. 그는 일생일대의 기회를 붙잡았다. 그리고 당신도 그럴 수 있다!

## 어떻게 승진 기회를 만들어냈을까

한 제약회사 세일즈맨은 8년 동안 승진을 하지 못했다. 하지만 분명 그보다 자격이 없어 보이는 다른 동료들은 고위직으로 승진했다. 그의 문제는 거절 컴플렉스였다.

나는 그에게 자신에게 친절하며 자신을 더 좋아하라고 충고했다. 실제로는 나의 자아가 바로 하나님이기 때문이다. 그는 하나님이 살고 계신 집이므로 그를 창조하고 생명을 주시고 모든 힘을 불어넣어 주신 그 내면의 신성에 대해 건강하고 경건한 존경심을 가져야 한다고 설명했다. 그러면 모든 장애물을 극복하고 풍요로움과 완벽함을 이루어내고, 충만하고 행복한 삶으로 이끌 능력을 얻을 수 있을 것이다.

이 세일즈맨은 건설적인 생각에도 파괴적인 생각과 똑같은 양의 정신적 에너지를 사용할 수 있다는 사실을 금세 깨달았다. 그는 자신이 성공하지 못하는 이유를 더 이상 생각하지 않기로 결심하고, 자신이 성공할 수 있는 이유에 대해 생각하기 시작했다. 그리고 다음과 같은 긍정 확언을 사용했다.

지금 이 순간부터 나는 나 자신에게 새로운 가치를 부여한다. 나는 나의 진정한 가치를 잘 알고 있다. 나 자신에 대한 부정적인 생각은 멈추고 다시는 자기비하를 하지 않을 것이다. 자신을 비난하는 생각이 들 때면, 즉시 긍정할 것이다. "나는 내 한가운데 계시는 하나님을 찬양한다." 나는 하나님이신 내 자아를 존경하고 찬미한다. 나는 늘 내 안의 전지전능하신 무한한 힘에 대한 건강하고 건전하며 경건한 존경심을 품고 살아간다. 그 무한한 힘은 영원한 생명이며, 자기쇄신의 힘을 가진 존재이다. 나는 낮이나 밤이나 쉬지 않고 전진하여 영적, 정신적, 재정적으로 성장하고 있다.

이 세일즈맨은 하루에 세 번 시간을 정해 두고 이 확언에 담긴 진리와 자신을 동일시했고, 점차 그의 마음에 침착함과 균형감, 평온함이 채워지며 자신의 진정한 가치를 느끼게 되었다. 그리하여 3개월 후 그는 중서부 지역 영업 관리자로 승진했다. 최근 연락했을 때, 그는 "위로 올라가는 중입니다. 박사님 덕분이에요."라고 말했다.

## 매직 미러 기법

나는 아직 발현되지 않은 채 내면에서 휴면 중이지만, 저마다의 뛰어난 재능이 부여된 인간으로서 자신의 가치와 중요성을 제대로 인식할 수 있도록 그에게 앞에서 다룬 정신적, 영적 실행법에 더해 오래전부터 널리 사용되었던 매직 미러 요법을 권했다. 그는 이 기법을 다음과 같이 자기 방식으로 실천했다.

매일 아침 면도한 후 거울을 보며 대담하고 실감 나게 아는 체하며 제 자신에게 말했습니다. "톰, 넌 정말 대단해. 넌 굉장한 성공을 거둘 테고, 믿음과 자신감으로 충만해. 그리고 넌 굉장히 부유해질 거야. 너는 주변과 화목하게 지내며 의욕에 고취되어 있어." 저는 하나님과 하나입니다. 저는 지금까지도 매일 아침 이 기법을 실천하고 있는데 제 사업과 경제 상황, 친구 관계, 가정생활에서 일어난 많은 변화에 크게 놀랐습니다. 그리고 박사님이 알려준 이 두

가지 긍정 기법을 실천한 지 두 달 후, 저는 중서부 지역 영업 관리자로 승진했습니다.

이 세일즈맨은 자신이 확언한 진리와 자신을 동일시하고 자신에 대한 새로운 이미지를 구축하여 마음에 침착, 균형, 평정, 번영, 자신감을 채웠다. 그는 의식의 활동에 대한 잠재의식의 반응을 절대적으로 믿었고, 그에 따라 성경 속 위대한 심리학적 진리를 발견할 수 있었다. "믿는 이에게는 모든 것이 가능하다."(마가복음 9장 23절)

## 사무관리자는 성격 결함을 어떻게 극복했을까

한 사무관리자는 나와 면담하면서 부서의 모든 사람으로부터 매우 거만하고 비판적이며 우울하다는 평을 듣는다고 털어놓았다. 그의 부서는 인력 이동이 매우 잦은데, 부장은 이처럼 퇴사율이 높은 건 그 때문이라고 여긴다고 한다.

나는 권한을 과도하게 행사하는 것은 보통 자신감이 부족하다는 표시라고 설명했다. 그는 자신을 자립적이라고 믿고 싶어 했다. 그러나 조용하며 예의바른 마음을 가지면, 주변 사람들에게 거만한 태도로 명령하지 않고서도 완벽히 자신의 뜻을 관철할 수 있다. 반대로 시끄럽게 불만을 늘어놓는 사람들은 대부분 성실성과 내면의 균형이 부족한 상태이다.

그는 내 제안에 따라 직원들에게 일을 잘했다고 칭찬하기 시작했다. 그는 직원들을 칭찬함으로써 그들에게 신뢰를 얻으면, 그에 상응하는 호의적인 반응으로 돌아온다는 사실을 체득하게 되었다. 그는 부서의 화합을 해치는 끊임없는 비난과 완고한 태도를 중단했고, 실제로 그의 문제였던 내면의 자기비하도 그만두었다.

## 성공을 불러오는 성격이 되는 비법

그는 우울감을 뿌리 뽑기 위해 구체적인 긍정 확언과 깊은 심호흡을 병행하기 시작했다. 숨을 들이마시며 "나는"이라고 말하고, 내뱉으며 "즐겁다."라고 단언했다. 그는 연습을 통해 들숨과 날숨 사이 숨을 멈추는 시간을 점점 늘려갈 수 있었다. 그는 깊은 잠재의식의 반응을 얻을 때까지 이러한 심호흡을 오십 번, 백번 연습했다. 이제 그는 숨을 들이마시고 내쉬면서 "나는 즐겁다"라고 생각함으로써 최고의 결과를 얻는다고 말했다. 그는 일상 속에서 심호흡하는 습관이 웰빙의 생리적 가치와 더불어 잠재의식에 건설적인 생각을 주입하는 데 적합하다는 사실을 증명했다. 또한 그는 정신적, 영적 처방으로 받은 다음의 긍정 확언을 매일 몇 차례 반복했다.

지금부터 나는 모든 자기비판을 중단한다. 나는 이 우주에 완벽한 것은 없다는 사실을 알고 있으며, 우리 부서원들과 동료들이 모든 면에서 완벽할 수 없다는 사실도 깨달았다. 나는 그들의 자신감, 믿음, 협동심, 일을 잘 해내려는 관심이 매우 기쁘다. 나는 내 동료들의 좋은 점을 끊임없이 찾아낸다.

나는 항상 잘 아는 일을 자신 있게 해내고, 매일 여러 면에서 자신감을 얻는다. 나는 자기확신과 자립심이 습관임을 알고 있다. 그래서 최근 담배를 끊은 것처럼 자립심이라는 멋진 습관을 기를 수 있다는 것을 안다. 나는 소심함을 나의 습관적인 사고에 응답하는 전능한 힘에 대한 확신, 믿음, 자신감으로 대체한다. 나는 모든 직원에게 친절하게 말한다. 그들 안의 신성에 경의를 표하며, "나는 나를 강하게 하는 하나님의 힘을 통해 모든 일을 해낼 수 있다."라고 끊임없이 반복한다. 나는 자기비판적인 생각이 떠오를 때마다 이 진리를 떠올리며 그 생각을 몰아낸다. "나는 내 한가운데 계신 하나님을 찬양한다."

이 사무관리자는 자신이 무엇을 왜 하고 있는지 생각하면서 이 확언을 나직한 목소리로 천천히 진심을 담아 여섯 번씩 낭독하는 것을 습관으로 만들었다. 그는 새롭고 건설적인 습관으로 과거의 습관을 대체했다. 6주 후, 그는 평온함과 내면의 자립심을 갖춘 사람으로 거듭났다. 그리고 연봉 1만 달러의 부사장으로 승진했다.

이런 상황에 딱 맞는 성경 구절이 있다. "정신을 새롭게 하여 여러분 자신이 변화되게 하십시오."(로마서 12장 2절)

3장

# 인생에 영향력과 통제권을 갖기

전국 각지, 전 세계 방방곡곡에서 끊임없이 쏟아지는 편지를 보면서, 편지를 보낸 사람들 대부분이 개인적으로 운명과 행운이 크게 요동치는 경험을 한다는 사실을 알게 되었다. 많은 사람의 사연은 이런 식이다. '몇 달 동안 건강과 경제적인 면에서 별 탈 없이 잘 지내던 중 갑자기 병원에 입원하거나 사고를 당하거나 엄청난 경제적 손실을 경험하게 되었다.' 혹은 '나는 행복하고 즐겁고 활력과 열정이 넘치는 삶을 살고 있는데, 이따금 불쑥 밀려드는 우울감에 사로잡히곤 한다. 왜 그러는지 이유를 모르겠다.'와 같은 사연도 있었다.

몇 달 전, 본인의 표현을 빌리면 성공의 정점에 이르렀다가 '날벼락을 맞은' 한 기업 임원과 이야기를 나누었다. 그는 집을 잃고 아내에게 버림받았으며, 주식 투자에서 엄청난 손실을 입었다. 그는 내게 물었다. "왜 이렇게 높이 올라갔다가 갑자기 나락으로 떨어지게 되었을까요? 제가 뭘 잘못하고 있는 건가요? 이러한 부침을 어떻게 통제할 수 있을까요?"

## 자신을 통제하는 방법

이 임원은 부와 건강이 요동치는 삶에서 벗어나 안정적인 삶을 살고자 했다. 나는 매일 아침 출근길에 몰고 가는 차와 같이 모든 일을 자신이 원하는 방향으로 움직일 수 있다고 설명했다. 가라는 초록불이 켜지면 브레이크에서 발을 떼고 액셀러레이터를 밟고, 빨간불이 켜지면 멈추는 교통 규칙을 따르다 보면 신의 질서가 지배하는 목적지에 도착한다.

나는 그에게 다음과 같은 영적 공식을 주면서, 매일 아침에 차에 타기 전과 점심 식사 후, 밤에 잠들기 전에 이 진실을 확언하게 했다.

나는 내 생각과 이미지를 조종할 수 있음을 안다. 내게 통제권이 있으니, 내가 원하는 것에 집중하도록 생각에 명령할 수 있다. 나는 내 안에 하나님의 존재와 하나님의 힘이 있으며, 이는 지금 부활하여 나의 정신적 부름에 응답한다는 사실을 안다.

내 마음은 곧 하나님의 마음이고, 나는 늘 신의 지혜와 신의 지성을 드러낸다. 나의 뇌는 현명하게 영적으로 사고하는 능력을 상징한다. 나는 늘 차분하고 안정적이며 평온하고 고요하다. 하나님의 생각이 나의 마음을 지배하고 완전히 통제한다.

나는 더 이상 기분이나 건강 상태, 부유함에 의해 격렬하게 요동치는 존재가 아니다. 내 생각과 말은 항상 건설적이며 창의적이다.

나의 말은 생명과 사랑, 감정으로 충만하며 내 긍정 확언과 생각, 말이 창의성을 갖게 한다. 신의 지성이 나를 통해 작용하여 내가 필요한 것을 보여주시니, 나는 평화롭다.

이 임원은 이 긍정 확언을 규칙적으로 암송하는 습관을 들였고, 꾸준히 이를 실천하자 마음에 조화와 건강, 평온함, 침착함이 다시 찾아왔다. 그는 더 이상 운명의 요동치는 변화에 고통받지 않고, 차분하고 균형 잡힌 창의적인 삶을 영위하고 있다. 성경은 말한다. "한결같은 심성을 지닌 그들에게 당신께서 평화를, 평화를 베푸시니 그들이 당신을 신뢰하기 때문입니다."(이사야 26장 3절)

## 대학 강사가 좌절감을 극복한 방법

"저는 틀에 박힌 삶을 살고 있어요. 저를 둘러싼 모든 상황이 불만스럽기만 합니다. 사랑에 실패했고, 몸과 마음이 아픕니다. 죄책감으로 가득 차 있고, 지적으로도 무능하다는 생각이 들어요. 많은 사람이 조용한 절망의 삶을 산다는 헨리 소로의 말이 딱 맞는 것 같아요." 한 대학 강사가 면담을 시작하며 이렇게 말을 꺼냈다.

이 젊은 여성은 꽤 매력적이며, 박식하고 매우 지적인 똑똑한 사람이었다. 그러나 자기비난과 자기비판으로 가득 차 끊임없이 자신을 비하하고 있었다. 이는 활력과 열정, 에너지를 빼앗아 심리적, 정신적 파탄으로 이끄는 치명적인 독약이다.

나는 그녀에게 인간이라면 누구나 기복과 우울, 비탄, 질병을 겪기 마련이므로 자신의 인생을 통제하고 건설적인 생각을 해야 한다고 설명했다. 그렇지 않으면 질병과 사고, 불행, 비극을 믿는 집단의식에 종속되고 만다. 그리고 한층 더 나아가, 주어진 환경에서 벗어나지 못한 채 어린 시절의 교육, 세뇌, 유전의 희생자라고 느끼게 된다.

## 좌절감을 불러일으키는 생각 습관을 버리는 마법

우리의 정신 상태와 믿음, 신념, 조절 능력은 미래를 통제하고 결정한다. 나는 그녀에게 현재의 상태는 그저 그녀 자신이 수년 동안 의식적, 무의식적으로 습득하고 반복해 온 수천 가지 생각과 이미지, 감정이 습관화되면서 생겨난 힘과 권위 때문이라고 설명했다.

"게다가 유럽이며 동양, 북미를 여러 번 여행했다면서도, 정작 당신 내면은 한 번도 들여다보지 않았지요. 마치 '온종일 오르내리기만 할 뿐, 실제로 아무 데도 가지 못하네.'라고 불평하는 엘리베이터 보이와 같습니다. 그저 똑같은 사고 패턴과 아무것도 하지 않은 채 무작정 바라기만 하는 오랜 습관을 반복하고 있지요. 이런 일상 패턴에 상급자, 학생, 학교 위원회에 대한 끊임없는 정신적 동요, 혼란, 불만이 더해졌고요." 내가 덧붙였다.

## 자기 쇄신을 위한 영적 여행을 떠나는 방법

그녀는 완전한 변화를 결심했다. 과거의 일상 습관을 버리고 삶의 아름다움과 만족, 영광을 경험하기 위해 노력하기로 마음먹었다. 그녀는 의식적으로 받아들인 것이 자신의 잠재의식으로 나아가며 이를 반복함으로써 자신이 마땅히 누려야 할 삶의 성공과 행복, 기쁨이 마음에 다시 채워지리라는 사실을 인지하며, 매일 몇 번씩 다음과 같은 진리를 확언했다.

나는 정신적, 영적으로 나의 내면을 여행하고 그 깊은 곳의 영원한 보물창고를 발견할 것이다. 나는 반드시 긍정적으로 과거의 습관을 버릴 것이다. 매일 아침 다른 길로 출근하고 다른 길로 집에 올 것이다. 나는 더 이상 신문의 헤드라인대로 생각하거나 결핍, 한계, 질병, 전쟁, 범죄에 대한 뜬소문이나 부정적인 생각에 귀 기울이지 않을 것이다. 나는 인생을 살아가며 내가 행동하고 경험한 모든 것은 의식적으로든 무의식적으로든 나의 생각에 따른 결과임을 안다. 스스로 생각하지 않으면 집단의식이 내 잠재의식에 영향을 미쳐 나에 대한 생각을 규정하는데, 그 생각은 대부분 부정적이고 파괴적이다.

지금 내 마음에 혁명이 일어 마음의 쇄신을 통해 내 삶이 변화하고 있다. 한계 짓기와 현재 상황에 대한 정신적 싸움은 내 문제를 사실상 확대할 뿐이므로, 이러한 태도를 당장 버릴 것이다. 그리고 내가 하나님의 표상이며 하나님께서는 내가 있는 그 자리에서 나를 필요로 하신다는 사실을 확언하며 기쁨을 표한다. 그렇지 않으면 나는 여기에 존재하지 않기 때문이다. 하나님이 내 삶에 임하시며, 이는 모든 면에 있어서 조화롭고 평온함을 뜻한다.

이렇게 반복적인 긍정 과정을 거치는 동안 이 강사에게 기적이 일어났다. 그녀가 건설적이고 자신감 있는 사고라는 초록불을 켜자, 잠재의식에 축적된 이 모든 정신적 씨앗들이 본성에 따라 자라나 그녀의 삶에 사랑이 찾아들게 했고, 그 결과 대학의 학장과 결혼하게 된 것이다! 그리고 직장에서는 승진했다.

내면을 탐색하는 영적인 경험을 통해 자신이 그림에 재능이 있다는 사실을 발견했고, 이는 끝없는 기쁨을 가져다주었다. 그녀는 지금 그동안 내면에 갇혀 있던 찬란함을 발산하고 있다. 진심으로 말하건대, 긍정은 삶을 변화시킨다!

## 성공적으로 사업에 재기한 사업가

한 약사가 털어놓았다. "마치 나락에 떨어져 있는 것 같습니다. 이 바닥에서 어떻게 올라갈 수 있을까요? 수천 달러에 달하는 제품과 돈을 도둑맞았는데, 보험사에서는 그 손실의 일부만 보상한답니다. 게다가 주식 투자에서도 약간 손해를 보았습니다. 이런 상황에서 어떻게 건설적인 생각을 할 수 있습니까?"

"글쎄요. 어떤 식으로 생각할지는 본인이 결정하기 나름이지만, 당신이 잃은 것과 그에 대해 생각하는 방식과는 아무런 관계도 없습니다. 무언가에 대해 생각하는 방식은 인생에서 일어난 일이 아니라 그 일에 대해 어떻게 반응하느냐의 문제입니다." 내가 대답했다.

나는 이 약사에게 도난과 주식의 손실이 그의 밤과 낮이나 건강, 해, 달, 별, 소위 일상의 양식을 훔치지 않았으며, 훔칠 수도 없다고 지적했다. 그러고는 이렇게 덧붙였다.

"당신은 정신적이고 영적인 부자입니다. 다정하고 친절하며 이해심 많은 아내와 자랑스러운 대학생 아들이 둘이나 있지요. 아무도 당신으로부터 약학, 약물학, 약화학에 대한 지식이나 사업적 통찰력을 훔쳐 갈 수 없습니다. 이 모든 걸 가졌으니 당신의 마음은 얼마나 풍요롭습니까. 도둑들은 잠재의식의 법칙, 다시 말해 내면의 무한한 영이 작용하는 방식에 대한 당신의 지식은 가져가지 않았습니다. 부정적인 데 연연하는 것은 어리석은 짓입니다. 선함의 아름다움을 찬양하세요! 이제는 내면에 있는 하나님의 선물을 움직여 빛 속으로 나아갈 때입니다. 생명의 온갖 풍요로움을 되찾게 할 보편적인 존재와 그 힘과 손을 잡으세요."

## 우주의 법칙과 이를 사용하는 방법

"이제 당신은 마음을 통하지 않고서는 무엇도 얻거나 잃을 수 없다는 사실을 알게 되었습니다. 그러므로 투자 손실은 인정하지 않겠지만 정신적, 감정적으로 3만 달러에 달하는 손실을 입은 셈이라고 생각하겠지요. 정신적으로 진실이라고 주장하고 느끼는 것은 무엇이든 간에 잠재의식이 이를 존중하고 확인하여 나타냅니다. 이것이 작용과 반작용에 대한 우주의 보편적인 법칙입니다." 내가 말했다.

이에 따라 그는 다음과 같이 확언했다.

나는 부정적인 생각을 늘 경계하여 그런 생각이 마음에 들어오려 할 때면 즉시 떨쳐낸다. 늘 선한 쪽으로 작용하는 무한한 힘과 존재를 믿는다. 나의 믿음은 무한한 하나님의 선하심과 인도 덕분이다. 나는 신의 영이 내 마음에 들어오시도록 마음을 열어 내 안에서 그 힘과 지혜, 그에 대한 이해가 나날이 커짐을 느낀다.

나는 정신적, 감정적으로 3만 달러를 갖고 있으며, 내가 긍정적으로 확실히 절대 받아들이지 않으려는 그 손해를 수용한 것 외에 무엇도 잃지 못한다는 것을 알고 있다. 나는 잠재의식이 작동하는 방식을 안다. 그것은 항상 내 안에 쌓여 있는 것을 확대한다. 이에 따라, 내 안에 쌓인 그 돈은 내게 넘치도록 풍요롭게 돌아온다.

나는 내가 더 이상 삶의 부침을 겪지 않고, 역동적이고 창의적이며 조화롭고 목적의식 있는 삶을 살아갈 것임을 안다. 긍정이란 하나님의 진리를 가장 높은 관점에서 고찰하는 것임을 안다. 나의 습관적인 생각이 내 마음을 지배하여, 그 생각이 내 경험을 지배하고 통제한다는 것을 안다. 나의 가족과 약국, 투자금은 하나님이라는 모든 것에 그늘을 드리우는 존재가 지켜주시고, 하나님의 갑옷이 나를 둘러싸고 감싼다. 나는 아름다운 삶을 산다. 영원한 경계심이 평화와 조화, 성공, 번영의 대가라는 것을 알고 있다. 내 눈이 하나님만을 향하니, 내가 나아가는 길에는 어떠한 악도 범접하지 못한다.

이 약사는 이 영원한 진리를 반복해서 확언하는 습관을 들였다. 몇 주 후, 그의 중개인이 주식시장의 반등으로 모든 손실을 회복했다는 기쁜 소식을 전했다. 게다가 10년 동안 보유하고 있던 땅에 대해 좋은 거래 제안을 받아서 원래 투자금인 5,000달러인 땅을 6만 달러에 팔았다.

그는 마음의 놀라운 작용을 발견하고 인생의 부침에 고통스러워할 필요가 없다는 사실을 깨달았다.

## 집단의식이 미치는 부정적 영향을 어떻게 극복할까

집단의식이란 간단히 말하면 이 세상 70억 명 사람들에게 작용하는 마음이다. 이들 모두는 하나의 보편적인 마음을 갖고 있으며, 이 보편적인 마음에 각인된 이미지, 느낌, 믿음, 미신, 추함, 부정적 사고를 깨닫는 데는 별다른 상상력이 필요 없다.

또한, 전 세계 수백만 사람들이 사랑, 믿음, 자신감, 기쁨, 선의, 성공, 문제를 극복해낸 승리감과 성취감, 모든 인간에 대해 발산하는 평화와 선의 등의 생각을 보편적 의식이라고도 하는 집단의식에 쏟아내고 있다.

이 집단의식은 사고, 질병, 불행, 전쟁, 범죄, 재난, 온갖 종류의 재앙을 믿는다. 집단의식에는 두려움이 만연하며, 이 두려움에서 뻗어 나오는 감정이 증오와 악의, 원한, 적의, 분노, 질병이다.

그래서 과학적인 긍정하기와 보호의 갑옷을 갖추는 법을 배우지 않는 이상, 자신이 모든 종류의 고난과 시련에 시달릴 수밖에 없다고 생각하게 되는 건 매우 자연스러운 결과이다. 우리는 누구나 집단의식의 영향, 부정적 주문, 선동의 영향과 위력, 타인의 의견에 휘둘린다. 그리고 우리가 '직선적인' 사고를 하지 않는 한 행운과 불행, 질병과 건강, 부와 빈곤 같은 격렬한 변화를 겪을 수밖에 없다. 만약 하나님의 영원한 원리와 진리를 토대로 스스로 사고하지 않는다면, 우리는 그저 이러한 집단 구성원 중 하나에 그치며 필연적으로 삶의 극단을 경험하게 될 것이다.

## 집단의식의 부정적 영향을 무력화하는 방법

건설적인 사고와 비전으로 마음을 완전히 통제하자. 성경에서는 이렇게 말한다. "내가 땅에서 들어 올려지면 모든 사람을 나에게 이끌어 들일 것이다."(요한복음 12장 32절) 즉 조화와 건강, 평화, 기쁨, 온전함, 완벽함의 원리를 체화하고 이를 습관으로 삼음으로써 마음을 고양하면, 끌림의 법칙에 따라 하나님의 자질과 특성이 우리의 삶과 경험에 녹아들게 된다.

다음은 집단의식을 떨치고 일어나며 인간의 잘못된 믿음과 두려움에 대한 면역을 확립하는 데 매우 효과적인 확언이다.

> 하나님은 존재하시며, 그분의 존재는 나를 조화와 건강, 평화, 기쁨, 온전함, 아름다움, 완벽함으로 채운다. 하나님은 나를 통해 생각하고 말씀하시고 행동하신다. 나는 모든 면에서 하나님의 인도를 받는다. 하나님의 바른 행동이 나를 지배한다. 신의 법과 질서가 내 인생을 지배한다. 나는 늘 하나님의 영원한 사랑이라는 신

의 울타리에 둘러싸여 있고, 하나님의 치유의 빛이 나를 감싸고 있다. 내 생각이 두려움과 의심, 근심을 헤맬 때면 나는 그 정체가 내 안의 집단의식임을 깨닫고, 그 즉시 단호하게 확언한다.

"내 생각은 하나님의 생각이며, 하나님의 힘이 나의 선한 생각과 함께하신다."

이 확언을 체화하며 명상을 계속하면 불화와 혼란, 인생의 극단적 부침과 비극을 떨쳐내고 더 이상 이러한 부침을 경험하지 않게 될 것이다. 대신 창의성과 삶의 리듬으로 충만한 건설적이고 활기찬 삶을 즐기게 된다.

## 무한과 조화를 이루는 법

몇 달 전, 노스캐롤라이나에 사는 한 여성으로부터 편지를 받았다. 그녀는 세상이 개판이 되어 가고 있다면서, 윤리가 무너지고 부패가 만연하며 십대의 폭력, 범죄, 스캔들이 매일의 주요 뉴스라고 한탄했다. 그러고는 이렇게 덧붙였다. "우리 인간은 언젠가 원자폭탄에 의해 멸망하게 될지도 모릅니다. 모든 타락과 포르노, 죄악의 오물 웅덩이 속에 살아가는 현실에서 우리는 어떻게 하나님의 뜻에 따라 살아갈 수 있을까요?"

나는 그녀의 지적이 맞다고 인정하면서 다음의 성경 구절을 덧붙였다. "그러므로 너희는 저들 가운데서 나와 저들과 갈라져라."(고린도후서 6장 17절) 그녀는 세상의 부정을 떨치고 일어나 그녀가 있는 그 자리에서 충만하고 행복한 삶을 영위할 능력을 분명 갖추고 있다. 나는 그녀에게 주변을 둘러보기만 하면 행복하고 활기차며 기쁘고 자유로운 마음으로 건설적인 삶을 영위하며 다양한 방식으로 인류에 기여하는 수많은 사람을 발견할 수 있을 것이라고 지적했다.

## 인생을 변화시키는 긍정 확언

'영원한 변화는 만물의 근원이다'라는 고대 히브리 격언이 있다. 우리는 내면에서 하나님과 연결하고 그에 순응할 닻을 찾아야 한다. 우리 내면의 무한한 힘에 초점을 맞추고, 이 존재가 모든 면에서 우리를 인도하고 지시하며 지배하게 해야 한다. 하나님의 지혜가 우리의 지성에 성유를 부으시며, 우리 발밑을 밝히는 등불이고 길을 밝히는 빛이 되어주신다고 확언함으로써 의식적으로 신의 지혜를 경배해야 한다. 나는 노스캐롤라이나에서 고민의 편지를 보내온 여성에게 다음과 같은 긍정 확언을 제시했다.

나는 내가 세상을 바꿀 수는 없지만, 나 자신을 바꿀 수 있다는 사실을 안다. 세상은 개인들의 집합체이며 집단의식, 선전, 대중의 의견에 지배받는 사람들은 인생에서 비극, 비탄, 사고, 질병, 실패의 대상이 되지만 하나님의 생각으로 그 마음을 통제하는 법을 배운다면 영혼을 치유하고 축복하며 의욕을 고취하며 고양하고 존엄성을 부여받을 수 있다. 나는 많은 사람이 오류와 잘못된 믿음, 온갖 부정적인 생각으로 가득 찬 집단의식에 휘둘리고 있음을 깨닫는다.

지금부터 나는 더 이상 현재의 조건이나 환경을 탓하지 않고, 파괴적 행위, 부도덕, 고위층의 부패 같은 소식에 분노하지 않는다. 그 대신 이를 건설적인 방향으로 바꾸어 국회의원이나 영화 제작자, 언론사에 제보하여 모든 이에게 바른 행동과 아름다움, 화합, 평화를 촉구하겠다. 나는 무한한 존재와 조화를 이루고, 신의 율법과 질서가 내 삶을 지배한다. 나는 신성의 인도를 받고 이를 통해 정신이 고취된다. 신의 사랑이 내 영혼을 채우고, 빛과 사랑, 진리, 아름다움의 물결이 영적 진동을 일으키는 전능한 물결이 되어 모든 인간을 들어 올린다. 성경에서는 이렇게 말씀하신다.

"내가 땅에서 들어 올려지면 모든 사람을 나에게 이끌어 들일 것이다."(요한복음 12장 32절)

## 긍정 확언이 만들어낸 행복한 결과

최근 이 젊은 여성이 내게 전화해 말했다. "박사님의 편지 덕분에 눈을 뜨게 되었습니다. 지금껏 읽은 책보다 더 큰 도움이 되었어요. 지금 전 날아갈 듯한 기분이랍니다! 제가 바뀌기만 하면 된다는 사실을 깨달았거든요. 무한한 존재와 조화를 이룬다면, 이 세상 모든 인간의 마음에 계신 하나님과 조화를 이루는 셈이니까요!"

성경에서는 말씀하신다. "당신의 가르침을 사랑하는 이들에게는 큰 평화가 있고 무엇 하나 거칠 것이 없습니다."(시편 119장 165절)

## 4장

# 무한한 힘을 발휘하여 인생의 모든 단계를 이롭게 하기

콜로라도의 산간 지방에서 강연했을 때였다. 오찬 모임 이후 이어진 대화 자리에서 주최자가 대부분 사람이 걱정이 지나쳐 충만하고 행복한 삶을 놓치는 것 같다고 말을 꺼냈다. 그러면서 근처 산속 오두막집에 살던 한 노인 이야기를 들려주었다.

이웃들은 늘 피곤하고 우울하며 근심이 많고 외로워 보이는 그를 불쌍히 여겼다. 그는 항상 낡은 옷만 입었고, 1928년에 생산된 고물 자동차를 몰고 다녔다. 삶의 의욕도, 친척이나 친구도 없는 것 같았다. 가끔 식료품점에 가서는 매번 유통기한이 지난 빵과 제일 싼 음식을 샀고, 동전으로 지불했다.

그러던 그가 2주가 넘도록 보이지 않자, 이웃들이 그의 오두막으로 찾아가 보니 죽어 있었다. 보안관이 친척을 찾거나 신원을 확인할 단서를 찾기 위해 낡은 오두막을 뒤졌다. 그리고 놀랍게도 이 불쌍한 노인의 집에서 25달러 묶음으로 10만 달러가 넘는 돈을 발견했다. 젊은 시절에 이 많은 돈을 벌었지만 한 번도 투자하거나 은행에 예금

하지 않은 채 집에 둔 것이다.

그는 상당한 돈을 벌었지만, 부유한 삶을 누리지도 타인을 위해 사용하지도 못했다. 심지어 이자와 배당금을 받을 만큼 현명하게 투자하지도 못했다. 주최자는 그 노인이 두려움에 지배되어 있었다고 말했다. 그는 사람들이 자신이 돈이 있다는 사실을 알고 훔쳐갈까 봐 걱정하며 살았다. 그는 매우 부정적인 사고방식을 가졌지만, 정신적으로나 현실에서나 가치 있는 삶을 살기에 충분한 재산이 있었던 만큼 상당한 즐거움과 행복을 누릴 수 있었을 것이다.

## 당신에게는 이웃과 나눌 재산이 있다

당신 내면에는 무한의 보물창고가 있고, 당신은 모든 보물창고를 열 수 있는 만능열쇠를 가지고 있다. 중요한 것은 생각이다. 당신의 생각은 두려움에 젖은 채 외로이 살던 그 노인의 재산보다 모든 면에 있어서 더 많은 부를 가져다줄 것이다. 당신이 원하는 바 이상으로 말이다!

당신에게는 세상에서 가장 훌륭한 열쇠가 있다. 바로 당신 내면의 무한한 힘이다. 성경은 이렇게 말한다. "보라, 하나님의 나라는 너희 가운데에 있다."(누가복음 17장 21절) 먼저 내면의 존재와 힘을 느끼고 인지할 기회를 구하자. 그러면 당신이 원하는 모든 것이 당신 내면에 충족될 것이다.

기억하라. 당신의 능력은 곧 하나님 생각의 힘이다. 보통 사람들은 잘 알지 못하기 때문에 습관적으로 이 능력을 사용하지 못한다. 당신 안에는 하나님의 선물을 불러일으킬 수 있는 행운이 있으며, 이웃과 나눌 재산이 있다. 이웃을 향한 사랑과 선의라는 선물을 공유할 수도, 미소와 활기찬 인사를 나눌 수도 있다. 동료와 직원들에게 칭찬과 감사를 전할 수도 있다. 이처럼 주변의 모든 사람과 함께 창의적인 생각과 하나님의 사랑을 공유할 수 있다.

당신 자녀들에게서 하나님의 지성과 지혜를 발견할 수 있으며, 이를 느끼고 인지하여 불러내면 당신의 생각과 느낌이 그들의 삶에서 부활할 것이다. 노래나 발명품, 연극, 책 혹은 당신과 다른 사람들에게 축복이 될 만한 사업상의 창의적이고 확장적인 아이디어 등 세상과 공유할 만한 가치가 있는 새로운 아이디어를 떠올릴 수도 있다.

인생의 기회는 오로지 스스로 만들어낼 때만 주어진다는 사실을 기억해라. 누구에게나 일생일대의 기회는 있다. 지금 당신 내면의 무한한 창고의 문을 두드리면, 하나님을 향해 나아가는 자신을 발견하게 될 것이다.

## 어떻게 욕망의 정점에 이를 수 있을까

몇 년 전, 로스앤젤레스 우리 교회의 오르간 연주자인 베라 래드클리프 부인이 강연에서 피아니스트 파데레프스키가 세계적으로 유명해지기 전에 겪은 시련과 고난에 대한 감동적인 드라마를 들려주었다. 그는 당대 유명한 작곡가들과 음악계 권위자들로부터 피아니스트로서 재능이 없으니 그 꿈을 포기하라는 조언을 들었다. 당시 그가 다니고 있던 바르샤바 음악원의 교수들은 그의 꿈을 꺾으려 최선을 다했다. 그의 손가락 형태와 구조가 좋지 않다고 지적하며 차라리 작곡으로 방향을 선회하라고 권했다.

파데레프스키는 그런 부정적인 조언을 거부하고 내면의 힘과 일체를 이루었다. 그는 주관적으로 자신에게는 전 세계 사람들과 공유할 재산 즉, 하나님의 멜로디와 천계의 음악이라는 재능이 있음을 깨달았다.

그는 매일 몇 시간씩 열심히 연습했다. 수천 번의 연습을 거듭하는 동안 손가락의 고통이 그를 괴롭혔다. 래드클리프 부인이 말했듯, 다친 손에서 피가 흘러나오기까지 할 정도였다. 하지만 그는 이를 참고 견뎌냈고, 이러한 끈기는 굉장한 대가를 가져왔다. 내면의 힘이 그의 부름과 노력에 응답했다. 그는 자신이 승리할 열쇠는 내면의 신의 힘과 접촉하는 데 있다는 것을 알았다.

시간이 흐르며, 이그나치 얀 파데레프스키는 전 세계적으로 음악적 천재성을 인정받았고, 각계각층의 사람들이 내면의 위대한 음악가, 즉 우주의 최고 건축가와 접촉하고 일체를 이룬 이 사람에게 경의를 표했다.

## 파데레프스키의 성공 비밀

파데레프스키처럼 당신에게도 당신이 바라는 대로 될 수 없다고 하는 권위자들의 부정적인 의견을 완전히 거부할 힘이 있다. 파데레프스키가 그랬듯, 당신에게 그 욕망과 재능을 주신 하나님이 꿈의 실현으로 가는 문을 열고 그 완벽한 계획을 보여주시는 바로 그 힘이기 때문이다.

당신 내면에 존재하는 하나님의 힘을 믿어라. 그러면 이 내면의 존재와 힘이 당신을 일으켜 세우고, 치유하고, 의욕을 고취하여, 행복과 평온이 충만하고 당신의 이상이 결실을 맺는 바른길로 인도할 것이다.

## 세상의 불공평함에 대처하는 방법

하와이에 강연하러 갔을 때 한 실무 담당 임원이 내게 말했다. "세상에 정의란 없는 것 같습니다. 모든 게 너무도 불공평해요. 회사란 조직은 영혼이 없고, 마음도 없지요. 저는 퇴근 시간 이후에도 야근하며 열심히 일하는데, 제 아래 직원들은 승진하고 저는 낙오되더군요. 정말 불공정하고 불공평하지 않습니까."

나는 이 남성의 분노를 치료해야 했다. 로버트 번즈가 말했듯 "인간이 다른 인간에게 저지르는 비인간적 행위는 수많은 사람을 깊은 슬픔에 빠뜨린다."라는 사실을 인정하는 동시에, 그런데도 잠재의식의 법칙은 비인격적이며 늘 매우 공정하게 작용한다고 설명했다.

잠재의식은 생각을 각인해 받아들이고 그에 따라 행동한다. 우리를 나아가게 하는 것은 돛이지, 바람이 아니다. 그러한 돛은 부정적인 생각이라는 바람과 두려움이라는 파도 같은 외부 환경에 흔들리지 않고 우리 내면에서 작동하여 승진과 성공, 실패와 손실을 가르는 내면의 생각, 감정, 이미지 다시 말해서 정신 자세이다. 이 법칙은 절대적으로 정당하고 수학적으로 정확하다. 당신의 경험은 당신의 습관적 사고와 이미지가 고스란히 재현된 것이다.

나는 이 젊은 임원에게 성경 속 유명한 포도밭 일꾼들 이야기를 들려주었다. 이들의 일당은 모두 하루 한 푼이다. 11시에 온 사람도 온종일 일한 사람과 똑같은 품삯을 받고 3시, 6시에 온 사람도 똑같은 품삯을 받았다. 이들이 하루 한 시간만 일하고도 온종일 일한 사람과 똑같은 품삯을 받는 것에 대해 질투하고 화를 내자, 포도밭 주인은 이렇게 대답했다.

"당신은 나와 한 푼으로 합의하지 않았소?"(마태복음 20장 13절)

이 법칙은 마태복음 18장 19절 "너희 가운데 두 사람이 이 땅에서 마음을 모아 무엇이든 청하면 하늘에 계신 내 아버지께서 이루어 주실 것이다."에서 명확히 언급된다. 이는 우리의 의식과 잠재의식이 승진과 성공, 풍요, 바른 행동에 동의한다면, 잠재의식의 법칙이 이 뜻을 존중하고 실행하여 경험으로 실현한다는 의미이다. 나는 덧붙여 말했다.

"지금 당신은 당신을 고용한 회사에 대한 원망과 분노, 비난으로 가득 차 있습니다. 이러한 부정적인 생각들이 당신의 잠재의식으로 들어가 승진, 연봉 인상, 인망을 얻을 기회를 잃게 한 것입니다."

## 매일 실천할 구체적인 프로그램과 공식

나는 그에게 다음과 같은 정신적, 영적 공식을 제시하며 매일 확언하게 했다.

나는 내 마음의 법칙이 절대적으로 정당하며 내 잠재의식에 각인된 것은 무엇이든 매우 정확히 내 물리적 세계와 환경에 재현된다는 사실을 안다. 나는 내가 마음의 원리를 사용하고 있음을 알고, 그 원리는 절대적으로 비인격적이다. 나는 마음의 법칙 앞에서 평등하며, 이는 곧 내가 믿는 대로 된다는 의미이다. 나는 정의가 공정, 정의로움, 공명정대의 의미라는 것을 안다. 나는 내 잠재의식이 절대적으로 비인격적이며 공명정대함을 안다.

나는 화내고 원망하고 질투했으며, 자신을 비하하고 비난하며 탓했다는 것을 깨닫는다. 나는 심리적으로 나 자신을 박해하고 공격하고 고문했다. 그러나 이제 마음의 법칙은 '밖이 아닌 안에서' 작용한다는 사실을 안다. 그래서 내 상사와 동료들이 나의 주관적인 생각과 느낌을 객관적으로 증명하고 확인한 것이다.

내가 마음속으로 온전히 받아들인 것은 조건이나 환경, 힘에 상관없이 내 경험으로 구현될 것이다. 나는 동료들의 성공과 번영, 승진을 바라고, 세상 모든 이를 향해 선의와 축복을 보낸다. 이제 승진은 나의 것, 성공은 나의 것, 바른 행동은 나의 것, 부는 나의 것이다. 이러한 진리를 확언함으로써 이 진리가 내 잠재의식, 곧 창의적인 매개체에 축적되어 내 삶에 경이로운 기적이 일어날 것임을 안다.

나는 매일 밤 잠자리에 들기 전에 아내가 내 승진을 진심으로 축하하는 모습을 상상한다. 나는 정신적, 감정적으로 이 이미지가 현실이 될 것이라고 느낀다. 눈을 감고 정신은 나른하고 졸린 수동적이면서 수용적인 상태에 있지만, 아내의 축하 인사가 들리고 그녀의 포옹이 느껴지며 몸짓을 볼 수 있다. 이 한 편의 마음의 영화는 생생하고 현실적이다. "하나님께서 사랑하시는 이에게는 잠을 주신다."(시편 127편 2절)라는 것을 아는 나는 이 기분에 젖어 잠을 청한다.

이 임원은 마음의 법칙이 정의를 확립한다는(마음의 원리에 순응하는 것) 사실을 깨달았다. 바른 생각, 바른 상상, 바른 느낌이 의식에 새겨지면 잠재의식은 이에 따라 응답한다. 이것이 마음의 평등이다. 마음의 법칙은 어제도, 오늘도 똑같으며 영원히 변치 않는다. 이런 긍정 확언을 실천하고 몇 달이 지나서 이 임원은 그 회사 사장으로 선출되며 본인의 꿈 이상으로 번영하고 있다.

## 재산을 나누고 더 부자가 된 여성

몇 년 전, 한 캐나다 여성과 흥미로운 대화를 나눴다. 그녀는 돈과 부를 숨 쉬는 공기처럼 생각하며, 자신이 바람처럼 자유롭다고 느낀다고 말했다. 그녀는 어릴 때부터 이렇게 긍정해왔다. "나는 부자다. 나는 하나님의 딸이다. 하나님은 내가 모든 것을 풍족히 누리도록 해주셨다." 이렇게 매일 긍정 확언을 실천했다.

수백만 달러를 번 그녀는 이 재산을 여러 대학교에 기부하고, 전도유망한 학생들을 지원하는 장학재단을 설립했으며, 세계의 여러 외딴 지역에 병원과 간호학교를 세웠다. 그녀는 현명하게 제대로 건설적인 방향으로 베품을 실천하는 데서 기쁨을 느꼈고, 이렇게 해서 전보다 더 부자가 되었다.

## 부자는 더 부유해지고 가난한 사람은 더 빈곤해지는 이유

어느 날, 그녀가 내게 말했다. "'부자는 더 부유해지고 가난한 사람은 더 가난해진다'라는 옛 격언은 정말 딱 들어맞는 것 같아요. 부와 풍요를 의식하며 사는 사람들에게는 끌어당김이라는 우주의 법칙에 따라 부가 흐르지만, 가난을 의식하며 사는 사람들은 가난과 궁핍, 모든 종류의 결핍을 예상하기에 마음의 법칙에 따라 결국 결핍과 불행, 박탈감을 끌어당기기 때문이지요."

그녀의 말은 틀린 게 하나도 없다. 가난한 사람들 대부분이 부유한 사람들을 부러워하고 그들에게 원망을 쏟아낸다. 이러한 정신 자세는 그들 삶에 더 많은 결핍과 한계, 가난을 가져올 뿐이다. 물론 무의식적이겠지만, 이들은 자신의 복을 걷어차고 있는 셈이다. 하지만 존재의 진리에 마음을 열고 그들에게도 내면의 보물창고나 금광의 문을 열 열쇠가 있음을 깨닫기만 한다면 타인과 나눌 만큼 재산을 갖게 될 것이다.

다음 내용에서 볼 수 있듯이 우리는 누구나 공유할 재산을 가지고 있다.

## 가까운 곳에 있는 행복을 보지 못한 남성

어느 날 알래스카 북부에 사는 한 친구가 인생은 참 견디기 힘든 것이라고 편지를 보내왔다. 그는 재산을 일구기 위해 알래스카로 간 것은 치명적인 실수였고, 결혼 생활은 완전히 실패했으며, 그곳의 물가는 굉장히 비싸고, 부정행위와 바가지요금이 만연하다고 느끼고 있었다. 그가 결혼 생활을 끝내기 위해 법원에 갔을 때 판사가 부정한 사람이라 부당한 대우를 받았다고도 했다. 그는 이 세상에 정의란 없다는 말로 끝을 맺었다.

그의 말이 전혀 틀리지는 않다. 전 세계 어느 대도시든 조간신문을 펼치면 살인, 범죄, 소매치기, 강도, 강간, 부정부패, 사법부와 입법부의 금품수수 등의 뉴스를 읽을 수 있다. 그러나 이 모두 인간이 만들어낸 것이니 우리는 "저들 가운데에서 나와 저들과 갈라질"(고린도전서 6장 17절) 수 있음을 기억해야 한다.

내면의 바른 행동과 절대 정의의 원칙을 따른다면 집단의식, 인간의 잔인함, 탐욕을 뛰어넘을 수 있다. 하나님은 절대적인 정의, 절대적인 조화, 모든 지복, 무한한 사랑, 충만한 기쁨, 절대적인 질서, 형언할 수 없는 아름다움, 절대적인 지혜, 최고의 권력이시다. 이 모든 것은 하나님의 특성, 자질, 능력이다. 이러한 자질에 대해 깊이 생각하고 하나님의 진리를 묵상한다면, 이 세상의 불의와 잔인함을 뛰어넘어 거짓 믿음과 잘못된 개념에 맞서는 확신을 쌓게 된다. 다시 말해, 신의 면역력 즉 집단의식에 맞서는 영적 항체가 형성되는 것이다.

나는 이러한 설명을 시작으로 친구에게 답신을 보냈다. 나는 그에게 지금 사는 곳에서 그대로 살라고 조언했다. 그가 자신을 짓누르는 책임에 부담을 느끼고 도망칠 탈출구를 찾는 것이 아닐까 하는 의구심이 들었기 때문이다. 그리고 다음과 같은 짧은 긍정 확언을 써보냈다.

내가 있는 곳에 하나님이 계신다. 하나님은 내 안에 살고 계시며, 지금 내가 있는 곳에서 나를 필요로 하신다. 내 안의 하나님은 무한한 지성이고, 완전한 지혜이시며, 모든 면에서 내게 다음 단계로 나아갈 길을 보여주시고 삶의 보물을 열어주신다. 나는 내 마음에 저절로 떠오르는 직관적인 느낌이나 생각으로 오는 그 응답에 감사한다.

그는 내 충고를 따랐고 다행히도 마침내 아내와 화해했다. 그는 카메라를 하나 사서 캐나다 북부와 알래스카의 사진을 찍고 단편 소설 몇 편을 써서 자신이 소소한 부라고 생각할 만큼의 재산을 모았다. 그리고 1년 후, 그는 내게 크리스마스 선물로 2,000달러를 보내왔고, 나는 유럽에서 휴가를 보내라고 제안했다. 그리고 나도 유럽으로 향했다.

이 친구는 내면의 보물창고를 두드려 행복을 찾았고, 자신의 재산은 자신이 있는 바로 그 자리에 있다는 사실을 깨달았다.

## 재산을 발견한 교수

최근 한 대학교수와 이야기를 나눴다. 그는 트럭 운전사인 동생이

일 년에 1만 5,000달러를 버는데 자신은 8,000달러 밖에 못 번다는 사실에 매우 분노하고 있었다. 그는 말했다. "너무 불공평하지 않나요. 우리는 시스템을 바꿔야 합니다. 저는 박사 학위를 따려고 6년 동안 열심히 일하며 고생했는데, 제 동생은 고등학교도 나오지 않았단 말입니다!"

이 교수는 자신의 전문 분야에서는 매우 뛰어났지만, 마음의 법칙은 잘 알지 못했다. 나는 그에게 내 단골 식당의 여종업원이 팁으로 일주일에 300달러를 넘게 번다고 말하며, 그가 말한 부당한 차이는 어디에나 존재한다고 지적했다.

나는 그 교수에게 집단의식 즉 보편적 의식, 평균의 법칙, 오감의 마음으로도 불리는 처한 환경이나 조건, 전통에 따라 생각하는 마음을 뛰어넘을 수 있다고 설명했다. 그는 내가 제안한 대로 매일 아침 거울 앞에 서서 "부는 나의 것, 성공은 나의 것, 이제 승진은 나의 것"이라는 긍정 확언을 반복하는 '거울 요법'을 실천했다. 그는 이러한 생각들이 그의 잠재의식에 새겨진다고 믿으며 매일 아침 5분간 확언을 계속했다.

점차 그는 이러한 생각이 사실이라고 믿기 시작했고, 한 달 후 다른 대학에서 연봉 1만 3,000달러를 제안받았다. 그리고 예기치 못하게 글 쓰는 능력을 발견하여 그의 원고가 대형 출판사에서 출간될 예정이다. 이는 그에게 상당한 부수입을 창출할 것이다. 그 교수는 자신이 '제도'나 그 대학의 연봉 체계의 피해자가 아니라는 사실을 깨달았다. 그가 부를 일굴 수 있던 행운은 내면의 숨겨진 힘을 발견하는 데 있었다.

## 믿음이 기적이 된 비서

한 법률사무소의 비서가 내게 불만을 털어놓았다. "전 한 번도 제대로 쉬어 보질 못했어요. 직장 상사와 동료 여직원들은 제게 못되게 굴고 괴롭혀요. 평생 가족이나 친척들에게 제대로 대우받지 못했고요. 무슨 징크스가 끈질기게 절 쫓아다니는 게 분명해요. 전 정말 불행해요. 호수에 빠져 죽고 싶을 정도예요."

나는 그녀가 정신적으로 자신을 괴롭히면서 생겨난 자학과 자기연민이 삶의 외적인 면으로 구체적으로 발현된 것이라고 설명했다. 즉 그녀를 대하는 주변 사람들의 태도나 행동은 그녀 내면 상태를 그대로 드러낸 것이다.

그녀는 즉시 자책하기를 그만두었고, "믿음에 실천이 없으면 그러한 믿음은 죽은 것"(야고보서 2장 17절)임을 알게 되었다. 믿음이란 무엇인가? "믿음은 (…) 보이지 않는 것들의 증거이니."(히브리서 11장 1절) 믿음은 때가 되었을 때 구현된 몸에 옷을 입히는 정신적 이미지이다. 정신적 이미지가 모두 일관적이라면 저절로 그렇게 작용하게 된다.

이 비서는 내 가르침대로 효율적으로 일 처리를 잘했다고 고용주에게 칭찬받는 자신의 모습을 머릿속으로 그렸고, 급여가 대폭 인상되는 발표를 듣는 모습도 상상했다. 그리고 고용주와 모든 동료에게 사랑과 선의를 발산했다.

몇 주 동안 하루에 수차례 정신적 이미지를 일관적으로 고수한 결과, 그녀는 고용주로부터 업무에 대해 칭찬을 받았을 뿐만 아니라 더 나아가 그에게 청혼까지 받았다! 그리고 나는 기쁘게도 그들 결혼식의 주례 자리에 설 예정이다.

그녀는 자기 내면에 있는 보물창고의 열쇠를 찾아냈다. 그녀는 "믿음은 우리가 바라는 것의 실상이요, 보이지 않는 것들의 증거"(히브리서 11장 1절)임을 증명했다.

5장

•

# 미래를 내다보고 직관의 목소리를 알아차리기

우리 마음에서 가장 혼란스러운 능력 중 하나는 예감 능력, 즉 객관적으로나 현실적으로 무슨 일이 일어나기 전에 미리 그것을 알아차리는 능력이다. 나는 간혹 며칠, 몇 주, 심지어는 몇 달 후에 일어날 사건을 미리 엿본 적이 있다.

1967년의 일이었다. 한 목사 친구가 나를 찾아와 그해 5월에 자신과 함께 성지를 순례하는 강연 여행을 가자고 제안했다. 나는 그에게 생각해보고 알려주겠다고 말했다. 나는 그날 밤 잠들기 전 잠재의식에 말을 걸며 다음과 같이 긍정했다. "내 잠재의식 안의 무한한 지성은 완전한 지혜이시므로 이스라엘, 요르단 등지로의 성지 순례 제안에 대해 옳은 결정을 내게 보여주신다."

그리고 바로 그날 밤 꿈에서 나는 전쟁 소식을 전하는 〈LA 타임스〉와 〈시티즌 뉴스〉의 헤드라인을 보았다. 현실처럼 생생했다. 꿈속에서 이스라엘과 아랍인 사이에 격렬한 탱크전과 공중전이 벌어지는 광경도 보았다. 5개월 후에 벌어지게 될 일을 생생히 목격한 것이다. 나는 꿈에서 깨자마자 친구에게 전화를 걸어 꿈 얘기를 전했는데, 이상하게도 그 역시 비슷한 꿈을 꾸었다고 했다. 그 친구 또한 신의 인도를 요청했던 것이다. 우리 둘은 성지 순례 계획을 접었다. 그후 일어난 비극적인 아랍-이스라엘 전쟁은 내적 환시가 진실이었음을 입증했다.

성경에서는 말한다. "주님을 신뢰하며 선을 행하고 이 땅에 살며 신의를 지켜라."(시편 37편 3절)

## 미래는 지금 마음에 달렸다

마음은 좋고 나쁜 생각과 믿음, 의견, 신념, 인상, 다양한 개념으로 가득 차 있다. 마음의 우주 법칙은 우리가 정신적으로 받아들이고 믿는 것은 무엇이든 우리의 삶에서 명확하고 구체적으로 만들어진다는 것이다.

만약 당신 친구의 잠재의식을 어떤 식으로든 사진 찍을 수 있다면, 그의 미래를 정확히 예측하고 그에게 일어날 사건들을 알 수 있을 것이다. 듀크대학교의 라인 박사는 수많은 실험을 통해 투시, 예지, 염력 등의 초감각 지각에 대한 충분한 증거를 다음과 같이 제시했다.

직관력이 고도로 발달한 사람, 말하자면 훌륭한 심령술사나 투시력이 뛰어난 영매 같은 사람들은 당신의 잠재의식 내용을 지각하고 좋은 것이든 나쁜 것이든 당신이 곧 겪게 될 경험과 사건을 명확히 볼(투시할) 수 있다. 건축가가 마음속으로 새로운 건물을 구상하듯, 당신의 생각과 믿음, 계획, 목표가 발현된 이미지가 마음속에서 완성되므로 투시력이 뛰어난 사람이라면 그것을 정확히 볼 수 있다.

좀 더 자세히 설명하면, 지각력이 예민하고 마음이 수동적이며 주관적인 상태인 직관력 뛰어난 사람이 다른 사람의 잠재의식의 내용을 두드려 의식, 또는 깨어 있는 자아에게 그 동일한 내용을 드러내는 게 가능하다는 것이다. 다시 말해, 민감하거나 고도의 심령 능력이 있는 사람은 수동적이고 반(半)무아지경의 상태에서 상대의 결정이나 계획, 생각, 두려움, 공포, 고정관념과 원하는 상태 그리고 결혼과 이혼, 사업적 도전, 여행 외 여러 주제에 대해 주관적으로 어떻게 받아들이는지 이해할 수 있다.

심령술사나 영매는 당신의 주관적인 느낌이나 믿음, 인상을 받아들이고 이를 자신만의 용어로 옮겨 이를 토대로 미래를 예측한다. 심령술사나 투시력 있는 사람들이 100퍼센트는 아니어도 그에 근접할 만큼 정확한 예지력을 보이는 경우가 적지 않다.

여기서 분명히 기억해야 할 점은 영매나 심령술사가 보거나 느끼는 것은 그 자신의 정신적 내용에 의해 여과되고 윤색되기 마련이므로, 누가 해석하느냐에 따라 결과가 다르게 나올 수 있다는 점이다. 그게 바로 심령술사들마다 해석이 달리 나오는 이유이다.

## 재산을 늘린 예지 능력

나와 친분이 두터운 어느 저명한 부동산 전문가의 이야기이다. 그는 은퇴하기 전까지 매일 밤 시편 91편을 묵상하며 자신이 하는 모든 일에서 바른 행동을 하도록 신의 인도와 보호를 구했다. 1966년 초 어느 날 밤, 그는 지역신문 헤드라인에서 주식시장의 대폭락 소식을 보는 꿈을 꿨다. 굉장히 생생한 이 예지몽을 꾼 뒤 그는 40만 달러를 투자한 우량주를 전량 매도해야겠다는 떨치기 힘들 만큼 강렬한 충동을 느꼈다. 마치 내면의 목소리가 내리는 명령 같았고, 거부할 수 없는 무언가가 느껴졌다.

그는 이 직관적인 충동에 따라 다음 날 주식을 매도했다. 그런 후 그다음 날 주가가 크게 폭락했고, 그 우량주는 아직까지 이전의 고점 가격을 회복하지 못했으며, 그중 일부는 20~30포인트 하락한 상태이다. 반면에 그의 저축액은 크게 증가했다. 그는 그 후 이 주식 중 많은 종목을 훨씬 낮은 가격에 다시 매수해 적잖은 수익을 올렸다.

"나는 재산을 지킴으로써 재산을 일구었다." 그는 말한다. 그는 실제로 주식 폭락이 일어나기 전에 예시를 통해 그 사건을 보고 직관의 목소리에 귀를 기울였다. 직관은 '내면의 가르침'을 의미한다.

## 아들의 목숨을 구한 엄마의 직관

베트남전에 공군 조종사로 참전한 아들을 둔 한 어머니와 면담했다. 그녀는 몹시 감정이 격앙된 상태였다. 그녀는 반복적인 악몽으로 고통받고 있었다. 꿈에서 아들이 조종하는 비행기가 불길에 휩싸인 채 그가 도와달라며 외치고 있었다. 그러다가 그 비행기가 바다로 추락하는 장면이 보였다. 그녀는 아들이 물에 빠져 죽은 거라고 생각했다. 그녀는 일주일이 넘게 이러한 악몽에 시달리며 아침마다 고통 속에서 눈을 떴고, 깨어 있는 동안에는 불길한 예감으로 인한 두려운 생각만 가득했다.

이처럼 마음이 혼란한 어머니에게 나는 이 꿈은 분명 재앙의 전조이며, 그녀가 잠재의식에서 아들에게 온 신경을 쏟고 있었기에 위험에 대한 그의 무의식적인 두려움을 감지한 것이라고 설명했다. 그녀에게는 이를 막을 기회가 있었다. 아직 일어나지 않은 일이 분명했다. 아직 공식 통보가 없었던 데다, 일어나지 않은 일을 예고하듯 그 꿈이 밤마다 반복되고 있으니 말이다. 나는 그녀가 할 일을 일러주었다. 바로 하나님이라는 최고 존재와 그분의 사랑을 얻기 위한 것이었다.

그녀는 하나님을 절대적인 사랑, 무한한 지혜, 지극한 축복과 평화, 절대적인 조화와 기쁨의 무한한 생명 원리이신 존재로 생각하기 시작했다. 그리고 내 제안에 따라 아들이 지극히 높으신 분의 은밀한 장소에서 그 전능하신 분의 그늘 아래 머무르고 있다고 믿으며 아들을 정신적으로 하나님의 사랑의 보살핌에 맡겼다. 또한, 아들이 집에 머무르고 있는 모습을 상상했다. 행복과 기쁨에 젖은 자유로운 모습이었다. 그리고 아들이 그녀를 포옹한다고 느꼈다.

어머니는 온종일 자신의 생각을 이 영적인 긍정 이미지에 집중했다. 하나님의 빛과 사랑, 힘과 평화가 그녀에게 현실이 될 때까지 그 안에 살며, 아들을 영적인 분위기 안에 두었다.

그녀가 이 생각의 흐름을 고수하자, 다섯 번째 밤 이후로 악몽을 꾸지 않게 되었다. 아들을 향한 그녀의 감정은 두려움에서 그가 인자하신 하나님의 보호 아래에 온전하고 완전히 지켜진다는 믿음과 확신으로 바뀌었다.

몇 주 후 그녀가 점심을 준비하고 있을 때 아들이 문을 열고 들어와 그녀를 껴안았다! 엄마를 놀라게 할 생각에 미리 알리지 않고 귀국한 것이다. 그러더니 말했다. "엄마, 제가 어떻게 살아남을 수 있었는지 도저히 믿기지 않아요! 제가 탄 비행기가 격추되어 추락했는데 불이 붙지 않은 거예요. 전 다친 데 하나 없이 멀쩡했고요. 무엇보다 놀라운 일은 비행기가 추락하는 와중에도 제가 하나도 두렵지 않았다는 거예요. "하나님이 너를 보호하고 계신다." 하는 엄마 목소리가 들렸고, 그러고 나니 난 안전하다는 느낌이 들더라고요."

성경은 말한다. "그분께서 당신 천사들에게 명령하시어 네 모든 길에서 너를 지키게 하시리라."(시편 91편 11절)

이 어머니의 경험에서 한 가지 분명한 점은, 마음은 시간이나 공간으로 구분되지 않으므로 아들과 텔레파시로 교감했고 그가 하나님의 사랑과 빛, 조화와 평화로 보호받는다는 긍정을 통해 두려움을 떨쳐냈다는 것이다. 이러한 긍정은 아들이 도저히 벗어날 수 없었을 죽음의 위기에서 벗어나도록 하나님의 보호를 청하는 바람에 응답을 얻는 길을 열었다. 그녀의 믿음과 확신은 아들에게도 전해졌고, 그는 간절한 바람이 이루어지는 기쁨을 경험할 수 있었다.

## 아들의 죽음을 꿈꾼 아버지가 막은 비극

뉴욕시에 사는 한 아버지가 다음과 같은 편지를 보내왔다.

머피 박사님께

먼저 박사님께 말로 표현할 수 없을 만큼 감사를 전합니다. 저는 《우주 정신력의 놀라운 법칙The Amazing Laws of Cosmic Mind Power》을 읽고 깊은 감명을 받았습니다. 각 장을 읽으며 과학적으로 긍정하는 법을 배웠는데, 이는 제게 계시였음이 밝혀졌습니다!

제 아들 중 한 아이가 뉴욕과 시카고를 오가는 장거리 운송을 하고 있습니다. 몇 주 전, 꿈에서 아들의 트럭이 언덕을 오르는 길인데 운전석에 앉은 아이가 졸고 있는 장면을 보았습니다. 오른쪽에는 높은 산, 왼쪽에는 가파른 계곡이었습니다. 그런데 트럭이 절벽에 부딪혀 옆으로 넘어졌습니다. 저는 꿈을 꾸는 중에도 말했습니다. "하나님께서 저 아이를 지켜주신다. 하나님께서 저 아이를 보살피신다. 하나님께서 저 아이를 사랑하신다."

그러고는 눈을 떴는데, 이러한 재앙이 현실이 될까 하는 걱정에 온몸이 덜덜 떨리더군요. 저는 즉시 성경을 펼쳐 시편 91장, 하나님의 보호를 찬양하는 성가를 큰 소리로 낭독하고는 2인칭에 맞게 동사를 바꾸어 "지극히 높은 분의 보호 속에 사는 이, 전능하신 분의 그늘에 머무는 이……."로 시작하여 30분 동안 아들을 위해 기도했습니다. 그러자 점차 평화가 찾아오더군요.

그리고 얼마 후, 집에 돌아온 아들이 이야기를 들려주었습니다. 트럭을 운전하던 중 깜빡 조는 바람에 차가 뒤집혔는데, 정신 차리고 보니 트럭 밑 바퀴 사이에 있더랍니다. 기적적으로 목숨을 구한 거죠. 게다가 상처도 하나 없이 말입니다. 그의 이야기를 듣고서, 얼마 전 제가 꾼 꿈과 꿈속에서 제가 드린 기도에 대해 이야기해 주었습니다. 그러자 아들이 "아빠, 아빠 기도가 저를 구했네요!"라고 말하더군요.

## 운명의 비극과 반전을 막는 법

긍정은 사물을 변화시킨다. 수많은 인물의 일대기가 그 사실을 입증한다. 긍정하기란 가장 높은 시점에서 하나님의 진리를 묵상한다는 의미이다. 보편적 원리에 근거해 건설적으로 생각함으로써 마음속 모든 부정적 사고 패턴을 바꾸어 이후 기쁨이 충만한 삶을 살아갈 수 있다. 다시 말해, 마음을 하나님의 진리로 가득 채움으로써 하나님의 뜻과 다른 모든 것을 무력화하고 마음으로부터 뿌리 뽑아 없애 버리는 것이다. 그러면 온갖 사고와 재앙 등 부정적인 경험을 피한다. 이렇게 불행으로부터 벗어나면 의식에서 솟아오른 능력과 일치를 이루게 된다. "내가 땅에서 들어 올려지면 모든 사람을 나에게 이끌어 들일 것이다."(요한복음 12장 32절)

영원한 하나님의 참된 진리를 묵상하면서 우리는 인류 다수를 지배하는 집단의식 혹은 평균 법칙의 영향에서 벗어날 수 있다. 하나님의 평화에 몸을 맡기고 그분의 평화가 생명과 사랑의 금빛 강물처럼 당신의 온몸을 흐르게 할 때, 당신은 이 아버지가 아들을 위해 기도할 때 그랬듯 곧 하나님을 접촉하게 된다.

## 왜 미래에 대해서 부정적인 예측만 나올까요?

알래스카에서 보내온 편지의 질문이었다.

잠재의식은 기억의 저장고이며, 여기에는 의식이 전혀 인지하지 못한 많은 암시와 반쪽 진실, 거짓 믿음 같은 것도 수용되어 있다는 사실을 기억하자. 이런 일은 빈번하게 일어나는데, 잠재의식에 스며든 이것들이 더 나은 것에 대한 긍정으로 바뀌지 않는 한 무엇이든 오래 지나지 않아 당신의 세계에서 객관화되기 때문이다.

다시 말해, 자신의 바람직하지 않은 본성에 대한 제안이나 예측을 받으면 조화, 평화, 사랑, 아름다움, 신의 바른 행동, 신의 사랑 같은 보편적 진리와 하나님의 진리에 따라 건설적으로 사고함으로써 이러한 부정적 피드백의 실현을 막을 수 있다. 그리고 이러한 보편적 원리를 고찰하는 과정에서 잠재의식의 패턴이 생각과 이미지의 정신적 구성 상태에 부합하도록 재배열된다.

한 개인이나 집단, 국가, 세계에 대해 어느 정도는 정확히 예측할 수 있다. 대다수 인간은 크게 변하지 않기 때문이다. 그들은 동일한 오랜 믿음, 전통, 선입견, 증오와 편견, 두려움을 안고 살아가기 때문에 정신적 진동에 직관적으로 동조하는 사람이라면 쉽게 읽을 수 있는 다소간의 정해진 패턴을 따른다.

## 의사의 문제를 해결한 직관

한 의사 친구가 책을 쓰던 중, 고대 바빌로니아와 이집트의 의학에 관한 특별한 데이터가 필요했다. 그는 뉴욕박물관에 그 자료가 있을 것이라고 생각했지만, 로스앤젤레스에 살고 있어서 뉴욕에 가는 건 불가능했다.

나는 그에게 잠들기 전 마음을 차분히 하고 주의를 한군데 집중한 채 다음과 같이 그의 깊은 내면에 단호하게 말하게 했다. "내 안의 무한한 지성은 답을 알고 있으므로, 내 책에 필요한 정보를 준다."

그는 '답'이라는 한 마디만 마음에 담은 채 잠이 들었고 그날 밤 시내의 어느 고서점을 방문하라는 꿈을 꾸었다. 그는 그 서점을 찾아갔고 가장 먼저 집어든 책에 그가 원하던 정보가 실려 있었다.

당신의 잠재의식은 무한한 지성, 무한한 지혜와 하나이며, 당신이 구하는 모든 답을 알고 있는 완전한 현명함이다. 잠재의식은 꿈속에서 혹은 예지나 올바른 길로 인도된다는 느낌으로 답을 제시할 수 있다. 당신이 어디론가 갑자기 가게 되거나 다른 사람이 답을 줄 수도 있다.

## 투청력이 목숨을 구하다

최근 연설 요청을 받고 참석한 한 연회에서의 일이다. 얼마 전 베트남에서 귀국한 젊은 부사관이 내 옆에 앉아 '아무도 없는 곳에서' 어떤 목소리를 들은 매혹적인 경험을 들려주었다.

그는 명령을 받고서 군용 지프를 몰고 지역 본부로 메시지를 전달하러 가고 있었다. 그 옆에는 장교가 앉아 있었다. 그들이 빠른 속도로 길을 달리는데, 그의 어머니의 목소리가 또렷하게 들렸다. "멈춰! 존. 멈춰! 멈추라고!" 그가 지프를 급히 세우자 옆의 장교가 물었다. "왜 그래? 무슨 일이야?" 그러자 그가 되물었다. "멈추라는 목소리 못 들으셨습니까?" 그러나 그 장교는 아무것도 듣지 못했다.

그들은 차에서 내려 차를 살펴보았다. 바퀴 하나가 헐거워져 있었다. 그들이 몇 미터만 더 갔다면 길의 움푹 파인 곳에서 차 밖으로 튕겨 나가 형체도 알아볼 수 없이 크게 다쳤을 것이다. 그의 어머니는 샌프란시스코에 계셨는데, 매일 밤낮으로 그를 위해 기도했고 항상 "하나님의 사랑과 하나님의 완벽한 갑옷이 늘 우리 아들을 보호하시리라."라고 긍정했다고 했다. 이 젊은이는 자신이 들은 목소리가 그의 잠재의식이 그의 보호를 간절히 구한 어머니의 긍정 확언에 강력히 반응하여 보낸 경고라는 것을 깨달았다.

이 사례를 통해 매우 위급하거나 위험할 때, 잠재의식이 당신이 당장 복종할 사람의 목소리를 투영한다는 것을 알 수 있다. 당신이 그 사람을 깊이 신뢰하고 사랑하기 때문이다. 잠재의식은 당신의 의식이 즉시 진짜라고 받아들일 만한 목소리로만 말한다. 그래서 당신이 불신하거나 싫어하는 사람의 목소리는 듣지 못하는 것이다.

## 불행한 사건으로부터 우리를 보호하는 법

간혹 우리는 우리 자신이나 우리가 사랑하는 사람에게 위험이 닥쳤다는 직관적인 느낌을 동반하는 예지몽을 꾸기도 한다.

만약 당신 자신이나 가까운 사람들에게 관련된 불행하거나 비극적인 사건을 예지하는 꿈을 꾸었다면 단순히 상상력의 조작이나 무해한 환각이라고 무시하지 말자.

경고나 불길한 예감에 대해 다음과 같이 묵상하라. 만약 다른 사람을 위해 긍정 확언한다면 그 이름을 언급하라.

나는 하나님이 유일한 존재이자 능력이심을 깨달으며, 하나님의 존재는 사랑과 질서, 아름다움, 평화, 완벽함, 조화임을 안다. 하나님의 내적 평화가 이제 강처럼 내 온몸을 통해 흐른다. 나는 항상 존재하는 완벽한 축복과 질서를 인식한다. 나는 하나님의 마음에 흠뻑 젖었으며, 하나님은 나를 완벽하고 온전하며 완전하다고 보신다. 나는 언제 어디에나 계시는 거룩한 존재에 흠뻑 젖었다. 그 존재는 사랑과 질서, 아름다움, 평화, 완벽함, 조화이며, 영원한 갑옷으로 나를 감싸고 지켜주신다.

이 확언에 담긴 진리를 확신하며 구름이 사라지고 마음의 짐이 덜어질 때까지 인내해라. 그러면 평화에 들어가 현실을 감지하게 될 것이다. 그리하여 의식적으로 상위 자아와 결합하는 상태가 되어 모든 신의 힘이 전력을 다해 당신에게 영원한 기쁨을 선사할 것이다.

"너희가 기도하며 청하는 것이 무엇이든 그것을 이미 받은 줄로 믿어라. 그러면 너희에게 그대로 이루어질 것이다."(마가복음 11장 24절)

6장

# 꿈에서의 응답과 유체 이탈 경험의 의미

성경에서는 말한다.

"사람들이 깊은 잠에 빠져 잠들었을 때 그분께서는 꿈과 밤의 환상 속에서 사람들의 귀를 여시고 경고로써 그들을 두렵게 하십니다."(욥기 33장 15-16절)

"그들은 꿈에 헤롯에게 돌아가지 말라는 지시를 받고, 다른 길로 자기 고장에 돌아갔다."(마태복음 2장 12절)

성경에는 잠자면서 본 꿈, 환영, 계시, 경고에 대한 설명으로 가득하다. 우리가 잠들었어도 잠재의식은 절대 잠들지 않고 생생하게 깨어 있으며 쉬지 않고 활동한다. 요셉이 파라오의 꿈을 정확히 해석했고 이후 딱 들어맞았다는 성경 이야기를 기억할 것이다. 이 미래 예측 능력으로 그는 권위와 명예, 왕의 인정을 받았다.

꿈을 꾸고 있는 동안, 의식은 활동을 잠시 멈추고 잠이 든다. 잠재의식은 보통 상징적인 형식으로 말을 하는데, 오랜 시대를 거치며 꿈을 풀이하거나 해석하는 사람이 존재했던 것은 이러한 이유 때문이다. 프로이트와 융의 학설을 따르는 심리학자, 정신과 의사, 정신분석학자, 절충주의적 심리치료사 등 많은 이가 꿈을 진지하게 연구하고 이를 통해 환자의 의식을 해석하려는 것은 이제 그리 놀랍지 않은 사실이다. 또한, 꿈의 해석을 통해 정신적 갈등, 공포증, 고정관념, 그 밖의 여러 정신적 콤플렉스를 발견하기도 한다.

꿈은 전부 우리의 잠재의식을 드라마화한 것이며, 대부분 임박한 위험을 경고하는 내용이다. 꿈은 미래를 정확히 예측하는 예지력을 발휘하기도 하고, 기도에 대한 답을 주기도 한다. 그러나 부정적인 꿈은 모두 변화하므로 운명에 아무런 영향도 미치지 않는다.

잠재의식은 꿈을 통해 잠재의식에 새겨진 인상을 드러내고 삶이 나아가는 방향을 가리킨다. 꿈에 대한 분석 연구에서 밝혀진 바에 따르면, 개인의 잠재의식에 나타나는 상징은 아주 개인적이며 같은 상징이라도 다른 꿈에 나타나면 전혀 다른 의미를 가질 수 있다. 다시 말해, 꿈이 다른 사람과의 관계를 보여줄 수도 있지만, 이는 지극히 개인적으로 저마다 달리 적용된다.

## 흥미로운 꿈의 해석

몇 달 전, 내 저서 《잠재의식의 힘》을 읽은 한 대학생이 인터뷰하러 찾아와 물었다. "사흘 연속해서 록펠러 뉴욕주지사가 주최하는 만찬에 참석하는 꿈을 꾸었어요. 전 주빈으로 주지사 옆자리에 앉았지요.

이게 무슨 의미일까요?”

나는 그녀에게 꿈을 해석할 때는 그 꿈의 내용이 자신에게 의미가 있어야 한다고 설명해주었다. 그러면서 록펠러 뉴욕주지사가 주최하는 만찬에 참석하는 게 그녀에게 어떤 의미인지 물었다. 그녀는 즉시 그것은 부와 권위, 명예, 인정받음을 상징한다고 대답했다. 이 대답을 듣고 나는 그녀의 잠재의식이 어떤 특별한 명예와 인정 그리고 어쩌면 부의 수혜를 예시하는 것 같다고 말해주었다. 그녀는 내 해석에 동의하는 것처럼 보였고, 진지하게 받아들이는 것 같았다.

2주 후 그녀는 프랑스 유학 장학금을 받았고, 할머니로부터 그녀 몫으로 5만 달러에 달하는 유산을 받았다. 여기에 더해, 레이건 주지사의 취임 기념 연회에 초대받아 멋진 시간을 보냈다.

이 여학생이 꿈의 내용을 고스란히 있는 그대로 받아들이지 않았다는 사실에 주목하자. 성경 속 ‘요셉’처럼 상상력에 단련된 사람이라면 꿈의 껍데기를 벗기고 그 상징 이면에 숨겨진 생각을 파악할 수 있다.

## 원하는 집으로 인도한 꿈

베벌리힐스에 사는 한 젊은 부인이 6일 연속 같은 꿈을 꾸었다. 꿈속에서 그녀는 사고 싶었던 집을 구석구석 거닐며 현 거주자들을 만나고 개를 쓰다듬으며 스페인 출신 가정부와 스페인어로 대화를 나누었다. 그러고는 차고, 다락방, 집의 방 하나하나를 살펴보았다.

다음 일요일, 그녀는 교회 예배를 다녀온 뒤 남편과 승마를 하러 가기 위해 브렌우드 지역을 지나는데 꿈에서 본 그 집을 보았다. '주인이 내놓은 매물. 집 구경하세요.'라는 푯말이 꽂혀 있었다. 그들은 집으로 들어가 보았다. 그들을 보자 집주인 부부, 가정부, 개까지 모두 보통 이상으로 겁을 먹고 놀랐다. 개는 털을 곤두세우며 으르렁대기 시작했다.

몇 분 후, 주인이 사과했다. "사실, 부인 같은 어느 여자가 밤과 새벽에 몇 번씩 우리 집 계단을 오르내리는 모습을 봤거든요. 그래서 우리 가정부는 겁을 먹고 혼비백산했고, 개는 이상한 걸 본듯 으르렁대며 짖어댄 겁니다."

## 이 꿈에 대한 간단한 해석

이 젊은 부인은 집주인 부부에게 좋은 집을 찾게 해 달라고 기도하며 매일 밤 잠재의식의 무한한 지성이 널찍하고 따뜻한 기운이 느껴지는 모든 면에서 이상적인 집으로 인도하기를 청했다고 설명했다.

이는 의심할 여지 없이 그녀가 꿈꾸는 가장 이상적인 집을 마음에 담은 채 잠자리에 들면서 잠재의식이 이를 성취해야 할 임무로 받아들였기 때문이다. 그녀는 꿈을 꾸던 중 불현듯 자신이 육체 밖에 있으나 시공간을 초월하고 닫힌 문도 통과하며 어디든 갈 수 있는 능력이 있음을 희미하게 감지했다. 그러던 중 이 집을 찾았고 집주인을 비롯해 이 집의 모든 것과 친밀해졌다. 그녀는 꿈에서 이 집을 여러 차례 와봤었기 때문에 자신도 집주인들을 만났을 때 깜짝 놀랐다고 말했다.

## '실제로 경험한' 초감각적 여행

이 여성이 자신을 영체(靈體)로 투영했기에 그녀가 방문한 집의 사람들은 환영으로 인식할 수밖에 없었다. 이 지각은 시각적이고 청각적이어서 이들은 그녀의 발소리를 듣고 그녀의 모습을 또렷이 볼 수 있었다. 이 여성은 자신의 집 침대 위에 누워 있는 자기 신체를 볼 수 있었고, 자신이 사차원 신체로 여행하며 움직인다는 사실을 인지했다. 이렇게 그녀가 투영된 신체는 매우 민감하거나 높은 진동이나 심령 현상에 순응한 사람들에게는 유령이나 환영으로 인식될 수도 있다.

이 젊은 여성 부부는 그 집을 구입했고, 화기애애한 분위기 속에서 소유권 이전 절차를 마무리했다.

## 꿈이 실제 경험으로 실현된 작가

인도 뉴델리 북쪽의 요가포레스트대학에 강연하러 갔을 때였다. 출발을 며칠 앞둔 어느 날 밤, 나는 그곳에 대한 생생한 꿈을 꾸었고 꿈속에서 모든 교사와 학생들을 만났다. 그곳에 도착했는데, 교정이 매우 친숙하게 느껴졌다. 나는 한 수행원에게 나를 위해 마련한 방이 어디인지 가리키며 그 내부 모습과 제공된 음식이 무엇인지 설명했다. 이전에 그의 말소리를 들은 적 있어서, 다음에 그가 무슨 말을 할지까지 말했다. 그는 소스라치게 놀라며 말했다.

"투시력과 투청력을 갖고 계시나 봅니다."

나는 이 경험에 대해 이렇게 풀이해주었다. 내가 요가포레스트대학에서 강연할 것임을 인지한 채 깊이 잠이 들면, 나의 신비한 신체 즉 영체(정확히는 나의 육체와 똑같은 형태이지만 훨씬 더 높은 주파수로 진동하며 반향하는 것. 그런데도 영혼이 아닌 '몸'이다)가 그곳을 여행하여 나의 생생한 꿈을 이후의 의식적인 경험으로 만든다.

다시 말해, 나는 영체 상태로 그곳에 가서 많은 사람과 정신적으로, 그러나 자연스럽게 대화를 나누고 그들의 목소리를 들었다. 게다가 나는 심령술 같은 이 경이로운 영체 여행에서 갠지스강, 히말라야 산맥, 아름다운 시골 풍광도 보았다.

## 꿈에서 당신을 보다

요가 센터를 총괄하는 요가 수행자 시베난다와 첫인사를 나누는데, 그가 외쳤다. "전에 꿈에서 당신을 몇 번 봤습니다. 목소리도 들었고요!" 나는 나 역시 같은 경험을 했다고 말했다. 멋진 여행을 시각화하면서 그 이미지가 잠재의식에 '새겨진 채 잠을 잤기' 때문이었다. 또한, 그 이미지가 활성화된 꿈 상태에서 그를 영적으로 만났다고도 설명을 덧붙였다. 내 몸이 캘리포니아 베벌리힐스에 잠들어 있는 동안 나는 새로운 몸으로 그의 요가 센터 곳곳을 돌아다니며 말소리를 들었다. 그리고 내가 의식적이고 현실적으로 도착했을 때, 초감각적 여행에서 영적으로 느낀 모든 것을 구체적으로 경험했다. 즉 내가 현실에서 보고 들은 것은 이전에 영적으로 보고 들은 것이다.

요가 수행자 시베난다는 꿈에서 투시를 통해 나를 보고 투청을 통해 내 목소리를 들었다. 우리는 꿈속에서 생각하고 말하고 행동하고 여행하며, 심지어 신체 밖의 사물을 움직일 수도 있기 때문이다. 당신은 볼 수도 보일 수도, 이해하고 이해받을 수도, 당신이 보는 모든 것에 대해 메시지를 전할 수도 있다. 시각, 청각, 미각, 후각, 촉각 같은 인간의 모든 능력은 마음속에서 복제될 수 있다. 이는 당신이 몸 밖에서 살 수 있고 당신 내면의 창조적 지성이 현재의 3차원적 신체를 초월해 이러한 능력을 사용하게 했다는 결정적인 증명이다.

## 꿈 덕분에 건강을 지키다

매우 건강해 보이는 한 남성이 있었다. 그는 자신의 건강을 조금도 의심하지 않았지만, 전립선 질환으로 수술받는 꿈을 몇 차례 꾸었다. 그는 현재 아무런 증상이나 통증도 없는데 의사에게 가서 진찰을 받아야 할지 내게 물었다. 그가 나를 찾아온 이유는 감정적인 면에서 느끼는 결혼 생활의 문제를 상담하기 위해서였다. 나는 그 꿈이 잠재의식의 작용이라고 설명해주었다. 즉 잠재의식이 어떻게 해서든 그를 보호하려 하면서, 장기에 급성으로 발생한 병변이나 기능적 문제에 대한 경고를 보낸 것이다. 잠재의식은 현실을 근거로 연역적으로 추론하여 이를 꿈의 형태로 그에게 드러냈다. 그는 꿈이 개인의 현실을 반영하며, 그 설명이나 해석은 자신의 직관과 일치해야 한다는 사실을 이해했다.

나는 그에게 즉시 병원에 가서 비뇨기과 전문의에게 정밀 검사를 받아보도록 권했다. 그러나 그는 병원에 가는 것을 차일피일 미루었다. 그리고 며칠 만에 요도협착과 요도폐색으로 극심한 고통을 겪었다. 그는 병원에 가자마자 수술대에 올라야 했다. 수술 후 병문안을 갔을 때 나를 보자마자 그가 말했다. "꿈에 더 신경 쓰고 좀 더 빨리 행동할 걸 그랬어요." 나는 다행히도 그가 자신의 잠재의식을 온전함, 조화, 생명력, 완벽한 건강의 생각으로 가득 채운 덕분에 이렇게 잘 회복하고 있는 거라고 격려해주었다.

이 사연은 이 남성의 잠재의식이 그의 전립선 감염과 비대증을 인지하고 그에게 실제로 조치를 취하도록 경고한 것임을 알 수 있을 것이다. 수술받는 꿈이라는 불길한 예감, 즉 전조는 잠재의식이 그의 현 상태를 인지하여 보낸 신호이다. 그는 건강검진을 미루다가 병을 놓친 것이다.

## 여러 가지 꿈의 종류

꿈에는 여러 종류가 있는데 그중 상당수는 위장 장애, 정신적 감정적 혼란, 신체적 불편, 억압되거나 비정상적 성적 충동, 여러 공포와 미신적 믿음을 담은 꿈이다. 그러나 미래의 사건을 미리 보는 꿈, 기도에 대한 확실한 답을 주는 꿈도 있다. 꿈에서 어떠한 구체적 생동을 취하라는 지시를 받는 경우도 많다.

## 결혼을 약속한 여성에게 꿈이 보낸 경고

한 여성이 꿈에서 놀라운 응답을 받은 경험을 들려주었다. 그녀는 밤에 잠을 청하면서 "잠재의식의 무한한 지성이 ________ 의 청혼에 대한 답을 보여줄 것이다."라고 긍정했다. 그리고 죄수복을 입은 약혼자가 철창에 갇혀 있고 총을 든 간수가 그 앞을 지키고 있는 이상한 꿈을 꾸었다. 꿈속에서 한 남자가 나타나 그녀에게 물었다. "이 남자를 못 알아보겠어요?"

깜짝 놀라 꿈에서 깨어난 그녀는 직관적으로 꿈속의 그 남자가 약혼자라는 사실을 알아차렸다. 그녀는 형사인 남동생에게 전화해 약혼자의 신원조회를 부탁했다. 남동생은 그가 뉴욕에 버려둔 아내가 있으며, 감옥에 5년간 복역했다는 사실을 밝혀냈다. 하지만 이 모든 사실을 그녀에게 숨기고 있었다. 그녀는 당장 약혼을 파기했으며, 귀 기울이기만 한다면 항상 우리를 보호하려고 노력하는 내면의 인도에 깊은 감사를 표했다.

"나 주님이 환시 속에서 나 자신을 그에게 알리고 꿈속에서 그에게 말할 것이다."(민수기 12장 6절)

## 잠자기 전 마음의 준비를 하는 법

나른하게 졸린 상태가 되면 잠재의식이 활성화되어 정신적으로 매우 민감해진다. 잠들기 전에 가지고 있던 생각과 느낌은 즉시 잠재의식으로 전달되고, 인도를 구하는 요청이나 바람에 따라 작동하기 시작한다. 잠재의식의 창조적인 힘은 마음이 '깨어난' 상태가 되면 의식의 욕망과 생각, 가르침에 따라 반응하고 행동하도록 대기하고 있다.

잠재의식은 매우 비인격적이며 비선택적이라는 사실을 기억하자. 그러니 부정적 생각이나 분노, 증오 같은 감정뿐만 아니라 긍정적인 생각도 받아들여 이에 따라 행동한다. 잠재의식은 긍정적이든 부정적이든 상관없이 당신 내면에 축적된 생각과 감정을 확대하고 증식한다. 그러므로 모든 불안하고 혼란한 생각으로부터 마음을 정화하는 게 매우 중요하다. 신의 에너지가 당신을 따라 건설적으로 흐를 정결한 통로를 만들어야 하기 때문이다.

## 매일 밤 실천할 효과적인 기법

오늘 하루 겪은 일을 되새겨보며 혹시 어떤 분쟁이나 다툼, 고민거리가 있다면 다음과 같이 조용히 긍정하라.

> 나는 이러한 부정적인 생각을 품고 이런저런 문제에 부정적으로 대처한 나 자신을 너그럽게 용서한다. 다음에는 올바른 방식으로 이러한 문제에 대처하겠다고 결심한다. 나는 내 주변 모든 사람과 이 세상 모든 사람을 향해 사랑과 평화, 기쁨, 선의를 발산한다. 하나님의 사랑이 내 영혼을 채워 나는 내 동료들과 모든 사람의 성공과 행복에 진심으로 기뻐한다. 나는 평화롭다. 나는 오늘 밤 평화롭게 잠들고, 기쁨 속에서 깨어나며 하나님 안에서 산다. 내 기도에 기쁘게 응답받음을 감사한다.

## 어머니의 꿈이 딸을 지키다

최근 한 여성으로부터 편지를 받았다. 내 저서 《긍정적 사고의 기적Miracle of Mind Dynamic》에서 다룬 긍정하기를 자신과 딸을 위해 적용하고 있다고 하면서 꿈 이야기를 들려주었다. 어느 날 밤 그녀는 고등학생 딸이 어느 소년에게 강간당하고 목이 졸리는 참혹한 꿈을 꾸었다. 시골길 도로변 차 안이었다. 이 끔찍한 악몽에 그녀는 비명을 지르며 깨어났다. 그녀는 피할 수 없는 악몽이란 없으며 하나님에 집중하면 이 비극은 분명 막을 수 있다고 확신하고, 이 꿈의 경고에 따라 행동하기로 결심했다. 그리고 다음과 같이 긍정했다.

내 딸은 하나님의 자녀이다. 내 딸은 하나님 품 안에 있다. 하나님은 조화와 평화, 아름다움, 사랑, 기쁨, 힘 자체이시다. 내 딸은 하나님의 거룩함에 젖어 있고 하나님의 완전한 갑옷이 아이를 감싼다. 내 딸은 이 아이를 사랑하시는 하나님의 보호를 받고, 그 전능한 분의 그늘에 산다.

10분 정도 명상한 뒤, 이 어머니는 마음의 평화와 평온함을 느끼며 다시 잠이 들었다.

다음 날 아침, 이 어머니는 멀리 떨어져 있는 딸에게 전화를 걸었지만, 학교가 있는 주는 그날이 휴일이었기에 연락이 닿지 않았다. 그녀가 할 수 있는 건 기도뿐이었다. 그녀는 낮 동안 계속해서 딸을 위해 기도했다. 밤이 되자 딸에게 전화가 왔다. “엄마, 어젯밤 꿈에 엄마가 나타나서는 어떤 남자애랑 차 타고 나가지 말라고 사정하더라고요. 걔가 굉장히 공격적이라 제가 나중에 후회할 일이 생긴다면서요. 꿈인데도 엄청 황당했어요. 그런데 오늘 아침에 걔가 전화해서

교외로 바람 쐬러 드라이브나 가자고 하더라고요. 전 아프다는 핑계로 거절했지요. 그리고 저 대신 다른 여자애가 개랑 외출했어요. 제가 꿈 얘기를 들려주며 얘기했는데도 무시하고 나간 거예요. 그런데 그 남자애가 제 여자친구를 강간하고 목 졸라 죽일 뻔했대요. 그 여자친구는 지금 병원에 있고, 경찰이 그 남자애를 수색 중이래요. 집에도 돌아오지 않았거든요."

가족이나 사랑하는 사람들, 또는 가까운 친구들 사이에는 항상 텔레파시가 통한다. 딸을 향한 어머니의 긍정 확언이 딸의 마음에 전해져, 미래에 일어날 뻔한 잠재적 재앙을 막을 수 있었다.

성경에서는 말한다. "그분께서 당신 천사들에게 명령하시어 네 모든 길에서 너를 지키게 하시리라. 행여 네 발이 돌에 차일세라 그들이 손으로 너를 받쳐 주리라."(시편 91편 11-12절)

7장

# 꿈의 신비를 통해 문제를 해결하고 목숨을 구하기

나는 많은 사람을 상담하며 각계각층의 사람이 꿈에 매료된다는 사실을 발견했다. 오늘날 의학계에서는 심리학자와 의사가 팀을 이루어 인간의 꿈 생활에 대해 실험을 진행한 결과, 인간은 누구나 꿈을 꾼다는 결론에 도달했다. 더불어 광범위한 실험 사례를 통해 피실험자들이 꿈꾸는 동안 간헐적으로 깨어나며 꿈 생활이 부족할 경우에는 정신과 감정은 물론 신체적인 불편함까지 야기할 수 있음을 밝혀냈다.

프로이트, 융, 아들러라는 이름은 누구나 한 번쯤 들어봤을 것이다. 이들은 피실험자들의 꿈을 분석해 명성을 얻었다. 피실험자들의 꿈에 대한 연구를 통해 이들은 심리학을 정신분석학(프로이트), 분석심리학(융), 개인심리학(아들러)으로 발전시켰다. 이 세 사람 모두 꿈 영역에 대해 광범위하게 저술했으며, 그 해석과 결론은 상당히 다양하다. 이들의 견해는 서로 상충되고 불일치하는 부분이 많기 때문에 여기서는 그 차이에 대해 다루지 않겠다.

이런 부분은 차치하고도, 이 책과 이번 장에서는 당신의 문제를 해결할 열쇠가 종종 꿈속에서 명확하게 제시된다는 사실을 보여주고자 한다.

## 빌리는 어떻게 꿈을 통해 문제를 해결했나

빌리는 12세 소년이다. 그는 가끔 내 강연을 듣는데, 내가 부모들에게 12세 이상의 소년 소녀라면 내 강의를 듣게 해야 한다고 했기 때문이다. 그 나이 정도면 내 가르침을 대부분 이해할 수 있다.

어느 날 빌리가 그의 어머니가 《보물섬》이라는 책을 주었다고 말했다. 하와이에 대한 책이었다. 그는 이 책을 매우 흥미롭게 읽었다. 그리고 잠재의식이 어떻게 작용하는지 어느 정도 알고 있던 터라 매일 밤 잠들기 전에 그의 잠재의식에 다음과 같이 말했다.

"난 방학 때 하와이에 갈 거야. 비행기를 탈 거고, 바다에서 수영하고 어떤 섬에서는 자전거를 탈 거야. 그리고 펜트하우스에 묵을 거야. 명확히 대답해 줘."

빌리는 이 소망을 부모님이나 남동생에게 이야기하지 않았다. 그리고 잠재의식에 이렇게 암시하면서 꿈을 꾸었다. 꿈에서 그는 마우이 힐튼이라는 펜트하우스 호텔과 하와이 제도 중 하나인 마우이섬을 또렷이 보았다. 다음 날 그는 어머니에게 말했다. "엄마, 우리는 휴가로 하와이를 갈 거예요." 그러고는 자세한 내용을 설명했다. 어머니는 웃으며 말했다. "글쎄, 처음 듣는 얘긴데? 어디서 그런 얘기를 들었어?" 빌리가 대답했다. "제가 아는 건 우리가 하와이로 여행 가서 펜트하우스에 묵을 거라는 것 뿐이에요." 어머니는 어린아이의 상상으로 치부하며 그의 꿈 내용을 무시했다.

2주 후, 빌리의 꿈에 대해 아무것도 모르던 아버지가 빌리가 시험을 잘 봤으니 휴가 때 온 가족이 함께 하와이에 가자고 제안했다. 아버지는 해군 장교로 복무하면서 하와이의 매력에 푹 빠졌다면서, 본인이 모든 비용을 대겠다고 말했다.

빌리가 외쳤다. "제 말이 맞잖아요, 엄마! 우리 하와이에 간다고 했잖아요!" 빌리의 꿈은 정확히 들어맞았다. 펜트하우스까지 그가 본 그대로였다.

이 소년의 꿈은 분명히 실현되었다. 잠재의식은 암시에 순응한다. 그래서 빌리가 "명확히 대답해 줘."라고 말하자 그의 잠재의식이 그대로 응답한 데도 주목해야 한다.

## 꿈꾸기의 중요성

몇 년 동안 나는 잠들기 전 내 잠재의식에 이렇게 암시했다. "나는 말 그대로 명확히 꿈을 꾸며 그 꿈을 기억한다." 그리고 시간이 지나며 내 잠재의식을 설득하는 데 성공한 것 같다. 내 꿈의 90퍼센트 가까이를 마치 조간신문을 읽듯이 생생히 기억할 수 있다. 꿈에서 나는 내 긍정 확언에 대해 많은 응답을 받는다.

의식은 잠자는 동안 마음의 활동을 지시할 수 있으며 실제로 그렇게 한다. 우리는 '나쁜 꿈', 우리를 두렵게 하는 악몽의 재발을 막을 수 있다. 의식은 잠재의식을 통제한다. 그래서 낮 동안 성찰과 상상력을 기르는 데 사용하는 생각과 단상을 선택하고 거부하는 능력을 발휘해 꿈의 본질을 바꿀 수 있다. 이런 식으로 하다 보면, 꿈을 통제하는 습관이 점차 체화될 것이다.

## 꿈이 어떻게 목숨을 구했나

신도 중 한 사람이 전화를 걸어 유럽 여행을 가는 데 축복해달라고 부탁했다. 나는 다음과 같이 긍정하며 축복해주었다.

> 신의 사랑과 조화가 당신 앞에 나아가 당신의 길을 기쁨과 행복, 영광으로 닦습니다. 생명과 사랑, 진리, 아름다움을 선하는 하나님의 전령이 항상 당신을 보호하며, 당신이 어떤 전달 수단을 사용하든 이 지점에서 저 지점으로 자유로이 기꺼이 이동하는 하나님의 생각을 드러냅니다. 당신은 늘 저 높으신 분의 은밀한 궁창에 있으며, 모든 것을 내려다보시는 분의 보호를 받습니다.

그날 밤, 내 꿈에서 이 여성이 영국에서 프랑스행 비행기 티켓을 사는 광경과 그녀가 탄 비행기가 화염에 휩싸이는 광경을 보았다. 다음 날 아침, 그녀에게 전화를 걸어 나는 잠재의식에 암시하기 때문에 그에 따른 꿈을 꾼다고 말하며, 유럽에 있는 동안 프랑스 여행 계획이 있느냐고 물었다. 그녀가 그렇다고 대답하자, 나는 꿈에서 본 광경을 전하며 프랑스로 가는 비행기를 타지 말라고 조언했다.

그러자 그녀가 대답했다. "전화해주셔서 정말 감사합니다! 그렇지 않아도 저세상에 있는 오빠가 꿈에 나타나서 '영국에서 프랑스 페르피냥으로 가는 비행기를 타지 마.'라고 하고는 사라지더군요. 재앙이 일어날 것 같은 느낌이 들어 그 여정을 취소했답니다."

그 후, 88명이 목숨을 잃은 치명적인 소식이 뉴스 헤드라인에 실렸다.

꿈의 원인이 무엇이었는지는 쉽게 짐작할 수 있다. 우리는 전화로 함께 기도하면서 모든 것을 보고 모든 것을 아는 잠재의식을 활성화했고, 잠재의식이 그녀에게는 상징적으로, 내게는 직접적으로 반응했다.

자기보호는 삶의 첫 번째 원칙이고, 당신의 잠재의식은 항상 모든 위험과 위해로부터 당신을 지키고 보호하려 한다. 여기에 더해, 조화와 불화는 공존하지 못한다는 점을 기억해라. 그녀는 신의 사랑과 조화가 자신 앞에 나아가며 자신의 길을 곧고 기쁨이 넘치게 닦아준다고 긍정했기에 불이 난 비행기에 타지 않을 수 있었던 것이다.

그녀 오빠의 등장은 그녀의 잠재의식이 극적으로 표현된 것이다.

잠재의식은 모든 것을 알고 있기에 당신이 누구의 말을 귀담아 들을지 알고 있었다. 그들 남매는 아버지가 일찍 돌아가셔서 오빠가 그녀를 키웠다. 그는 아버지처럼 여동생을 대학에 보내고 모든 학비를 부담했다. 그는 그녀의 꿈에 나타나기 몇 달 전에 저세상으로 떠났다.

## 꿈에서 잠재의식을 통제한 방법

유령 이야기를 즐겨 보던 한 어린 소년이 어머니 손에 이끌려 나를 찾아왔다. 밤마다 하얀 시트를 뒤집어쓴 유령 같은 남자가 무서운 얼굴로 이렇게 말했다 "내가 널 데려가겠다. 넌 나쁜 아이니까." 이 꿈은 이 어린 소년을 피폐하게 만들었다. 매일 밤 비명과 함께 울며 깨어났기 때문이다.

나는 소년에게 그의 깊은 내면은 잠들기 전 그의 의식에 담긴 생각과 그림을 확장한다면서, 유령 이야기를 그만 읽게 했다. 그리고 덧붙여 제안했다. "그 귀신 같은 노인이 또 꿈에 나오면 친절하게 대해보렴. 아마 그 노인은 외로운 사람인데 아이들을 정말 사랑하는 걸거야. 그는 네가 친절하게 대해 주길 바란단다. 어쩌면 아들을 잃었는데 그 아들과 닮은 아이와 친해지고 싶은 걸지도 몰라. 오늘 밤 잠들었을 때 그 노인이 또 찾아오면 이렇게 말해 보렴. '안녕하세요. 전 당신 친구이고 당신을 좋아해요.' 그리고 악수를 하고 네 어머니가 만든 쿠키를 몇 개 주겠다고 해 봐."

그날 밤, 소년은 쿠키를 침대로 가져가 베개 밑에 두고 잠들었다. 그 남자가 다시 꿈속에 나타났을 때 소년이 잠결에 "안녕하세요. 전 당신 친구이고 당신을 좋아해요. 여기 쿠키 좀 드세요. 저희 엄마가 만든 건데 아주 맛있어요." 하고 이야기하는 소리가 옆 침대에서 자고 있던 어머니에게 들렸다. 그러더니 소년은 베개 밑에서 쿠키를 꺼내 그 유령에게 건넸다. 그러자 그를 압도하던 공포가 누그러졌다. 소년은 끔찍한 악몽에서 벗어나 마음이 편안해진 상태에서 깊고 편안한 잠에 빠질 수 있었다.

소년은 나의 제안을 받아들이고 그 지시를 따랐다. 덕분에 무의식적으로 그의 마음에 스며든 두려움을 없앨 수 있었다. 잠결에 소위 망령과 친구가 됨으로써 그의 괴로운 마음에 평화가 찾아왔다.

## 불안감을 주는 꿈을 어떻게 바꿀 수 있을까

살인이나 탐정 소설을 읽거나 TV에서 폭력적인 드라마를 보면, 잠들 때 이러한 불편한 생각과 이미지가 잠재의식으로 들어간다. 깊은 내면은 잠재의식에 새겨진 모든 것을 과도하게 확장하고 극적으로 각색하여 사자나 호랑이, 야생동물들에게 공격받는 등의 악몽으로 나타난다. 나는 악몽에 시달리는 많은 이에게 잠들기 전 다음과 같이 긍정하게 한다.

나는 내가 왜 이런 식으로 꿈을 꾸는지 알며, 그것이 단지 꿈이라는 것도 안다. 나는 여전히 꿈속에 있으며, 악몽은 멈추고 바뀐다. 하나님의 사랑이 내 영혼을 채우고, 나는 밤새 평화 속에서 꿈꾸고 기쁨 속에서 깨어난다.

이 기법은 누구에게나 효과적이다. 공포 괴담이나 살인 소설을 읽거나 전쟁 영화, 혹은 사이코패스가 등장하는 프로그램을 보고서 꾸는 악몽을 퇴치하려면 이 간단한 방법을 수행하면 된다.

모든 사람에게 내가 제안하는 방법은 시편 23편, 27편, 42편, 46편, 91편, 100편처럼 아름다운 구절을 잠들기 전 몇 차례 읽는 것이다. 그러면 잠재의식에 들어간 유해한 패턴이 중화되고 사랑과 선함이 새겨진다. 당신이 잠재의식에 새긴 것은 늘 형태, 기능, 경험, 사건으로 표현된다.

## 꿈에서 답을 얻은 판사

내 클럽의 회원인 어느 지방법원 판사가 자신이 꾼 흥미로운 꿈 이야기를 들려주었다. 그는 5일 연속으로 '머피 스트리트'라고 쓰인 거리 표지판을 보고 있다가 내가 공개 강연하는 로스앤젤레스의 윌셔 에벨 극장에서 수많은 군중과 함께 있는 꿈을 꾸었다. 그는 꿈속에서 나를 보지는 못했지만, 그 꿈은 그를 괴롭혔다. 그가 아내에게 꿈 얘기를 하자, 아내는 내게 얘기해보라고 제안했다. 나는 이렇게 대답했다.

"일반적으로 어떤 꿈을 밤마다 반복적으로 꾼다는 것은 잠재의식이 그것을 계속 드라마화하고 있기 때문입니다. 그 내용이 자신에게 매우 중요하므로 사법 절차상 배심원단이 반드시 알아야 하는 법의 핵심 내용을 강조하는 것과 마찬가지로 꿈에서 그 내용을 강조해 전달하는 거죠." 그리고 꿈은 개인적이기 때문에 꿈의 해석은 그의 시각과 일치해야 한다고 덧붙였다.

나는 나의 직관으로 그 꿈을 해석했다. 윌셔 에벨 극장 근처에 '머피 스트리트'는 없지만, 그의 잠재의식은 나름의 이유로 다음 일요일에 진행될 '불의에 대한 영적 접근' 강의를 듣고 싶었다. '머피 스트리트'의 상징적 의미는 의심할 여지 없이 강연자인 나를 가리킨다.

판사는 깊은 생각에 잠겼다가 입을 열었다. "맞습니다. 저는 판결을 내리기까지 며칠 밤을 잠을 설치며 고민합니다. 그리고 이럴 때마다 어떻게 영적으로 접근할지 궁금했습니다. 인간이 나타난 이래 이 세상에는 수많은 불평등과 부당함이 존재하기 때문이지요."

그는 그 주 일요일 강연에 왔다가 나와 악수를 나누며 말했다. "박사님 말씀이 옳았고 제 꿈이 옳았습니다. 저는 답을 얻었어요. 이제 어떻게 판결을 내려야 할지 알게 되었습니다."

잠재의식이 작용하는 방식은 우리가 아는 범위를 넘어서 있다. 성경은 다음과 같이 잠재의식의 작용을 언급한다. "내 생각은 너희 생각과 같지 않고 너희 길은 내 길과 같지 않다. 주님의 말씀이다. 하늘이 땅 위에 드높이 있듯이 내 길은 너희 길 위에, 내 생각은 너희 생각 위에 드높이 있다."(이사야 55장 8-9절)

## 성경 공부하는 신학생의 꿈에서 주어진 응답

최근 신학교 4학년 학생이 나를 찾아왔다. 그는 프로이트가 선구적으로 내린 꿈의 정의에 따르면 꿈은 성취된 소원을 상징한다는데, 자신의 어떤 꿈과는 전혀 맞지 않는다고 말했다.

우리는 꿈에 대해 토론하며, 나는 잠재의식은 그를 심각하게 괴롭힐 수 있는 것이면 무엇이든 꿈에 투영될 수 있다고 말했다. 성경이나 종교 공부에 깊이 집중하는 일상의 외적인 마음이 누군가를 생각할 때면 성경 구절에서 상징적인 표현이나 꿈에서 어떤 인물들을 찾기 마련이다. 이럴 때면 사도행전 10장 9절부터 시작하는 베드로가 환시를 보는 부분인 "하나님께서 깨끗하게 만드신 것을 속되다고 하지 마라."를 읽었다. 베드로의 꿈속에서 직관의 목소리가 말하자 어떻게 그의 딜레마가 깨끗이 해결되는지 살펴보자.

## 신학생의 꿈

이 신학생은 며칠 밤 동안 깊은 잠에 빠졌을 때 빛나는 검과 예수님처럼 보이는 한 남자가 그 검을 휘두르는 모습을 보았다. 그리고 뒤이어 "나는 평화가 아니라 검을 가지고 왔다."라는 글이 보였다.

"이 꿈이 대체 무슨 의미인지 교수님께 여쭤봤더니 '잊어 버리게. 그저 꿈일 뿐이야. 자네가 성경을 읽다 보니 그 내용이 환영으로 나타난 걸세.'라고 말씀하실 뿐이었습니다."

그 젊은이는 말했다. "저는 지금 굉장히 불안합니다. 그래서 우리 종교 기관에 속한 정신과 의사를 만나고 있습니다. 그 의사가 처방해 준 진정제가 효과가 있어서 마음은 진정되었지만, 저는 여전히 제가 읽고 듣고 배우는 모든 것에 진지한 의문이 듭니다. 저는 성경을 문자 그대로 못 받아들이겠습니다. 나는 모든 사람은 하나님의 자녀이며, 하나님은 사람을 차별하지 않으시며, 어떠한 교리나 교회가 진리를 독점하지 않는다고 믿습니다."

## 나의 해석과 그의 반응

꿈 해석에 대한 성경의 설명은 예언적이며 신성의 영감을 받은 꿈의 중요성을 나타내는데, 이러한 예시는 구약성경, 신약성경 할 것 없이 매우 많이 등장한다. 성경의 언어는 상징적이고 비유적이며 우화적이고, 성경의 모든 이야기는 영감을 받은 작가들의 잠재의식에서 비롯되었다.

성경에서 말하는 검(劍)은 사람들 사이에 만연한 미신, 무지, 잘못된 믿음, 모든 두려움을 베어내는 하나님의 진리를 나타내는 오랜 상징이다. 자기 존재의 진실과 의식 그리고 잠재의식의 작용을 알게 되면, 자신이 운명의 주인임을 알게 된다. 하나님의 진리는 사람을 각성시켜 마음속에 갈등을 일으키고, 그가 품고 있던 모든 잘못된 가르침, 교리, 신조, 전통에 도전하며 그에게 사랑이신 하나님을 말한다.

진리의 검은 왕겨와 밀을, 거짓과 진실을 구별한다. 이 검은 인간이 만들어낸 신학, 인간들의 의견, 전례, 의식이 아닌 보편적 진리의 관점에서 판단하는 신의 추론을 상징한다. 나는 이 젊은이에게 설명했다.

"당신의 꿈은 외부적 현상이나 신학적 복잡성이 아닌 화학, 물리, 수학 법칙처럼 근거가 확실하고 정당한 정신적이고 영적인 법칙에 따라 스스로 추론하라고 말하고 있습니다. 당신 안의 신의 존재는 당신에게 현재의 믿음과 완전히 단절하고 모든 사람에게 응답하는 당신 내면의 신성을 받아들이라고 말하고 있습니다. 어제, 오늘 그리고 영원히 변치 않는 하나님의 우주적인 보편적 진리에 근거해 결정을 내리세요. 당신 내면의 신의 진리는 하나님의 선함, 하나님의 사랑, 하나님의 조화, 당신의 힘이신 주님의 기쁨을 믿고 나서야 당신에게 안식을 주실 것입니다."

이 젊은이는 마음속에서 끔찍한 갈등을 빚고 있었다. 그는 마음으로는 거짓이라고 믿으면서 입으로만 믿는다고 공언하고 있었다. 이러한 갈등은 정신적 붕괴를 일으켜, 결국 정신의학적 관심과 약물 치료를 받아야 하는 단계에 이르렀다. 그러나 약의 효과가 사라지면, 정신적 상처 즉 트라우마가 다시 그 추악한 고개를 들고 말했다. "나 아직 여기 있다. 날 해결해야지!" 그리고 꿈이 다시 시작되었다.

## 해결책

내 말에 젊은이가 대답했다. "박사님의 말씀 한 마디 한 마디가 제 마음의 진실인 것 같아요. 부모님이 뭐라 하시든 어떻게 생각하시든 상관없이, 저는 당장 신학교를 그만두고 제가 정말로 믿는 것을 실천하겠어요."

그는 현재 대학에서 심리학을 공부하며 마음의 과학과 잠재의식의 힘에 대해 연구하고 있다. 그리고 사랑스러운 아가씨와 결혼하고 새로운 공부를 하면서 매우 행복한 삶을 살고 있다. 그는 비종파적 목사가 되어 성경을 심리적 영성적으로 해석해주는 사람이 되겠다고 결심했다.

## 성경은 사제의 기도에 어떻게 응답했나

얼마 전, 아주 중요한 교구의 사제인 한 친척과 함께 저녁 식사를 했다. 그는 교회의 몇몇 지도자들과 주교와의 관계에서 상당한 어려움을 겪고 있던 터라 이 문제를 어떻게 해결할지 하나님의 인도를 구하며 기도하고 있다고 털어놓았다.

"조, 자네는 성경의 내적 의미를 가르치잖나. 물론 나는 자네의 가르침에 전적으로 찬성하지는 않지만, 동의하는 부분도 있어. 내가 지난 몇 달 동안 네다섯 번 같은 꿈을 꾸었는데, 이 꿈에 대해 어떻게 생각하나? '오른쪽으로도 왼쪽으로도 벗어나지 말고 악에서 발길을 돌려라.'(잠언 4장 27절) 하는 잠언 구절을 보는 꿈이었네."

"글쎄, 톰, 난 자네가 그 꿈의 의미를 나만큼 잘 알고 있다고 확신해. 그리고 그건 신의 인도를 청한 자네 기도에 대한 응답이 분명해. 그 의미는 객관적(오른손)으로나 주관적(왼손)으로나 이 상황에 대해 아무것도 하지 말라는 걸세. 다시 말해, 더 이상 기도할 게 없다는 거지.

성서 상징설에서 발은 이해를 의미해서, 악마의 발을 제거하는 것은 문제에 대한 근심과 부정적인 생각을 멈춘다는 의미잖나. 자네 안의 악마가 다른 이나 조건에는 힘을 쓰더라도 자네 내면의 하나님에게는 힘을 쓰지 못할 것이기 때문이지."

내가 말했다.

"가만히 앉아서 아무 말도 하지 않고 아무것도 하지 않은 채, 하나님께서 그 일을 해결하시도록 기다리라는 뜻인가?"

그가 물었다.

"그렇네." 내가 말했다. "바로 그 뜻이야. 하지만 자네 해석과 일치하지 않는다면, 바른 해석이 아니겠지."

톰이 말했다. "그래, 잘 알겠네!"

한 달여 동안, 그에게 삐딱하게 굴었던 주교가 세상을 떠났고 말썽을 일으키며 그를 다른 교구로 쫓아내려던 사람들은 각자의 조직에 의해 다른 도시로 보내졌다. 며칠 전 밤, 톰이 전화를 걸어 말했다. "조, 그 꿈이 맞았어. 대체 왜 그 구절이 꿈에 나왔을까?"

나는 이렇게 대답했다. "톰, 내가 아는 건 말일세, 성경에서 그렇게 말씀하셨다는 거야. '나의 주님이 환상으로 나를 그에게 알리기도 하고 꿈으로 그와 말하기도 하거니와'(민수기 12장 6절)"

8장

# 초감각적 지각 발휘하기

이 책은 인간 문제를 해결하는 정신적 열쇠를 다룬다. 나는 인간을 괴롭히는 가장 복잡한 문제들에 대한 답이 잠재의식의 영역에서 나온다는 사실을 발견했다. 아홉 살 무렵, 나는 마음의 고차원적 기능에 깊은 관심을 갖게 되었고, 시골 외딴 지역에 살고 있는 농부들의 문제를 해결하는 직관적인 심령의 힘을 목격하고 이에 경탄했다.

## 초감각적 지각이 잃어버린 아들을 찾게 하다

내가 아주 어릴 때, 우리 집에서 500미터 정도 떨어진 곳에 제리라는 농부가 살고 있었다. 나는 들에서 놀다가 종종 그의 집에 들러 이것 저것 그를 도와주며 특별한 기쁨을 느끼곤 했다. 어느 날 그가 주변을 둘러보는데 아들이 보이지 않았다. 밤이 되었는데도 아들은 돌아오지 않았다. 제리는 정신이 아득해지고 깊은 슬픔에 빠졌다.

마을의 몇몇 사람들이 그 소년이 우리 마을 근처인 아일랜드 웨스트 코크 외딴 지역의 키드산에 오를 거라고 하는 말을 들었다고 하자, 그는 이웃에 도움을 요청했다. 마을 남자들 몇 명이 말을 타고 소년을 찾아 나섰지만, 소년의 흔적을 찾지 못한 채 밤이 되어 수색을 끝내야 했다.

그날 밤 제정신이 아닌 상태로 잠이 든 제리는 굉장히 생생한 꿈을 꾸었다. 그는 초감각적 지각을 통해 아들이 어디 있는지 알아차렸다. 그 장소는 그에게 익숙한 곳이었다. 그는 아들이 관목들 사이의 어떤 바위 근처에서 잠들어 있는 모습을 보았다. 꿈에서 깨어난 그는 동틀 무렵 당나귀를 타고 꿈에서 본 산속 그 장소로 향했다. 그는 나무에 당나귀를 묶어 두고는 걸어서 정확히 그 장소로 올라갔고, 그곳에서 덤불 아래에 잠들어 있는 아들을 발견했다. 그는 큰 안도와 행복을 느끼며 아들을 깨웠다. 아들은 그를 보고 놀라며 말했다. "아빠가 저를 찾아내실 거라고 기도했어요."

이 농부는 수많은 다른 사람이 그랬듯 초감각적 지각을 발휘해 문제를 해결했다. 이 농부는 학교에 다닌 적도 없고, 읽고 쓸 줄도 몰랐다. 마음의 법칙이나 초감각적 지각(ESP) 같은 건 조금도 몰랐다. '텔레파시', '투시', '예지' 같은 말이 어떤 의미인지도 몰랐을 것이다.

나는 제리에게 물었다. "아들이 있는 곳을 어떻게 알았어요?" 그가 대답했다. "하나님이 꿈에서 말씀해주셨단다."

내 생각보다 간단한 대답이었다. 그는 잠들기 전 아들을 떠올리며 그가 어디에 있을지 알려주십사 하나님께 간단하게 기도했을 것이다. 그러자 그의 잠재의식이 투시한 듯한 환상을 통해 그에게 답을 제시했다.

나는 정상적인 오감 채널을 통해서는 도저히 얻을 수 없는 특정 데이터와 정보를 얻은 수많은 사람을 인터뷰했다. 그들은 하나같이 얻고자 하는 답에 집중하자, 그들 깊은 내면이 꿈이나 환상, 순간적인 깨달음으로 반응했다.

## 장례 행렬을 보여준 초감각적 지각

막내 여동생 엘리자베스가 다섯 살 무렵, 우리 5남매가 다 같이 마당에서 놀고 있는데 큰 소리로 할머니의 장례 행렬을 봤다고 외쳤다. 그리고 그 행렬을 이끌고 있는 신부님의 이름을 대면서 아버지와 어머니가 말과 마차를 타고 그 행렬을 따라오고 있다고 말했다. 우리는 모두 엘리자베스를 비웃었고, 어머니는 멀쩡히 잘 살아계신 할머니가 돌아가셨다고 했다면서 장난이라기에는 지나치다면서 꾸짖으셨다. 할머니는 우리 집에서 20여 킬로미터 떨어진 곳에 사셨다. 당시 아일랜드 외딴 지역에는 전화나 전보 같은 통신수단이 없었다. 연락수단은 전령이 걷거나, 말이나 당나귀를 타고 직접 전하는 방법뿐이었다.

그날 저녁 친척 한 분이 헐레벌떡 우리 집으로 와서 할머니가 돌아가셨다는 소식을 전하며 경야(經夜)와 장례식에 참석하라고 알려주셨다. 할머니가 돌아가신 시각은 오후 2시, 엘리자베스가 신부님이 이끄는 장례 행렬을 본 바로 그때였다.

이러한 초감각적 지각을 예지라고 한다. 다음 날 장례 행렬이 엘리자베스가 묘사한 대로 이루어졌고, 그녀가 지목한 그 신부님이 장례 미사를 집전했다. 불행히도 엘리자베스는 이러한 직관적 능력으로 인해 비판과 조롱에 시달렸고, 그리하여 점차 그녀의 초감각적 지각은 억제되고 억압되었다. 그리고 차츰 그녀의 예지 능력은 약해졌다.

## 먼 곳을 보는 투시력의 대표적 사례

투시에 대한 역사 속 유명 사례는 에마누엘 스베덴보리이다. 유명 철학자 임마누엘 칸트가 그를 증명하고 면밀히 조사했다. 투시력이 있던 스베덴보리는 스웨덴 예테보리에서 과학자들과 이야기를 나누던 중 그곳에서 400여 킬로미터 떨어진 스톡홀름에 큰 화재가 일어났으며 그 발원지가 어디인지 명확한 환상을 보았다. 그리고 불이 어떻게 꺼지는지도 자세히 설명했다. 며칠 후, 스톡홀름에서 날아온 소식을 통해 그의 투시가 정확하다는 것이 입증되었다.

이러한 사례는 우리에게 시간과 공간의 한계를 넘어 자신을 투영할 수 있는 초월적인 힘이 있다는 사실을 보여준다.

## 어디에서나 활성화되는 초감각적 지각

최근 샌프란시스코로 가는 비행기 안에서 한 여성이 내 옆에 앉았다. 그녀는 몹시 당황해 정신을 못 차리는 것 같았다. 그녀가 내게 신문을 건넸다. 그 순간 나는 갑자기 "남편을 떠나오셨나요?" 하고 묻고 싶은 충동이 들었다. 그리고 용감하게 그렇게 물었다! 그녀는 당황한 표정으로 물었다. "네, 맞아요. 그런데 어떻게 아셨죠?" 내가 대답했다. "직관적으로 그렇게 느껴졌습니다."

그러자 그녀가 말했다. "아! 그런 게 보인다는 심령술사 같은 분이시군요." 나는 이렇게 답했다. "아뇨, 그렇지 않습니다. 다만 내게 답을 보여주는 잠재의식으로부터 가끔 무의식적으로 뭔가 불쑥 떠오른답니다. 저는 이러한 현상이 마음의 법칙과 인간 내면의 무한한 영혼의 길을 실천하는 사람에게 나타난 것이라고 믿습니다."

"아, 알겠어요." 그녀가 말했다. "오늘 아침 남편과 헤어졌습니다. 이혼이 확정되는 대로 샌프란시스코에 사는 남자와 함께 호주로 떠날 계획이에요. 그런데 지금 제 선택이 옳은지 아닌지 잘 모르겠네요. 둘 사이에서 고민 중이랍니다."

그녀의 얘기를 들으니 이쪽 방면에 관련한 조언을 해주지 않을 수 없었다. 나는 그녀가 진정 원하는 것은 자신을 사랑하고 아껴주는 이상적인 상대를 찾는 것 같은데, 이러한 사랑은 반드시 상호적이어야 한다고 조언했다. "당신은 지적으로나 영적으로나 모든 면에서 완벽하게 당신과 조화를 이룰 남성을 원합니다. 그리고 현재 남편에게는 분노와 짜증이 가득 차 있지요. 그런 부정적인 감정을 가진 채 뭔가를 결정하는 건 어리석은 일입니다."

## 그녀를 위한 긍정 확언

나는 그녀를 위해 긍정 확언을 쓰고 이걸 긍정하면 며칠 내에 어떠한 응답이 올 것이라고 말했다. 더불어 결혼하려는 남성과 잠시 연락을 자제하고 내면의 안내를 기다리라고 했다. 다음은 그녀에게 써준 긍정 확언이다.

> 나는 인생에 올바른 행동의 원칙이 있음을 안다. 나는 내 안의 생명 원칙이 나를 통해 조화롭고 평화로우며 기쁘게 그대로 표현하려 한다는 것을 안다. 나는 우주를 인도하며 그 안의 행성들을 지배하는 최고의 지성이 내게 반응하여 올바른 판단을 내릴 수 있도록 안내할 것이라고 믿는다.
>
> 나는 지금 이 생각이나 요청을 최고의 지성이 살고 있는 내 안의 깊은 마음에 전달하여, 의식적이고 추론적인 마음에 명확히 들어온 그 지시를 따른다.

그녀는 낮 동안 이 확언을 반복했고, 잠자기 전에도 반드시 확언을 읽었다. 셋째 날 밤, 그녀는 놀라운 환영을 보았다. 세상을 떠난 오빠가 꿈에 생생히 나타나, 샌프란시스코에 있는 그 남자는 그녀의 돈을 목적으로 그녀를 이용할 뿐이라면서 그와 결혼하지 말라고 경고한 것이다. 그리고 "네 남편에게 돌아가렴." 이렇게 말하는 목소리가 들리더니 오빠가 사라졌다.

이것이 초감각적 지각의 작용이다. 마음의 더 깊은 능력은 그녀가 결혼하고자 하는 남자의 동기를 읽었다. 그리고 그가 불성실하고 정직하지 않다는 것을 알아채고 그녀에게 답을 제시했다. 즉 그녀의 잠재의식이 오빠라는 인물을 통해 그 답을 극적으로 전한 것이다. 잠재의식은 그녀가 오빠의 목소리에 귀 기울일 것임을 알고 있었다.

그녀는 드레이크 호텔에서 내게 전화를 걸어 기쁨에 찬 목소리로 말했다. "답을 얻었어요! 이제 남편에게 돌아가려고요." 이후 그들 부부가 멋지게 화해했다는 소식을 들었다. 잠재의식이 작용하는 방식은 알아내기 어렵기 때문에 우리는 확언이 어떻게 이행되는지는 결코 알지 못한다.

## 투청력으로 나타난 초감각적 지각

의사인 한 친구가 자신이 중요한 결정을 내릴 때마다 항상 내면의 목소리를 듣고 그 뜻을 따른다면서, 사무실에 있을 때나 친구들과 어울릴 때도 분명히 들리는 그 목소리는 잠재의식이 말로 표현된 것 같다고 했다. 주변 누구도 듣지 못한다는 점에서, 의심할 여지 없이 이 목소리는 내면의 인도에 대한 그녀의 한결같은 깊은 믿음에 반응한 잠재의식이 분출된 것이다. 이 내면의 목소리는 찬성할 때는 '예'라고 말하고, 반대할 때는 '아니오'라고 말한다.

그녀는 내면의 목소리가 항상 옳다고 말한다. 이 의사 친구는 상당기간 하나님이 모든 면에서 자신을 인도하고 계심을 믿도록 마음을 다스려왔다. 이제 그녀가 답을 구할 때면 깊은 마음이 자동적으로 이에 반응하는 경험을 하고 있다.

## 역사 속의 투청력

소크라테스는 자신이 '데몬'이라는 존재에 지속적으로 지시받고 인도받는다고 공개적으로 인정했다. '데몬'은 그가 귀 기울여 듣고 복종하는 내면의 경고를 인격화한 것이다. 이 내면의 목소리는 그에게 하지 말아야 할 일을 말해주었고, 그 목소리가 그에게 아무 말도 하지 않을 때는 침묵을 암묵적 동의로 여겼다. 플라톤의 《대화편》에서 '데몬' 즉 직관적 목소리가 소크라테스에게 오감을 능가하는 비범한 지식을 주었다는 내용을 확인할 수 있다.

투청력에 관련한 또 다른 주목할 만한 사례는 잔 다르크로, 놀라운 환시를 본 프랑스의 영웅이다. 역사 기록을 통해 그녀가 잠재의식의 직접적 메시지나 목소리에 전적으로 의존했음을 파악할 수 있다. 수 세기에 걸쳐 여러 뛰어난 역사학자들이 그녀의 탁월한 업적을 연구해왔다. 심리학자를 비롯해 여러 학자는 의심할 여지 없이 그녀에게 투시력, 투청력이 있었다고 결론 내렸다.

잔 다르크의 투시력은 돔레미에 살던 어린 시절에 이미 입증되었다. 그녀는 성 카타리나 성당 제대 뒤에 검이 묻혀 있다고 사람들에게 말했는데, 그곳은 그녀가 한 번도 가본 적 없는 곳이었다. 한 남자가 제대 주변의 땅을 파보니 검이 있었다. 그녀가 말한 바로 그대로였다.

## 초감각적 지각을 활용하다

몇 달 전, 루이지애나주 뉴올리언스에서 한 남자가 내게 전화를 걸어왔다. 먼저 세상을 떠난 아내가 금혼식 기념으로 그에게 선물한 백금 시계를 분명히 현금으로 2,500달러를 지불했는데, 보석상으로부터 지불 독촉을 받고 있다고 털어놓았다. 아내가 영수증을 보여줬기 때문에 그는 보석상에게 아내가 돈을 지불했으며 영수증도 갖고 있다고 주장했다. 그러나 보석상은 강경했다. 장부를 들이대며 돈을 청구했다.

이 남자는 집을 샅샅이 뒤졌지만, 어디서도 영수증을 찾을 수 없었다. 그는 내게 도움을 요청했다. "박사님, 저 좀 도와주시겠어요? 박사님의 책 《잠재의식의 힘》을 읽었는데 의지가 잠재의식의 힘을 통해 발견된다는 부분이 제게 적용될 수 있을 것 같더군요."

나는 내면의 무한한 지성이 그에게 답을 제시하게 할 테니 그것에 따르라고 말했다. 더불어 그 역시도 단호히 긍정하며 무한한 지성이 모든 것을 알고 있음을 믿어야 한다고 덧붙였다. 그러면 영수증이 어디에 있는지 알고 있는 무한한 지성은 신의 질서에 따라 그 위치를 보여줄 것이다.

일주일 정도 지났을 때 그로부터 편지가 왔다. 어느 날 밤, 잠들어 있는데 고대의 현자처럼 생긴 한 사람이 나타나 이사야의 어떤 페이지를 가리켰다. 거기에 영수증이 있었다. 그는 번쩍 눈을 뜨고 일어나 서둘러 서재로 갔다. 꿈에서 본 성경의 그 페이지를 펼치니 정말 영수증이 꽂혀 있었다. 그의 무한한 잠재의식이 의식의 힘을 초월해 답을 준 것이다.

## 초감각적 지각을 기능하게 하는 법

'심사숙고하다(sleep on it)'라는 표현에는 지혜가 담겨 있다. 이는 의식이 고요한 상태에서 구하는 해결책이나 답에 주의를 집중하면 지혜와 힘, 무한한 지성으로 가득 찬 깊은 내면의 마음이 자신에게 반응해 문제를 해결하게 한다는 의미이다.

만약 뭔가를 잃어버려서 사방을 뒤졌는데도 안 나온다면, 안절부절

초조해하지 말고 마음을 편안히 하고서 당신의 요청을 잠재의식에 전하며 이렇게 말해라.

> 내 잠재의식 속의 무한한 지성은 모든 것을 알고 있다. 그것은 이것이 어디에 있는지 알고 있으므로 내게 명확하고 구체적으로 그 위치를 보여준다. 나는 그것으로 신의 인도를 받는다. 나는 나의 마음을 깊이 믿는다. 나는 긴장에서 벗어나 편안하다.

긴장을 풀고 편안하며 초연한 상태로 다른 무언가에 몰두할 때, 잠재의식의 초감각적 지각 능력은 당신이 잃어버린 것으로 직접 이끌 것이다. 당신은 그것을 꿈속 환영으로 볼 수도 있고, 그것이 있는 곳으로 직접 인도될 수도 있다.

성경에도 씌어 있다. "하나님은 당신께서 사랑하시는 이에게는 잠을 주신다."(시편 127편 2절) 이 말씀을 따르면 우리 모두 훌륭한 유산을 물려받을 것이다!

9장

•

# 극기라는 비밀의 힘을 이용하기

마가복음 11장 23절의 말씀이다.

"내가 진실로 너희에게 말한다. 누구든지 이 산더러 '들려서 저 바다에 빠져라.' 하면서, 마음속으로 의심하지 않고 자기가 말하는 대로 이루어진다고 믿으면, 그대로 될 것이다."

이 말씀에 담긴 진리는 결코 당신을 실망시키지 않고 완벽한 삶을 살 수 있는 무한한 힘을 줄 것이다. 성경에서 말하는 이 산은 당신이 직면한 어려움, 난관, 난제를 상징한다. 이것들이 압도적이고 위압적으로 보이겠지만, 무한한 힘을 믿고 의심하지 않는다면 단호하게 긍정하라.

## 실의에 빠진 여성은 어떻게 자신을 극복했나

몇 년 전, 강연차 호놀룰루에 갔을 때 실의와 극심한 우울에 시달리는 젊은 일본 여성이 나를 찾아왔다. 그녀는 겨우 서른 살이었는데 자궁적출과 가슴절제 수술을 비롯해 광범위한 부분에 수술을 받았다. "저는 이제 여자라고 할 수 없어요. 아이를 낳을 수도 없고, 아무도 저를 원하지 않아요." 나는 그녀에게 에머슨의 말을 인용해 조언했다. "당신은 하나님의 기관이며 하나님께서는 당신이 있는 곳에서 당신을 필요로 하십니다. 그렇지 않으면 당신은 여기에 있지 않았을 것입니다."

나는 그녀에게 우리는 인생을 살며 실의와 좌절을 겪기 마련이며 누구에게나 시련과 어려움이 찾아오지만, 우리에게 실의와 우울을 극복할 힘을 주는 무한한 힘이 있어서 그러한 상황을 극복하고 이겨내는 데 기쁨이 있다고 설명했다.

그런 다음, 우울증을 극복할 가장 빠른 방법은 다른 사람에게 그녀의 재능과 사랑, 친절, 능력을 진심으로 베푸는 것이라고 조언했다. 그러면 자신에게만 몰두하며 빠진 자기 연민과 자기비하에서 벗어날 수 있다. 그녀에게 간호사라는 본업으로 돌아가 다른 사람들을 더 열심히 보살피며, 모든 환자에게 하나님의 치유의 사랑을 쏟고 타인에게 그녀 내면에 있는 신의 자아를 바치는 데 전념하라고 권했다. 자기중심적인 사람은 좀처럼 행복해지기 어려우며, 충만한 삶을 사는 비결은 다른 사람들에게 더 많은 활력과 사랑, 기쁨, 행복을 전하는 것임을 되새겨주었다.

또한 맛있는 음식을 맛보듯 말씀의 의미를 음미하며 하루에 몇 번씩 시편 42장을 큰소리로 읽으라고 조언했다. 이는 성경 말씀이나 긍정 확언을 입으로만 웅얼대는 것이 아니라 그 안에 담긴 위대한 진리를 느끼고 감지함으로써 그녀의 마음이 내면의 무한한 힘에 의해 변화하여 하나님과 깊고 근본적인 일체감을 확립하기 위한 것이다.

## 그녀는 하나님의 임재를 어떻게 실천했나

그녀는 내 조언에 따라 간호사로 돌아가 모든 환자에게 호의와 사랑, 격려를 쏟으며 그들을 믿음으로 치유하고 타오르게 하시는 하나님의 무한한 능력에 대해 말했다. 그리고 내게 보낸 편지에서 그 후 2년 동안 단 한 명의 환자도 죽음으로 잃지 않았다고 전했다. 그녀는 자신이 보살피는 모든 환자를 위해 이렇게 기도한다. "하나님은 생명이시며 그분의 생명과 사랑, 권능은 이제 ________에게 발현된다." 그녀는 보살피는 환자를 위해 끊임없이 이 기도를 드렸다. 이런 행동이 하나님 임재presence의 실천이다. 각자를 위해 조화와 건강, 평화, 기쁨, 사랑, 온전함을 끊임없이 실천한 것이기 때문이다.

## 마침내 승리하다

크리스마스 날, 기쁘게도 이 간호사와 그녀를 수술한 의사는 우리 집에서 신의 결혼 서약을 맺었다. 결혼식이 끝난 후, 그녀의 담당의

였던 남편이 말했다. "그녀는 간호사 이상의 존재, 바로 자비의 천사입니다." 그는 그녀의 빛나는 내면과 영혼의 아름다움을 보았다. 에머슨은 말했다. "반지와 보석은 선물이 되지 못한다. 유일한 선물은 당신 자신의 일부를 내놓는 것이다."

하나님의 선물을 받도록 인도한 시편은 다음과 같다.

> 암사슴이 시냇물을 그리워하듯
>
> 하나님, 제 영혼이 당신을 이토록 그리워합니다.
>
> 제 영혼이 하나님을, 제 생명의 하나님을 목말라합니다.
>
> 그 하나님의 얼굴을 언제나 가서 뵈올 수 있겠습니까?
>
> 사람들이 제게 온종일 "네 하나님은 어디 계시느냐?" 빈정거리니 낮에도 밤에도 제 눈물이 저의 음식이 됩니다.
>
> 영광스러우신 분의 초막, 하나님의 집까지 환호와 찬미 소리 드높여 축제의 무리와 함께 행진하던 일들을 되새기며 저의 영혼이 북받쳐 오릅니다.
>
> 내 영혼아, 어찌하여 녹아내리며 내 안에서 신음하느냐?
>
> 하나님께 바라라. 나 그분을 다시 찬송하게 되리라, 나의 구원,
>
> 나의 하나님을.
>
> 제 영혼이 안에서 녹아내리며 요단 땅과 헤르몬과 미살산에서 당신을 생각합니다. 당신의 폭포 소리에 따라 너울이 너울을 부릅니다.
>
> 낮동안 주님께서 자애를 베푸시면 나는 밤에 그분께 노래를, 내 생명의 하나님께 기도를 올리네.

내 반석이신 하나님께 말씀드렸네.

"어찌하여 저를 잊으셨습니까? 어찌하여 제가 원수의 핍박 속에 슬피 걸어가야 합니까? 적들이 '네 하나님은 어디 계시느냐? 온종일 제게 빈정대면서 제 뼈들이 으스러지도록 저를 모욕합니다."

내 영혼아, 어찌하여 녹아내리며 어찌하여 내 안에서 신음하느냐? 하나님께 바라라. 나 그분을 다시 찬송하게 되리라, 나의 구원, 나의 하나님을.

(시편 42편)

## 충만한 축복을 위해 삶에 극기를 적용하는 법

얼마 전, 신경쇠약과 출혈성 궤양으로 두 달간 병원에 입원했던 한 여성과 면담했다. 그녀의 문제는 근본적으로 감정에 있었다. 그녀는 남편이 이상한 성격이라고 말했다. 생활비와 두 아이를 포함한 가족 식비로 일주일에 고작 40달러를 주면서 왜 돈을 다 써 버리느냐고 의아해하고, 모든 종교는 그저 돈놀이에 지나지 않는다고 그녀가 교회에 못 다니게 했다. 또 그녀는 음악 연주하기를 좋아했지만, 집에서 피아노를 치지 못하게 했다.

그녀는 그의 왜곡되고 뒤틀린 병적인 생각에 어쩔 수 없이 순응했지만, 그로 인해 그녀 자신의 내재된 욕망과 재능, 능력은 완전히 좌절되고 말았다. 남편에 대한 원망이 극에 달했고, 억압된 그녀의 분노와 좌절감은 신경쇠약과 궤양으로 나타났다. 그녀의 생각과 삶의 가치관에 대한 남편의 어리석고 이기적인 냉담한 반대는 그녀의 감정을 엉망으로 만들었다.

## 부인을 치료한 나의 설명

나는 이 재능 있는 여성에게 결혼이란 상대의 열망과 성격을 무시하고 억압해도 된다는 허가증이 아니라고 설명했다. 결혼에는 상호 간의 사랑, 자유, 존중이 수반되어야 하며, 의기소침해 있거나 상대에 의존적이거나 두려움을 갖거나 비굴한 태도를 가져선 안 된다고 지적했다. 그녀는 심리적으로나 정신적으로 성숙해져야 하고 자신의 개성을 억압하지 말아야 한다.

나는 그들 부부를 함께 상담하면서 서로 상대의 결점이나 약점, 단점을 들추는 대신 좋은 점과 결혼을 결심하게 한 상대의 장점을 생각하게 했다. 남편은 아내가 신경쇠약에 시달리고 병원에 입원할 만큼 아프게 된 원인이 자신에 대한 원망과 억압된 분노라는 사실을 금세 알아차렸다. 그들은 아내가 음악적으로나 사회적으로 자신을 표현할 수 있게 하는 계획을 세우는 단계에 이르렀고, 상호 간의 사랑과 신뢰, 확신을 바탕으로 공동 계좌를 개설하기로 합의했다.

내가 남편에게 제안한 긍정 확언은 다음과 같다.

이제부터 나는 아내의 개성을 바꾸려는 시도를 하지 않겠다. 나는 아내가 나의 복사판이 되게 하지도, 그녀가 재능이나 개성을 깊이 감추게 하지도 않겠다. 나는 아내에게 사랑과 평화, 선의를 발산한다. 그리고 아내 안의 무한한 지성이 모든 면에서 그녀를 지배하고, 인도하며, 방향을 제시하며 언제나 신의 사랑이 그녀의 몸과 마음에 흐르기를 진심으로 바란다. 나는 아내 안의 하나님을 찬양한다. 나는 아내가 행복하고, 기쁘고, 건강하며 신의 뜻을 펼친다고 선언한다. 나는 내 생각이 그대로 실현됨을 안다. 또한, 긍정 확언은 습관임을 알고 있으므로 이러한 생각을 습관적으로 계속하면 따뜻하고 친절하며 이해심 많은 남편이 될 것이다. 나는 아내를 생각할 때마다 조용히 "하나님은 당신을 사랑하고 보살피신다."라고 긍정할 것이다.

아내를 위해서는 다음의 긍정 확언을 제안했다.

내가 남편과 결혼했던 것은 그의 훌륭한 자질을 보았기 때문이다. 이러한 자질은 여전히 존재하며, 이제부터 나는 그의 단점이 아닌 훌륭한 자질만을 보겠다. 나는 무한한 지성이 모든 면에서 그를 이끌고 인도하며 방향을 제시한다는 것을 알고 느끼고 확신한다.

나는 규칙적이고 체계적으로 남편 안의 하나님을 찬양한다. 신의 법과 질서가 그의 행동을 지배한다. 신의 평화가 그의 영혼을 가득 채운다. 신의 사랑이 그의 생각과 말과 행동을 통해 나와 아이들에게 흐른다. 하나님은 그를 사랑하시고 보살피신다. 그는 엄청난 성공을 거두고 하나님이 그를 번영케 하신다. 남편은 지극히 높으신 분의 격려를 받는다.

나는 내가 규칙적이고 체계적으로 반복하는 이 생각들이 내 잠재의식으로 전해져 마치 씨를 뿌린 듯 그러한 생각이 솟아남을 안다. 나는 남편이 생각날 때마다 그 즉시 "내 안의 하나님이 당신 안의 하나님께 경의를 표한다."라고 확언할 것이다.

## 인내가 어떻게 결실을 맺고 승리를 가져오는가

이들 부부는 합의한 내용과 긍정 확언을 충실히 지켰다. 그들은 무언가를 믿으면 실현된다는 것을 알았다. 믿음believe은 '존재하다be'와 '살아있는alive'이라는 두 단어로 구성되어 있다. 이 단어의 원래 의미는 '존재하는 그 상태로 산다'는 것인데, 삶에서 그 존재를 현실로 만든다는 의미이다. 한 달쯤 지났을 때 아내에게서 전화가 왔다. "저는 박사님이 써주신 진리를 믿게 되었어요. 그 확언의 글들이 제 마음(잠재의식)에 새겨졌습니다." 이어 남편이 말을 더했다. "이제 저는 제 생각, 감정, 반응을 지배할 수 있습니다. 아내도 그렇게 되었고요. 극기는 우리 삶에서 정말 중요한 것이네요."

## 절망에 빠져 있던 청년은 어떻게 자존감을 회복하였나

한 청년이 사교 모임에서 계속 무시당하고 조직 내에서도 승진 기회를 놓친다며 내게 하소연했다. 게다가 자신은 집에 사람들을 자주 초대하지만, 그들로부터 한 번도 초대받은 적은 없다고 했다. 그의 마음속에는 주변 사람 모두를 향한 깊고 격렬한 반감이 자리잡고 있었다.

교육도 잘 받은 이 청년은 어린 시절과 가정환경 이야기를 하면서 엄격한 뉴잉글랜드 출신 아버지 밑에서 자랐다고 말했다. 그의 어머니는 그를 낳고 돌아가셨다. 다소 폭력적인 성향의 아버지는 아들에게 입버릇처럼 이렇게 말했다. "너는 장점이라곤 없어. 그러니 제대로 될 리가 없어. 넌 멍청이야. 어째서 넌 형처럼 똑똑하지 못한 게냐? 네 성적은 정말 부끄럽기 짝이 없다." 이 청년은 아버지를 정말로 증오하고 있었다. 그는 거절당하는 데 콤플렉스를 가진 채 자랐고 무의식적으로 다른 사람들이 자신을 받아들이지 않는다고 느꼈다. 전문 용어로 말하자면, 그는 영적 민감성이 발달해서 인간관계에 지독히 민감했던 것이다. 여기에 무례한 언동이나 소위 '퇴짜' 맞는 식으로 다른 사람에게 거절당할지도 모른다고 주관적으로 판단하며 두려움까지 생겼다.

## 부정적인 콤플렉스를 떨쳐낸 방법

나는 그가 아직도 계속 무시와 거절을 두려워하고 있으며, 아버지를 향한 원망과 분노를 다른 사람에게 투영하고 있다고 지적했다. 그는 강박적으로 다른 사람의 말이나 태도에서, 혹은 상대방이 자신보다 다른 사람에게 더 관심을 갖는 데서 무시당하고 거절당한다고 느꼈다. 나는 그에게 마음의 법칙을 설명해주고 내 책《잠재의식의 힘》한 권을 주었다. 동시에 거절 콤플렉스를 극복하고 자기 삶의 지배자가 되는 매우 실용적인 계획을 제시했다.

## 실용적인 단계별 계획

이런 유형의 문제를 해결하는 첫 번째 단계는 과거의 경험이 무엇이었든 영원한 진리와 생명을 주는 사고 패턴을 불어 넣으면, 이러한 생각은 완전히 근절될 수 있음을 깨닫는 것이다. 잠재의식은 암시에 순응하며 의식을 통제하기 때문에 모든 부정적인 패턴이나 콤플렉스, 두려움, 열등감을 완전히 없앨 수 있다. 생명을 주는 패턴은 다음과 같다.

> 나는 이 진리가 진실임을 인정한다. 나는 살아계시는 하나님의 아들이다. 하나님은 내 안에 살고 계시며 나의 진정한 자아이시다.

지금부터 나는 내 안의 하나님을 사랑할 것이다. 사랑한다는 것은 유일한 실재이시며 유일한 힘을 존경하고 존중하며 충성을 다하고 충실하다는 의미이다. 이제부터 나는 나의 목적을 형성하는 신성을 존중한다. 내 안에 임재하신 하나님은 나를 창조하고 지탱하시며, 내 안의 생명의 원리이다. 성경에서는 말한다.

"네 이웃을 너 자신처럼 사랑해야 한다."(레위기 19장 18절) 이웃은 내게 가장 가까운 존재를 뜻한다. 하나님은 손이나 발보다 더 가까이, 숨결보다 더 가까이 계신다. 나는 이를 매 순간 의식하며, 내 안에 계시는 신성을 흠숭하고 찬미하며 경건한 마음으로 경배한다. 내 안의 하나님을 건강하고 온전하게 흠숭한다면 자동적으로 다른 사람 안의 하나님을 존경하고 사랑하게 되는 것임을 안다. 내가 나 자신을 비판하거나 결점을 찾아내려 할 때마다 나는 그 즉시 "나는 내 안의 하나님을 흠숭하고 사랑하며 찬양한다. 나는 나 자신을 매일 더욱 더 사랑한다."라고 확언할 것이다. 내가 먼저 나의 진정한 자아, 모든 것을 치유하시는 내 안의 하나님을 사랑하고 경배하고 존경하며 충성과 헌신을 바치지 않고서는 다른 사람을 사랑하고 존중할 수 없다는 것을 안다. 내 안의 하나님을 경배하며, 모든 이의 존엄과 신께 대한 충성을 존경할 것이다. 이러한 진실들은 감정적으로 느끼고 알고 믿기를 반복할 때 내 잠재의식으로 들어가며, 내 잠재의식의 본질이 강박이기 때문에 나는 잠재의식에 의해 이러한 진리를 표현할 수밖에 없게 된다. 나는 이 진리를 마음으로 깊이 믿는다. 이렇게 멋진 변화가 일어난다!

두 번째 단계는 건설적인 사고 습관을 확립하기 위해 일정 기간 하루에 서너 번씩 이 확언을 반복하는 것이다.

세 번째 단계는 절대 자신을 비난하거나 비하하고 평가절하하지 않는 것이다. "난 별로야." "내게 징크스가 따라다녀.", "아무도 날 원하지 않아.", "나는 아무것도 아니야." 같은 생각이 드는 순간, "나는 내 안에 계시는 하나님을 찬미한다."라는 말로 생각을 전환시킨다.

네 번째 단계는 동료들과 친근하고 우호적이며 편안하게 어울리는 모습을 상상하는 것이다. 당신의 상사가 업무를 잘 해냈다고 칭찬하는 모습을 상상해보아라. 친구 집을 방문했을 때 반갑게 환영받는 모습을 상상해라. 무엇보다, 당신이 상상한 이미지와 그 현실성을 믿어라.

다섯 번째 단계는 당신이 습관적으로 생각하고 상상하는 것은 무엇이든 반드시 실현된다는 사실을 깨닫고 아는 것이다. 당신 잠재의식에 각인된 그 생각이나 이미지는 경험, 상태, 사건으로 공간의 화면에 반드시 표현되어야 하기 때문이다.

이 젊은이는 자신이 무엇을 왜 하고 있는지 인식하면서 위의 단계를 성실히 따랐다. 잠재의식이 작동하는 방식을 알게 된 그는 매일 그 기법을 적용해 응용하며 자신감을 찾았다. 그리고 점차 잠재의식 속 어린 시절의 정신적 트라우마를 씻어내는 데 성공했다. 이제 그는 동료들의 집에서 환영받고 회사 사장의 초대를 받는 사람이 되었다. 또한 두 단계 승진하여 현재는 그 은행의 부행장이다. 그는 자신 안의 무한한 힘을 사용하면 과거나 환경, 경험, 사건을 스스로 극복할 수 있음을 안다. 당신이 그 힘을 믿는다면 당신도 그렇게 될 수 있다.

## 불행한 결혼 생활을 극복하는 법

최근 텍사스에 사는 한 여성으로부터 다음과 같은 편지를 받았다.

머피 박사님께

박사님의 《끌어당김의 법칙The Cosmic Power Within You》을 읽고 큰 도움을 받았습니다. 제 문제에 있어서 박사님께 도움을 받고자 편지를 드리게 되었습니다. 저희 남편은 끊임없이 제게 욕설과 비아냥, 독설을 퍼부으며 저를 비난하고 있습니다. 남편의 거짓말하는 습성 때문에 그가 하는 말은 아무것도 믿을 수 없고요. 남편과 저는 각방을 쓰고, 부부간 친밀감도 없습니다. 남편은 제가 지역 사회에서 어떤 활동을 하든 트집을 잡아요. 지난 5년 동안 저희 집에는 손님이 단 한 명도 찾아온 적 없습니다. 지금 제게는 남편에 대한 반감밖에 남아 있지 않아요. 이젠 그가 증오스러워지기 시작했어요. 전 남편을 과거에 두 번이나 떠났었어요. 저희 부부는 심리학적 도움과 법률 조언은 물론 영적 상담도 받았습니다. 그런데도 저는 남편과 대화가 되질 않네요. 어떻게 해야 할까요?

나는 이렇게 답장했다.

친애하는 부인께

부인에게는 이 세상 누구를 원망하고 증오할 감정적 여유가 없습니다. 그러한 감정이나 태도는 전체적인 정신력을 약하게 만들고 당신으로부터 평화와 조화, 건강, 판단력을 앗아가는 정신의 독이지요. 그래서 당신의 영혼을 부식시키고 육체적으로나 정신적으로 피폐하게 합니다. 부인은 당신의 세상에서 유일하게 사고하는 사람이고, 따라서 남편에 대해 생각하는 방식에 책임이 있는 사람은 남편이 아니라 부인이지요. 남편과 소통하기를 멈추고 그를 완전히 넘기고 맡겨두라고 제안합니다. 거짓말하는 건 나쁩니다. 거짓말하며 살지 않도록 거짓말을 멈춰야 하지요. 경험상, 문제를 해결하기 위해 할 수 있는 모든 것을 다 한 뒤 "모든 채비를 다 한 뒤, 나는 서 있다."라는 바울의 명령을 따라야 할 때가 있습니다. 즉, 부인은 당신 내면의 광대무변한 우주의 지혜 위에서 있다는 것입니다. 부인은 분명 선의에서 심리학자, 변호사, 목사를 방문해 치유받고자 했겠지만, 그 어떤 것도 명확한 해결책을 제시하지는 못했습니다. 마음을 건설적인 방향으로 돌리고 "이 중 어떤 것도 내게 영향을 미치지 못 해."라는 새로운 태도로 남편을 대해 보세요.

나는 남편을 하나님께 바친다. 하나님께서 그를 만드셨고 그를 지탱하신다. 하나님은 그가 신의 행복과 신의 축복을 누리며 살아가도록 그가 있어야 할 자리로 인도하신다. 광대무변한 우주의 지혜가 그에게 완벽한 계획을 제시하고 그가 가야 하는 길을 보여준다. 우주의 힘이 그를 통해 흘러 사랑과 평화, 조화, 기쁨, 바른 행동으로 나타난다. 나는 바른 일을 하고 바른 행동을 하도록 신의 인도를 받는다. 나는 나를 위한 바른 행동이 남편에게 바른 행동이 된다는 것을 안다. 또한, 한 사람을 축복하는 것은 모든 이를 축복하는 것임을 안다. 남편을 생각할 때마다, 그리고 그가 무슨 말을 하고 무슨 짓을 하든, "나는 당신을 하나님께 바친다."라고 진심을 다해 긍정한다. 나는 모든 것에 대해 평화롭고, 남편의 삶에 모든 축복이 깃들기를 바란다.

나는 그녀에게 자신의 재능을 표현하고 지역 사회 활동을 계속하면서 자신만의 건설적인 삶을 가꿔 가라고 조언했다. 그리고 앞서 내가 준 긍정 확언을 충실히 반복하라고 덧붙이며, 이렇게 하나님의 마음으로 생각하면 잠재의식 깊이 자리 잡은 모든 원망과 다른 부정적이고 파괴적인 생각이 정화된다고 설명했다. 생각의 정화는 깨끗한 물을 한 방울씩 떨어뜨려 더러운 물을 정화하는 것과 같은 방식으로 이루어진다. 이를 꾸준히 행한다면 마실 수 있는 깨끗한 물을 얻게 될 것이다. 물론, 더러운 물이 가득 찬 들통에 호스를 넣어 빨리 정수하는 방법도 있다. 호스는 영혼에 신의 사랑과 선의를 불어 넣어 즉각 정화를 이루어내는 것으로 비유할 수 있다. 하지만 일반적으로는 점진적인 정화 방식을 따른다.

## 흥미진진하게 대단원의 막을 내리다

그녀는 아래의 편지로 앞의 긍정 과정의 흥미로운 뒷이야기를 들려주었다.

친애하는 머피 박사님께

박사님께서 답장으로 조언과 기도 기법을 알려주신 데 깊이 감사드립니다. 저는 박사님의 조언을 충실히 따랐습니다. 남편이 빈정거리면서 욕설과 비난을 쏟아낼 때 저는 "나는 당신을 하나님께 바친다"고 조용히 확언을 긍정하며 그를 축복했습니다. 병원과 지역 사회 활동에 흥미가 생겼고, 긍정 확언을 시작한 이후 6주 동안 많은 친구를 사귀었습니다. 지난주, 남편이 이혼을 요청하길래 저는 흔쾌히 동의했습니다. 저희는 이미 상호 만족스럽게 재산 분할에 합의했습니다. 그는 리노에 가서 이혼 후 제 생각에 그에게 잘 어울리는 여자와 재혼할 계획입니다. 저도 병원에서 일하다 재회한 어린 시절의 연인과 사랑에 빠졌습니다. 제가 법적으로 자유로워지는 대로 저희도 결혼할 예정입니다.

진정으로 하나님은 신비로운 방법으로 그분의 경이로움을 펼치신다.

10장

# 충실한 삶을 살기

나는 추수감사절에 카우아이섬으로 향했다. 사람들과 어울리고 여러 마을을 돌아다니며 멋진 풍경을 즐기고, 무엇보다 하와이 원주민들과 사귀고 싶었다. 내가 고용한 가이드는 그의 친구들을 여러 명 소개해주고 몇몇 집으로 안내해 현지인들이 사는 모습을 보여주었다. 내가 방문한 집들의 가족은 행복하고 기쁘고 자유로워 보였다. 그들은 친절하고 마음이 넉넉했으며 영적인 삶을 살며 하나님의 음악과 웃음으로 충만해 있었다. 나는 하나님의 사랑을 통해 신의 자유로운 정신 속에서 영광스럽게 삶을 살아가는 사람들을 본 것이다. 이번 장에서는 어떻게 하면 그런 승리한 삶의 패턴을 만들 수 있는지 자세히 알아본다.

## 승리한 삶의 패턴을 발견하기까지

카우아이섬의 외딴 마을에서 물건을 몇 가지 구입하면서, 몇 년 전 본토에서 이곳으로 와 상점을 운영 중인 한 남성과 흥미로운 대화를 나눴다. 그는 알코올중독자였는데, 아내가 모든 재산을 챙겨 그를 떠났다. 그는 성마르고 화를 잘 내며 증오심에 가득 찬 사람으로 변했고, 조직 생활에서도 어려움을 겪었다. 그러던 중 한 친구가 그에게 카우아이섬에 가자고 제안했다. 그 친구는 하와이 제도에서 가장 오래된 섬인 그곳에서 무성한 관목림과 꽃이 만발한 좀처럼 보기 힘든 아름다움을 만끽할 수 있다면서 다채로운 깊은 협곡과 황금빛 해변, 굽이치는 강에 대해 이야기했다. 이 모든 것이 그의 상상력을 사로잡았다.

## 어떻게 마음의 변화가 일어났나

그는 몇 달 동안 이 섬의 사탕수수 밭에서 일했다. 그러던 어느 날, 병에 걸려 몇 주 동안 병원에 입원해야 했다. 매일 하와이인 동료들이 과일을 챙겨 병문안을 오고 그를 위해 기도해 주며 그의 안부에 깊은 관심을 보였다. 그들의 친절과 사랑, 배려가 그의 마음 깊이 파고들었고, 그는 그들에게 사랑과 평화, 선의를 쏟으며 보답했다. 이렇게 그는 새로운 사람으로 다시 태어났다.

## 완전한 삶을 위한 패턴

이 남자가 시도한 공식은 매우 간단했다. 사랑은 언제나 미움을 이기고, 선은 언제나 악을 이긴다는 원리를 따른 것이다. 이것이야말로 우주가 만들어진 방식이기 때문이다. 나는 이 사례에서 심리적으로 영적으로 무슨 일이 일어났는지 이야기하고자 한다. 이 남성의 마음은 여성에 대한 비통함과 자책, 증오로 부식되어 있었다. 그러나 그의 동료들의 사랑과 친절, 기도가 그의 잠재의식으로 침투하여 그에게 내재된 모든 부정적인 패턴을 없앴고, 그의 마음은 만인을 향한 사랑과 선의로 가득 차게 되었다. 그는 사랑이 모든 문제를 해결하는 만병통치약임을 깨달았다. 지금 그는 꾸준히 "나는 하나님의 사랑과 평화, 기쁨을 살아가며 만나는 모든 사람에게 쏟아낸다."라고 긍정한다. 많은 사랑을 줄수록 많은 사랑을 받는다. 받는 것보다 줄 때 더 큰 축복을 받는다.

## 승리하는 삶으로 이끄는 긍정 확언

매일 아침 눈을 뜨면 단호하게 마음을 활짝 열고 뜻을 깊이 새기며 다음과 같이 긍정한다.

오늘은 주님께서 만드신 날이니, 오늘을 기쁨으로 반가이 맞이하리라. 나는 내 삶이 모든 행성의 이동 방향을 인도하시고 태양을 빛나게 하는 바로 그 영원한 지혜의 인도를 받음에 기뻐하고 감사한다.

나는 오늘을 영광스럽게 살아가며, 매일 그럴 것이다. 나는 하나님의 사랑과 빛, 진리와 아름다움을 하루 종일 그리고 매일 경험한다.

내가 만나고 함께 일하는 모든 사람에게 큰 도움이 되고, 그렇게 하는 삶을 살 것이다. 나의 일은 물론이고 봉사할 훌륭한 기회가 주어졌을 때 매우 열정적으로 임할 것이다.

나는 매일 점점 더 많은 하나님의 사랑과 생명, 진리를 경험하며, 하나님의 영광이 더욱 더 내게서 발현되고 있음에 기뻐하며 감사한다.

이 기적적인 진리를 긍정하며 매일 하루를 시작하고 이것이 실현될 것임을 믿어라. 당신이 믿고 충실히 기대하는 것은 무엇이든 실현되고, 삶에서 놀라운 기적이 일어날 것이다.

## 평화롭고 평온하게 걷고 말하는 법

승무원들이 평생 잊지 못할 하와이언 결혼 노래를 불러주는 이벤트로 유명한 카우아이섬의 고사리 동굴 투어 중 굉장히 특별한 남성을 만났다. 그는 96세인데도 걸음걸이가 씩씩하고 고사리 동굴로 가는 선상에서 아름다운 하와이안 사랑 노래를 열정적으로 불렀다. 여행 후 그는 나를 자신의 집으로 초대했는데, 굉장히 특별한 경험이었다. 우리는 저녁으로 두껍게 썬 홈메이드 진저브레드와 파파야, 사과 타르트, 쌀밥, 구운 연어와 인근 섬에서 재배한 코나 커피를 먹었다.

저녁 식사 중 그는 자신이 어떻게 하나님 안에서 새로운 사람이 되었는지 이야기해주었다. 96세에 이렇게 정정한 그를 보니 허튼소리 같지 않았다. 그의 뺨은 혈색 좋게 빛났고, 그의 눈에는 빛과 사랑이 가득했고, 얼굴에 기쁨이 충만했다. 그는 영어, 스페인어, 중국어, 일본어, 하와이 토착어를 유창하게 구사했다. 그는 내가 여태 들어본 적 없는 하와이 전래에 대한 이야기와 지혜와 농담, 유머로 나를 즐겁게 해주었다.

나는 이 노인의 매력에 푹 빠져 묻지 않을 수가 없었다. "선생님의 삶과 기쁨의 비결을 말씀해주세요. 선생님을 보니 열정과 활력이 넘치시는 것 같습니다." "내가 행복하고 튼튼한 게 신기하시오?" 그가 되묻곤 말을 이었다. "보시게, 난 이 섬을 소유하고 있지만, 아무것도 소유하고 있지 않네. 만물의 소유주는 하나님이시지만, 이 섬과 그 안의 산과 강, 동굴, 사람들, 무지개, 그 모든 것은 내게 즐거움을 주는 나의 것이지. 내가 이 집을 어떻게 소유하게 되었는지 아시오?" 내 대답을 기다리지 않고 그가 스스로 답을 말했다. "한 고마운 관광객이 나에게 선물로 사주었다오. 그렇지 않았으면 엄두도 못 냈을 걸세."

## 하나님은 어떻게 그를 치유하셨나

그는 자신의 이야기를 들려주었다. 60여 년 전 그는 폐결핵으로 죽어가고 있었다. 회복될 희망도 포기한 상태였다. 그때 원주민 사제 카후나가 찾아와 그와 어머니에게 신께서 그를 치유하시니 죽지 않을 것이라고 말했다. 카후나는 손을 그의 목과 가슴에 얹고 원주민 토착어로 기도문을 읊으며 하나님께 치유의 은사를 청했다. 한 시간 동안의 기도가 끝날 무렵 그는 완전히 나아서 다음 날 낚시하러 갈 수 있을 정도였다. "그 이후로 나는 어떤 병이나 통증에도 시달리지 않았소. 내 다리는 놀랍도록 튼튼해서, 당신이 보듯이 이 산 저 산을 거침없이 걸어 다닌다오. 게다가 내게는 다정한 친구들, 개와 염소 몇 마리, 이 멋진 섬이 있고, 마음속에는 신이 계시지. 이러니 내가 행복하고 튼튼하지 않겠소?"

이 노인은 정말로 마음에 하나님을 품고 하나님과 함께 걷고 이야기하며 살아가기에 그렇게 매일이 행복했다. 그래서 이 노인은 자신의 땅을 경작하고, 양과 염소를 돌보고, 마을 축제에 참석하고, 마음을 울리는 하와이언 사랑 노래를 부르며 멋지게 살아갈 수 있었다.

## 건강과 활력을 기원한 그의 노래

카후나가 그에게 준 유일한 처방은 간단했다.

"시편 100장을 아침, 점심, 저녁으로 노래하며 이 진리를 가슴에 새기며 살아간다면 다시는 아프지 않을 것이다."

그는 나를 위해 시편 100장을 노래했다. 내 평생 들어본 노래 중 무엇보다 감동적이고 가슴에 와닿으며 영혼을 흔드는 노래였다. 마치 그의 몸통을 통해 하나님의 선율이 흘러나오는 것 같았다.

다음은 찬양의 시편이다.

> 온 세상아, 주님께 환성을 올려라.
>
> 기뻐하며 주님을 섬겨라. 환호하며 그분 앞으로 나아가라.
>
> 너희는 알아라, 주님께서 하나님이심을. 그분께서 우리를 만들었으니 우리는 그분의 것, 그분의 백성, 그분 목장의 양 떼이어라.
>
> 감사드리며 그분 문으로 들어가라. 찬양드리며 그분 앞뜰로 들어가라. 그분을 찬송하며 그 이름을 찬미하여라.
>
> 주님께서는 선하시고 그분의 자애는 영원하며 그분의 성실은 대대에 이르신다.
>
> (시편 100편 1–5절)

## 믿음과 수용적인 마음이 병을 치유하는 방법

마음의 법칙을 알고 있다면 카후나가 그에게 무엇을 각인시켰는지 쉽게 이해할 수 있을 것이다. 이 노인은 카후나의 힘을 절대적으로 믿었고, 자신이 치유될 것임을 맹목적으로 믿었다. 이러한 믿음에 그의 잠재의식이 반응했다. 지금도 그는 시편 100편을 노래할 때마다 하나님께 대한 감사로 마음이 고양된다. 그리고 그 과정에서 무한한 축복을 가져오는 법칙이 자동적으로 반응한다.

## 감사의 법칙

매사에 감사하는 마음이 충만하면 하나님과 가까이에 있게 된다. 이 노인이 매일 자신의 건강, 삶의 풍요와 안전 그리고 많은 축복에 감사하기 때문에 하나님은 그의 선함을 점점 증대하신다. 이는 우주 만물에 적용되는 보편적인 작용과 반작용의 법칙에 근거한다. 성경에서는 이렇게 말씀하신다. "하나님께 가까이 가십시오. 그러면 하나님께서 여러분에게 가까이 오실 것입니다."(야고보서 4장 8절) 헨리 소로는 말했다. "우리는 우리가 태어났음에 감사해야 한다."

시편 100편을 노래하며 그 진리를 따르며 살아가자. 이 진리를 천천히 정성껏 마음을 담아 반복하며 가슴에 새겨라. 그렇게 하면 이러한 생각이 되풀이되어 마음속 깊은 층까지 스며들어, 씨를 뿌리고 싹이 자라듯 그러한 생각이 자라나게 된다. 당신의 삶에 기적을 일으켜라.

## 할머니는 삶에 대한 의욕과 열정을 어떻게 유지했을까

유명한 와이메아 캐니언으로 가는 배 안에서 내 옆에 앉은 한 할머니와 이야기를 나눴다. 그녀는 손녀 둘과 함께 와이메아강을 따라 우뚝 솟은 약 900미터 깊이의 협곡을 관광하며, 절벽 지층의 화려한 색깔과 협곡 양측의 열대 식물에 대해 이야기했다. 여기에 끊임없이 변하는 구름의 그림자가 이 광경을 한층 더 잊지 못할 장면으로 만들었다. 이 아름답고 영적인 여성은 자신이 90세가 넘었는데도 평생 하루도 아픈 적이 없다고 하면서, '매일 기도하고 있기' 때문인 것 같다고 말했다. 이 하와이 여성은 주일학교 교사로 활동하고, 시를 쓰고, 배를 타고 낚시하고, 매일 소 두 마리의 젖을 짜고, 여성 단체에서 강연을 하며, 이젠 20일 동안 유럽 여행을 계획 중이다.

그녀는 내게 성서의 구절을 쓴 카드를 보여주었다. "자, 목마른 자들아, 모두 물가로 오너라. 돈이 없는 자들도 와서 사 먹어라. 와서 돈 없이 값 없이 술과 젖을 사라."(이사야 55장 1절)

성경에서 술, 포도주는 지극히 높은 분이 불어넣어 주시는 의욕, 즉 성령이 당신을 통해 흐르며 당신 존재에 불어넣은 활기와 생명력을 의미한다. 우유는 영양의 상징이다. 인간은 몸만 아니라 마음에도 영양분이 필요하다. 영혼을 치유하고, 축복하고, 격려하고, 드높인다는 생각으로 마음을 살찌우라. 사랑, 평화, 믿음, 확신, 성공, 신의 바른 길에 대한 생각을 매일 마음의 양식으로 삼아라. 이러한 술과 젖에 당신이 치러야 하는 값은 영원한 진리에 대한 관심과 헌신, 충성뿐이다.

## 기쁨으로 충만한 삶의 열쇠

이 노부인은 이 성경 구절이 삶의 일부가 되도록 마음에 새기고 살아감으로써 의욕과 열정이 넘치는 삶을 영위하게 하는 열쇠를 찾았다. 그녀는 자신이 긍정한 것을 믿고 그렇게 긍정한 대로 이루어지리라는 기쁜 기대 속에서 살았다. 그녀는 활기와 기쁨, 선의를 발산했고, 자기 내면의 하나님 아버지와 매일 교감하는 것은 완전한 삶을 위해 광대무변한 우주의 힘에 응답하는 것임을 깨달았다.

## 위대한 영성의 향연

나는 매력적이고 이국적인 마우이섬의 여성 유명 인사로부터 초대를 받았다. 그녀의 집에는 다른 유명 인사들도 여러 명 초대되었다. 우리는 오전 10시부터 오후 4시까지 정신과 영적인 법칙에 대해 토론했다. 그 자리에 초대된 손님들은 내 저서 《잠재의식의 힘》과 《영적 성장의 비밀》을 잘 알고 있었다. 내가 지금까지 살아오며 이렇게 열정적이고 행복하며 기쁨에 넘친 사람들과 한자리에 모인 적은 한 번도 없었다. 그들의 마음은 신의 불길로 타오르고 있었다. 그들은 자신들의 의식적인 자아보다 더 위대한 힘을 믿음으로써 삶의 난제를 어떻게 극복했는지 이야기했다. 그들은 내 책에 대해 자유롭게 토론하고 내 강연 녹음을 듣곤 했는데, 이번에 내가 그 자리에 초대되자 여러 질문을 던졌다. 내게 기쁨을 선사함과 동시에 신의 존재에 대한 깊은 관심과 통찰력을 보여주는 질문들이었다. 그들은 삶의 기쁨이 하나님의 진리를 규칙적이고 체계적으로 성찰하는 데 있다는 사실을 깨달았다.

## 하와이 사람들의 지혜와 내적 환희

나는 하와이 사람들이 수 세기 동안 입에서 입으로 은밀히 방대한 지식을 축적해 온 매우 현명한 사람들임을 알게 되었다. 카우아이에서 마우이로 가는 비행기에서 내 옆자리에 앉은 한 마우이 출신 남성은 하와이 원주민으로 기상 조건, 조류 등에 대해 잘 알고 있었다. 그는 자신이 해일, 폭풍, 화산 폭발을 예측할 수 있다고 했다. 그리고 하와이에서 나는 모든 과일과 꽃, 나무 이름을 알며, 약초의 치료 효능도 이해하고 있었다.

그는 마음을 읽는 능력이 있고 확실히 투시력도 있었다. 내가 어디 가는지 내 이름과 주소를 맞혔고, 과거에 내가 겪은 여러 사건을 정확히 말하며 과거 인지 능력을 보여주었다. 그의 투시력을 시험하기 위해 깜박 잊고 그때까지 아직 열어보지 않은 편지를 읽어달라고 했다. 뒤에 직접 읽어보니 그가 말해준 내용은 매우 정확했다.

이 젊은이는 대대로 이어지는 타고난 지혜를 갖고 있었다. 그는 모든 의문에 대한 답을 알고 있는 잠재의식과 접촉하고 있다. "뭔가를 알고 싶으면, 그저 '하나님, 아시잖아요. 제게 말씀해주세요.'라고 말하기만 하면 돼요. 제 안에 한 친구가 있는데, 언제든 답을 주거든요." 그가 말했다. 그는 사탕수수밭에서 일하며, 우쿨렐레를 연주하고 노래하며, 무한한 존재와 조화를 이루며 살아간다. 분명 그는 내면의 친구가 있으며, 자기 힘의 원천인 하나님이 임재하신 기쁨을 발견했다.

## 기적을 만들어내는 7단계 공식

하와이에 체류하는 동안 하루를 할애해 카우아이섬의 한 호텔에서 나와 상담하고 싶은 사람들을 만났다. 첫 번째 찾아온 사람은 몇 년 전 호놀룰루의 로열 하와이안 호텔에서 상담했던 이였다. 당시 그는 엄청난 양의 술을 강박적으로 마셔대는 알코올중독자로 판정받고, 약물 치료며 최면요법이며 온갖 요법을 다 시도하고 있었다. 그는 이번에 나를 찾아와 말했다. "박사님께 감사 인사드리려고 찾아왔습니다. 시간을 오래 뺏지는 않을 겁니다. 박사님께는 그때 제게, 제가 술병의 주인이며 술병에는 아무런 힘도 없다고 말씀해주셨습니다. 그리고 어떤 핑계도 대지 말고, 참된 인간이 되라고 하셨지요. 저는 박사님이 알려주신 기법을 실천했습니다. 그랬더니 제 자신과 다른 사람들을 용서할 수 있었고, 이제는 제 소유의 가게를 운영하며 결혼해서 두 아이를 두고 있고, 지역 교회에 나가고 있습니다. 이 모든 걸 가능하도록 이끌어주신 박사님께 감사드리고 싶습니다. 진심으로요."

나는 그가 또렷이 기억났고, 호놀룰루에서 그와 나눈 이야기도 생생히 떠올랐다. 당시 그는 알코올 중독을 치료받던 병원에서 막 퇴원한 상태였다. 다음은 그의 삶을 변화시킨 7단계 긍정 확언이다.

1. 나는 다른 사람들에게 원한과 원망, 악의를 품고 있는 나 자신을 용서한다. 다른 사람들을 생각할 때마다 그들의 삶에 축복이 가득하길 기원한다.
2. 나는 나의 왕이므로 내 생각과 말, 행동, 감정, 반응을 완전히 지배한다. 나는 나의 개념 영역의 절대 군주이다.
3. 나는 술을 마시는 습관을 완전히 떨치고 싶다. 이것은 마음 깊이 우러난 절대적인 진심이다. 포기하고 싶은 마음이 계속하고 싶은 마음보다 클 때면 이미 60퍼센트는 치료된 상태이다.
4. 나는 결심했고, 그 결심에 따라 이루어진다는 것을 안다. 잠재

의식은 내 진심을 알고 있다.

5. 나는 이제 상상력을 바르게 사용한다. 상상력은 인간의 근원적인 힘이며, 내 능력 중 최고의 능력이다. 나는 하루에 세 번, 3–4분간 마음의 영화를 상영하며 내가 중독에서 벗어나 완전히 건강을 회복한 것을 본 어머니가 기뻐하는 모습을 본다. 어머니의 목소리를 듣고 어머니의 포옹을 느끼며 기쁨에 젖는다. 유혹에 빠질 때마다 그 즉시 이 마음의 영화를 보겠다. 나는 하나님의 힘이 내 마음의 영화를 뒷받침하심을 알고 있다.
6. 나는 내가 무엇을 하고 있으며 왜 그것을 하는지도 알고 있다. 그리고 내 믿음에 따라 성과를 거두게 된다는 것도 안다. 믿음이란 어떤 것을 진실이라고 받아들인다는 것임을 안다. 나는 나의 욕망이 진실이고 나의 정신적 그림도 진짜이며, 나를 지탱하는 힘은 하나님이심을 안다. 나는 하나님의 모든 능력이 내가 집중하는 데 쏟아짐을 알고 있다.
7. 이제 나는 자유로우며 이에 감사한다.

나는 이 7단계 공식을 알코올중독자, LSD와 마리화나의 피해자, 마약 중독자 등 여러 사람에게 제공해왔다. 이러한 간단한 원칙을 따르면 그 어떤 부정적인 습관도 극복할 수 있다. 이 남자는 이제 활력이 넘치는 행복하고 기쁜 삶을 살고 있다. 나는 그의 집으로 저녁 식사 초대를 받았다. 코코넛 나무가 산들바람에 흔들리고, 파도가 집 가까이 밀려왔다 밀려가며 모래사장에 거품을 남기고, 사방에 화려한 열대의 꽃들이 만발한 아름다운 집이었다. 시원한 파파야와 레몬은 신화 속 신들의 음료처럼 달콤했고, 그들의 주식인 토란 요리는 육두구와 계피를 더해 아주 맛있었다. 아름다움과 평온함, 삶의 기쁨이 집 전체에 넘치고 있었다. 그와 그의 가족은 식사 전후에 그들에게 주어진 모든 축복에 감사 기도를 드렸다. 하와이안 러브 송과 음악이 끊이지 않고 들려왔다. 그 당시 나는 완벽한 삶이 주는 무한한 힘 안에 들어가 있었다.

## 삶의 기쁨을 얻는 법

나는 하와이에 살고 있는 젊은 여성과 한동안 편지를 주고받았다. 그녀의 이름은 편의상 메리라고 하자. 메리는 내가 몇 달 전에 보내준 《잠재의식의 힘》을 꼼꼼히 읽고서 베벌리힐스 우리 집으로 처음 편지를 보내왔다. 편지에서 현재 그녀는 비정상적인 두려움으로 가득 차 있고 여기서 벗어날 수 없다고 했다.

메리는 한 청년과 파혼했는데, 그는 이에 앙심을 품고 카후나의 저주가 그녀에게 향할 것이라고 보복했다. 그 후로 그녀는 끊임없는 공포 속에서 살았다. 나는 그녀에게 세상에는 단 하나의 힘만 존재하며, 이 힘은 통합과 조화로 세상을 움직이며, 하나님은 불가분의 존재인 하나의 영이시므로 그 영의 한 부분이 다른 부분에 적대적일 수 없으니 두려워할 것이 없다고 답장했다. 나는 그녀의 두려움을 없애는 데 필요한 영적 기법을 알려주었다.

오늘 상담에서 내가 본 그녀는 반짝반짝 빛나고 있었다. 이 젊은 여성은 활기차고 열정과 기쁨이 넘치는 모습을 하고는 하와이에 대한 새로운 아이디어를 불태우고 있었다. 그녀는 말했다. "박사님께서 편지에서 알려주신 가르침을 따랐더니 제 내면의 빛에 의해 삶이 바뀌었습니다."

다음은 내가 편지에서 알려준 대로 그녀가 매일 여러 차례 실천한 영적 치유 요법이다.

> 하나님은 존재하시는 전부이시다. 하나님은 많은 이와 함께 하신다. "하나님께서 우리 편이신데 누가 우리를 대적하겠습니까?"(로마서 8장 31절) 나는 하나님께서는 전능하신 살아있는 영, 영원히 사시는 존재, 전능한 존재이시며 하나님께 대적할 수 있는 힘은 어디에도 없다는 것을 알고 있으며 또 믿는다. 나의 생각이 곧 하나님의 생각일 때, 하나님의 힘이 나의 선한 생각에 더해짐을 알고 그렇게 받아들인다. 나는 내가 줄 수 없는 것은 받을 수 없다는 것을 알고 있다. 그리고 사랑과 평화, 빛과 선의를 나의 전 남자친구와 그와 관련된 모든 사람에게 베푼다. 나는 무엇에도 흔들리지 않으며 오롯이 하나님만을 향하여, 하나님의 사랑이라는 신의 보

호막에 둘러싸여 있다. 하나님의 완전한 갑옷이 나를 감싸고 보호한다. 나는 신의 인도와 지시를 받고, 삶의 기쁨으로 들어간다. "당신께서 제게 생명의 길을 가르치시니 당신 앞에서 넘치는 기쁨을, 당신 오른쪽에는 영원한 즐거움이 있나이다."(시편 16장 11절)

메리는 이 진리를 긍정하면 영적 침투 과정을 거쳐 점차 그녀의 잠재의식으로 가라앉아 자유와 내면의 평화, 안정감, 자신감, 보호로 실현된다는 것을 알고 믿으며 그 뜻을 마음으로 새기면서 이 진리를 아침, 점심, 저녁 10분씩 꾸준히 체계적으로 반복했다. 그녀는 절대 실패하지 않는 마음의 법칙을 따르고 있음을 알고 있었다. 이렇게 열흘쯤 지나자 그녀의 공포는 씻은 듯 사라졌다. 이제 그녀는 하와이에서 멋진 삶을 꾸리고 있다. 그녀가 내게 소개한 새 약혼자는 그녀가 '삶의 기쁨'이라고 말했다. 저주받을지도 모른다는 두려움에 휩싸여 벗어나지 못하고 있던 이 젊은 여성은 자신의 재능을 마음껏 발산하며 삶의 기쁨을 만끽하며 살고 있다.

## '카후나'의 의미

카우아이섬은 물론이고 하와이 제도 다른 섬에 사는 하와이인들

대부분 더 이상 카후나는 없다고 주장하며, 카후나에 대해 이야기하기를 꺼려한다. 하지만 카후나 중에서도 '화이트 카후나'라는 부류가 있는데, 백마술을 행하거나 주문 혹은 은밀히 전해온 지식으로 선한 주술을 거는 사람을 가리킨다. 하와이를 안내해준 어느 가이드가 알려준 바에 따르면 카후나들은 어린 시절부터 집안 어른들에게 은밀히 엄격한 훈련을 받는다고 한다. 그들 중 많은 사람이 오늘날 우리가 잠재의식에 대한 지식이라고 알고 있는 것을 통해 사람들을 치유하여 큰 존경을 받는다. 또한 카후나는 특정 약초와 식물의 치료 효능에 대해서도 해박한 지식을 가지고 있다. 카후나에 대해 잘 알고 있던 내 가이드는 카후나의 일부는 '카후나 아나나스(죽음이나 흑마술을 다루는 자)'로 불리며 큰 두려움의 대상이라고 알려주었다.

메리는 다른 사람에게 받은 위협이나 부정적 암시 및 발언은 절대로 그 말대로 실현될 수 없다는 것을 깨달았다. 당신이 살고 있는 우주에서 사고할 수 있는 사람은 당신 뿐이다. 뭔가를 만들어내는 것은 당신의 생각이다. 선을 생각하면 좋은 일이 따르고, 악을 생각하면 나쁜 일이 따른다. 하나님과 일체를 이루라. 당신의 생각이 하나님의 생각일 때, 하나님의 힘이 당신의 선한 생각에 깃든다. 기억하자. "하나님과 일체가 된 사람이 다수이다." 그리고 성경에서도 말씀하시지 않는가. "하나님께서 우리 편이신데 누가 우리를 대적하겠습니까?"(로마서 8장 31절)

11장

•

# 무한한 힘을 내 편으로 삼기

인생을 이해하는 열쇠 중 하나는 모든 것이 쌍으로 이루어진다는 사실을 이해하는 것이다. 모든 행동은 그 반대 행동과 상호 작용으로 이루어진다. 남성과 여성의 결합이 세상을 창조했듯이 말이다. 에머슨은 이렇게 말했다. "양극성, 즉 작용과 반작용은 우리가 자연의 모든 부분에서 접하는 현상이다." 정신과 물질, 남성과 여성, 긍정과 부정, 병과 건강, 사랑과 미움, 밤과 낮, 더위와 추위, 안과 밖, 달콤함과 새콤함, 위와 아래, 남과 북, 주관과 객관, 운동과 정지, 예와 아니오, 성공과 실패, 슬픔과 기쁨 등 우리 삶에서 수도 없이 찾아볼 수 있다. 정신과 물질은 하나로서 실존하는 존재의 양면에 불과하다. 물질은 눈에 보일 정도로 격하된 정신이다. 물질은 정신의 가장 낮은 단계이고, 정신은 물질의 가장 높은 단계이다. 삶에 있어서 이러한 양극성은 유일한 존재이신 하나님의 발현이시며 인생을 경험하는 데 반드시 필요한 요소이다.

절대적인 상태에서는 차별, 대조 또는 확립된 관계 같은 것이 존재하지 않는다. 그저 일체된 상태로 살아간다. 그러나 절대자가 상대적이 되었을 때(하나님이 세상을 창조하셨을 때) 우리가 지각과 기능, 살아 있다는 감각을 경험할 수 있도록 반대물을 창조하셨다. 우리가 살아 있음을 자각하기 위해서는 감성과 이성이 있어야 한다. 우리는 대조를 통해 더위와 추위, 높고 낮음, 넓고 좁음, 달콤함과 새콤함, 우울과 희열, 남성과 여성, 주관과 객관의 차이를 인지한다. 서로 상반된 이 모든 것은 온전하고 완전하며 불가분한 유일한 존재이신 하나님의 반신이다.

## 생각은 짝지어 나타난다

나의 아침 라디오 강연을 듣는 12세 소년이 방학 때 삼촌이 있는 호주에 갈 것이라고 어머니에게 말했다. 가고 싶다는 생각은 매우 강했지만, 그와 동시에 엄마가 보내주지 않을 거라는 생각도 들었다. 이전에 엄마가 "여행 가기는 힘들어. 우린 돈이 없고, 아빠도 그럴 여유가 없으셔. 꿈같은 이야기지."라고 말한 적이 있기 때문이다.

그러나 소년은 내 라디오 프로그램에서 뭔가를 간절히 원하고 내면의 창조적 지성이 그것을 실현시킨다고 믿으면 그 기도에 응답받기 마련이라는 말씀을 들었다고 말했다. 그러자 어머니는 "그래, 어서 기도하렴." 하고 말했다. 그때 호주와 뉴질랜드에 대해 이것저것 읽고 있던 소년은 삼촌이 호주에서 큰 목장을 운영한다는 사실이 떠올랐다. 그래서 이렇게 기도했다.

"하나님은 방학 때 아빠, 엄마와 함께 호주에 갈 수 있도록 길을 열어주신다. 이렇게 믿으니, 하나님께서 내 시도를 들어주실 것이다." 그리고 부모님이 호주에 갈 돈이 없다는 생각이 들 때면 "하나님께서 길을 열어주신다."라고 긍정했다. 그의 생각은 짝지어 나타났지만, 건설적인 생각은 집중하고 부정적인 생각은 무시했다.

## 소년은 어떻게 영혼 여행을 했을까

어느 날 밤, 소년은 호주 뉴사우스웨일스의 삼촌 목장에서 수천 마리의 양 떼를 보고 삼촌과 사촌들을 만나는 꿈을 꾸었다. 다음 날 아침에 일어나서 꿈에서 본 광경을 어머니에게 설명하는데, 어머니는 그 상세한 설명에 매우 놀랐다. 그날 삼촌으로부터 그들 세 식구를 초대하며 왕복 비용도 부담하겠다는 전보가 왔다. 그들은 삼촌의 초대를 기꺼이 받아들였다.

삼촌을 방문하고 싶다는 소년의 강렬한 욕망이 그의 잠재의식에 작용하여 그는 사차원의 신체를 이용해 삼촌의 목장으로 영혼 여행을 한 것이다. 소년이 삼촌의 목장에 도착해 본 광경은 잠자는 동안 영적 투시를 통해 본 광경과 똑같았다. 그가 믿은 대로 실현된 것이다.

## 재혼에 대한 공포는 어떻게 사라졌을까

어느 젊은 여성이 내게 말했다. "결혼하고 싶지만, 잘못된 남자에게 끌려 지난 결혼에서와 같은 실수를 반복할까 봐 두렵습니다." 두려움은 재혼하고 싶다는 그녀의 욕망과 갈등을 일으키고 있었고, 두려움이 그녀를 압도하고 있는 것 같았다. 나는 그녀에게 모든 것은 짝지어 나타난다고 설명했다. 예를 들어, 건강에 대해 생각하면 병에 대한 생각이, 부자가 된다는 생각을 하면 가난해진다는 생각이, 선한 마음에 대해 생각하면 나쁜 마음에 대한 생각이 자연스레 떠오르는 식이다.

나는 부정적인 생각을 극복하려면 두려움과 완전히 상반되는 생각에 집중해야 한다고 설명하며, 제대로 된 상대를 만나 결혼하는 기쁨을 생각하여 마음을 고양하라고 권했다.

## 기쁜 일을 성취하는 기법

나는 그녀에게 다음과 같은 긍정 확언을 주었다.

> 나는 오직 하나의 전능한 힘이 있다는 것을 알고 있다. 그 힘에 반대하거나 도전하거나 그 힘을 손상할 수 있는 것은 아무것도 없다.

그것은 어떤 것에도 타격받지 않는 무적의 힘이다. 이제 나는 영적, 정신적, 신체적으로 나와 화합할 수 있는 좋은 사람을 만날 것이라고 선언한다. 나는 잠재의식이 그것을 실현하리라 믿고 이 생각에 온마음으로 집중한다.

두려운 생각이 들 때면 그녀는 "하나님이 내 소원을 들어주신다."라고 긍정했다. 이렇게 며칠이 지난 후, 두려움은 모든 힘을 잃고 사라졌다. 그녀는 자신의 이상에 마음속 믿음과 확신을 불어넣고 이를 키워 생명력을 갖게 한 것이다.

## 사차원에서 미래 남편의 신체(영체)와 만나다

그녀는 매일 밤 잠들면 현재의 평면 세계를 관통해 사차원이라는 다른 세계로 갔다. 그리고 긍정하기를 시작하고 얼마 지나지 않아, 나의 주례로 우리 집에서 결혼식을 올리는 생생한 꿈을 꾸었다. 그녀는 미래의 남편을 알아차렸고 내가 그의 이름을 부르며 결혼 서약을 반복하게 하는 음성을 들었다. 매우 생생하고 사실감 있는 꿈이었다. 그녀는 실제로 내 집에서 부처 상과 벽에 걸린 그림을 만져본 느낌이 들었다.

그녀는 큰 기쁨과 행복감에 젖어 눈을 뜬 후에 내게 전화해 꿈속에서 있었던 일을 말하며 나의 주례로 결혼식을 올리는 방의 모습을 세세하게 묘사했다. 나는 그녀가 잠든 사이에 전자로 이루어진 희미하고 가벼운 상태로 엄청난 속도로 진동하며 벽도 통과할 수 있는 사차원의 신체(영체)로 우리 집에 왔던 거라고 설명해주었다. 그리고 결혼이 마음의 다른 차원에서 이미 이루어졌으니 그녀의 확신과 내적 깨달음이 있다면 그 꿈이 실현될 것이라고 알려주었다.

## 영혼 여행의 마무리

큰 회사의 비서로 일하는 이 젊은 여성은 어느 임원 부인으로부터 집으로 초대를 받았다. 그 부인이 아들을 그녀에게 소개했다. 그런데 바로 그녀가 꿈속에서 본 그 남자가 아니가! "전에 당신을 본 것 같아요!" 그가 말을 건넸다. 그러고는 가본 적 없는 어떤 집에서 잘 모르는 목사의 주례로 결혼식을 올리는 꿈 이야기를 했다. 그들은 똑같은 꿈을 꾼 것이다. 그후 나는 그들의 결혼식 주례를 섰다. 그들이 사차원에서 경험한 것과 똑같은 예식이었다.

이 꿈은 그녀가 결혼하고 싶은 남성 유형에 대해 생각하자 그 생각이 잠재의식에 새겨져 사차원 세계에서 그 내용이 드라마화되어 나타난 것이다. 객관적으로 일어나는 모든 것은 먼저 주관적으로 일어나야 하기 때문이다. 그녀 잠재의식의 무한한 지성이 그들을 삼차원에서뿐만 아니라 사차원에서도 만나게 한 것이다.

## 모든 경험이 자신의 책임인 이유

습관적인 생각, 구상, 의견이 특정한 감정을 불러일으키면 그 감정은 잠재의식에 새겨지고, 마치 자동화 기계나 로봇처럼 살아가면서 이러한 패턴을 반복한다. 마음의 법칙은 잠재의식에 새겨진 것이 무엇이든(긍정적이든 부정적이든) 삶의 경험이나 상태, 사건으로 발현된다는 것이다. 당신의 생각이 '생명의 책'이라고도 불리는 깊은 내면의 마음에 글을 새기는 마음의 펜인 셈이다. 스스로 법칙, 규율, 규정을 만드는 이유이다. 이러한 법칙을 알면 마음에 성공, 행복, 평화, 조화, 풍요, 바른 행동, 안정감 같은 생각을 써나가며, 그로써 충만하고 행복한 삶으로 인도받는다.

## 세일즈맨은 어떻게 '징크스'에서 벗어났을까

어느 세일즈맨이 나를 찾아와 어려움을 털어놓았다. 오늘까지 나흘 연속으로 아무런 실적을 올리지 못했다는 것이다. 고객을 찾아가도 모두 "오늘은 바빠요."라던가 "오늘은 시간이 안 나네요." 같은 말만 듣는 걸 보면, 아무래도 재수가 옴 붙은 것 같다고 하소연했다.

그는 자신에게 너무 화가 난 나머지 이렇게 혼잣말했다. "되는 일이 하나도 없네. 상황이 나에게 불리하게만 돌아가. 난 망했어." 두려움으로 가득 찬 이 발언은 그의 잠재의식에 자리 잡았다. 그리고 비인격적인 잠재의식은 자동적으로 내적 두려움과 믿음을 확고히 하는 방향으로 작동하여 외부 세계의 사건과 반응했다. 다시 말해, 그는 잠재의식이 자기비판과 자기비하를 동반한 패배주의와 실패로 향하도록 자동 프로그래밍한 것이다.

## 그는 어떻게 자기 안에서 승리를 찾았을까

나는 그에게 성공과 행운을 회복하는 첫 단계는 자기비판을 완전히 멈추고 자신의 내면에 임재하신 하나님을 찾고, 신의 인도와 바른 행동, 조화와 풍요를 선택하는 것이라고 조언했다. 그리고 그에게는 꾸준히 성공, 성취, 승리를 이상으로 삼고 상상할 수 있는 능력이 있으며, 이 능력을 사용하면 깊은 내면의 마음은 이에 따라 반응한다고 덧붙여 설명했다. 그는 자신의 생각과 상상이 상태와 경험, 감정을 바꿀 수 있다는 사실을 더 명확하게 이해하기 시작했다.

이 세일즈맨은 다음의 확언을 이해하고 생활에 적용하여 불리한 방향으로 흐르던 흐름을 반대로 바꾸었다.

> 지금 이 순간부터 나는 최선만을 기대한다. 그러면 반드시 최선이 내게 올 것임을 알고 있기 때문이다. 나는 행운이 여러 방면에서 온다는 것을 알고 있다. 나 자신을 비난하거나 비하하는 느낌이 들

때마다 나는 즉시 "모든 면에서 나를 인도하고 보호하시는 분, 내 안에 계신 하나님을 찬양한다."라고 확언한다. 나의 진정한 본질은 신의 존재이며, 하나님은 내 안에 살고 계시며 모든 길에서 나를 번영케 하신다. 나는 성공과 풍요, 성취를 선언한다. 신의 사랑이 내가 가는 모든 길에 펼쳐져 꿈꾼 것 이상으로 나는 번영한다.

그는 틈날 때마다 이 확언을 반복하며 마음을 다잡았고, 마침내 자신의 업무 능력을 과거 수준으로 회복하며 매출 실적과 행운까지 되찾았다.

## 두려움에 떠는 의대생의 애처로운 사례

어느 의대생이 보내온 편지의 일부이다. "화가 나서 미치기 일보 직전의 상태입니다. 담당 교수님 한 분이 너무너무 싫습니다. 그분이 저를 낙제시켜서 부모님께 창피한 아들이 될까 봐 두려운 생각뿐입니다. 제 자신이 경멸스럽습니다. 지금 저는 굉장히 우울해서 아무도 만나고 싶지 않은 상태입니다. 이러다 교수님께 분노를 터뜨릴까 걱정입니다. 그러면 끝장인데요. 전 지금 두려움으로 제 정신이 아닌 것 같습니다."

나는 그에게 나를 찾아오라고 권했다. 편지로 길게 설명하기보다 대면 상담이 훨씬 유익하기 때문이다. 그와 대화를 나누며, 이 젊은 의대생이 자신은 낙제해야 한다고 생각하고 있다는 것을 발견했다. 나는 그가 느끼고 있는 두려움은 마음 깊은 곳에서 무의식적으로 자신은 벌을 받아야 하며, 자신이 잘못했으니 교수님이 그를 낙제시킬 것으로 생각하기 때문임을 파악했다. 그는 내가 말한 대로라고 인정했다.

## 좌절감의 근본적인 이유

어째서 이 젊은이는 의사가 되고 싶으면서도 시험에 낙제하고 싶었을까? 그는 폭압적이고 독단적인 아버지 밑에서 자랐다. 부모님은 끊임없이 싸우셨다. 아버지는 학업이나 여러 면에서 그에게 너무 높은 기준을 세웠고, 아버지의 기준을 맞출 수 없었던 그는 자신이 잘못해서 실패한 것이라고 생각했다. 어린 시절 그는 이러한 자신을 경멸했고 존재를 '거부당했다'고 느꼈다. 이렇게 자기연민과 자기처벌의 감정에 지배된 어린 시절을 보낸 그는 성인이 되어서도 이러한 거부와 자기부정의 감정을 반복했다. 그래서 교수 중 한 명이 그의 연구에 비판적인 견해를 제시하자, 그는 자신이 잘못했으니 벌을 받아야 한다고 느낀 것이다. 그러자 오랜 상처와 어린 시절의 심리적 트라우마 즉 상처받은 마음이 되살아났다. 그리하여 자신에게 스스로 상처를 입히고 의대에서 노력한 4년을 헛고생으로 만드는 생각에 휩싸이게 된 것이다.

자신에 대한 통찰력을 얻고 인간은 두려움과 적개심, 자기비난을 다른 사람이나 환경, 보이지 않는 힘에 투영하는 경우가 많다는 사실을 깨닫자, 그는 '내가 잘못한 것이다. 나는 실패자다. 나는 벌 받아 마땅해. 나는 쓰레기야. 그러니 물에 뛰어들어 죽어 마땅해.'라는 생각이 극단적인 결론임을 깨달았다. 이러한 부정적인 생각들은 잠재의식에 보내는 명령이며, 잠재의식은 이에 따라 반응한다. 그가 자신이 잘못이라는 말을 하자 그의 잠재의식은 그가 시험, 다른 사람들과의 관계, 학업, 세상을 대하는 자세가 좋지 않다고 생각하게 되었다. 그러면서 사고와 손실, 실패를 끌어당기는 결과를 초래했다.

## 자기비하의 부정적 생각에서 해방시킨 치료법

의학 공부를 한 그는 심사숙고 끝에 현재 처한 문제의 원인을 즉시 알아차리고 다음과 같이 단호하게 긍정하기 시작했다.

> 하나님의 존재가 나의 진정한 본성이다. 하나님은 모든 축복, 모든 조화, 모든 기쁨이시며 불가분의 완벽하고 온전하시며 영원하고 전능하신 존재이다. 어제, 오늘 그리고 영원히 항상 같은 진정한

모습이다. 내 안에 있는 나, 즉 생명 원리, 최고 권력과 통치권, 눈에 보이는 것과 보이지 않는 것을 아우른 만물의 창조자이다.

나의 다른 자아인 성격은 너무 어려서 부모님과 친척들, 선생님들을 비롯한 다른 사람들이 내 마음에 심어준 두려움과 미신, 잘못된 믿음을 거부할 수 없었던 어린 시절의 훈련, 세뇌, 가르침에 기인해 형성된 것이다. 나는 내 성격을 바꿀 수 있다. 나는 지금 그렇게 하고 있으며, 이렇게 긍정함으로써 내 잠재의식에 생명을 불어넣는 생각과 상상을 계속해 나갈 것이다.

하나님의 사랑이 부정적인 두려움의 모든 패턴을 없애시고 내 잠재의식을 채운다. 하나님의 평화의 강이 내 마음에 흘러넘친다. 나는 하나님의 선의 안에서 믿음과 확신으로 충만하며 하나님이 모든 길에서 나를 인도하시고 하나님의 정도가 나를 지배하심을 안다. 나는 교수님들과 내 주변의 모든 사람에게 사랑과 선의를 발산한다. 나 자신을 사랑과 힘, 아름다움이 가득한 무한한 바다와 하나가 되면 정화되어 온전해진다는 것을 안다. 하나님은 나를 사랑하시고 나를 보살피신다. 내가 하나님 가까이 가니 그분도 내 가까이 오시기 때문이다.

새로운 모습으로 다시 태어나 학교로 돌아간 이 젊은 의대생은 내게 진심을 담은 편지를 보냈다. "전 이제 '빛이 어둠을 물리치리라'는 의미를 이해합니다. 그리고 답이 나와 있는 십자말풀이가 어떻게 되는지도 알지요. 저는 규칙적으로 긍정 확언하며, 새로운 사람이 되었습니다."

이 예비 의사는 사랑과 빛, 진리, 아름다움이 가득 찬 무한한 바다를 자기 연민, 자기 부정, 자기 징벌로 채워진 잠재의식의 독 주머니로 오염된 마음의 바다로 흘려보내어 이러한 변화를 맞이할 수 있었다. 이로써 그는 정화되고 온전해진 것이다.

그는 자기 내면에서 두 가지 본성을 발견했다. 하나는 '오감(the five-sense)'이라고도 하는 타고난 자아로, 유전이나 환경, 잘못된 신학적 믿음에 좌우된다. 다른 하나는 영적인 자아로, 성경에서 '나'라고 불리는 하나님의 존재, 즉 순수한 생명 원리를 의미한다. 그는 내면의 영적인 힘을 찬양했고 정신적으로 그 힘과 합일을 이루어 신의 힘이 그의 생각과 감정, 믿음, 행동, 반응을 지배하게 했다. 그 결과, 오랜 인격이 죽고 하나님 안의 새로운 사람이 태어났다.

생각은 짝지어 온다. 오감 즉, 물질적 사람의 공격적인 생각은 반드시 파괴되고, 하나님의 생각이 부활하여 그 안에서 살아야 한다. "내가 땅에서 들어 올려지면 모든 사람을 나에게 이끌어 들일 것이다."(요한복음 12장 32절)

12장

# 정신과 영적인 배터리를 재충전하기

얼마 전 한 사업가와 대화를 나누던 중, 대화 말미에 그가 이렇게 물었다. "어떻게 하면 이 복잡하고 어지러운 세상에서 조용한 마음을 가질 수 있을까요? '뭔가를 이루어내는 것은 조용한 마음이다.'라는 말이 있잖습니까. 그런데 저는 혼란스럽고 마음이 복잡합니다. 신문이나 라디오, 텔레비전의 선전이 저를 반쯤 미치게 합니다."

나는 그에게 내가 그의 문제에 빛을 비추고 그의 두려움과 불안을 덜어 줄 영적인 약을 줄 테니, 일을 이루어내게 하는 조용한 마음을 가질 수 있을 것이라고 말했다. 그러면서 그의 생각이 아침, 점심, 저녁 온종일 전쟁과 범죄, 질병, 사고와 온갖 불행한 사건 중심으로 돌아간다면 자연스레 우울과 불안, 두려움에 빠질 수밖에 없다고 지적하면서, 그 반대로 우주와 만물의 생명을 지배하는 영원한 법칙과 원리를 생각하는 데 시간과 관심을 기울인다면, 자연스레 내면의 안정감과 평온으로 마음이 고양될 것이라고 설명했다.

## 영적인 치료약

이 사업가는 하루에 세 번 다음과 같은 진리를 마음에 채웠다.

"하늘은 하나님의 영광을 이야기하고 창공은 그분 손의 솜씨를 알리네."(시편 91편 1절) 나는 최고의 지성이 우주 행성들의 운행을 지배하며 온 세상을 통제하고 지시한다는 사실을 알고 있다. 그것은 절대적인 확실성을 가지고 작동하며 온 세상을 빛고, 밤이면 별들이 하늘에 나타나게 하시고, 우주의 은하를 다스리시는 신의 법과 명령이 있으며, 하나님이 우주를 다스리심을 안다. 나는 정신적으로 내 마음속 고요함 속으로 들어가 하나님의 영원한 진리를 묵상한다.

"한결같은 심성을 지닌 그들에게 당신께서 평화를, 평화를 베푸시니 그들이 당신을 신뢰하기 때문입니다."(이사야 26장 3절)

"나는 너희에게 평화를 남기고 간다. 내 평화를 너희에게 준다. 내가 주는 평화는 세상이 주는 평화와 같지 않다. 너희는 마음에 근심하지 말고 겁을 내는 일도 없도록 하여라."(요한복음 14장 27절)

"무질서의 하나님이 아니라 평화의 하나님이시기 때문입니다……."(고린도전서 14장 33절)

"평화가 여러분의 마음을 다스리게 하십시오."(골로새서 3장 15절)

## 삶의 중요한 가치에 집중하라

이 사업가는 현실의 근심과 걱정을 멀리하고 삶의 위대한 원칙과 진리에 주의를 기울이며 이를 사색하고 여기에 집중했다. 그는 사소한 일은 잊고 위대하고 훌륭하며 선한 것에 대해서 생각하기 시작했다. 그가 세상의 고난과 어려움에서 관심을 돌리고 이를 묘사하거나 심지어 이야기조차 하지 않게 되었을 때, 그의 불안과 걱정이 사라지고 조용한 마음이 자리 잡았다. 그는 하나님의 평화가 자신의 마음을 차지하게 하기로 마음먹었다. 그 결과, 그의 사업은 그의 올바른 판단에 힘입어 더욱 순조롭게 성장하고 있다.

## 어머니는 악화하는 상황을 어떻게 극복했나

한 젊은 주부는 불면증과 지속적인 심장 두근거림으로 고통에 시달렸다. 그녀는 심장에 문제가 있다고 확신했다. 그녀는 우울했고, 지속적으로 남편과 아이들에게 분노와 짜증, 적대감을 표출했다. 신문 헤드라인을 보고 화가 치밀어 그 지역 국회의원에게 독설적이고 비판적인 편지를 쓰기도 했다. 나는 먼저 그녀를 심장 전문의에게 보냈다. 그는 그녀가 의학적으로는 아무 이상이 없지만, 감정적 갈등이 극심하며 세상에 매우 화가 난 상태라고 진단했다.

나는 긍정의 패턴을 추구하기 시작하면 가족과 타인을 향한 분노와 혼란스러운 감정이 해소되고, 내면의 무한한 존재와 힘의 합일을 이루어 질서와 조화, 사랑, 고요를 접촉함으로써 충만해질 것이라고 설명했다. 그리고 그녀가 깊은 마음으로부터 자동적으로 침착하고 평온하며 고요한 반응이 우러나면 모두에게 호의를 갖게 된다고 덧붙였다. 또 자신의 질병과 세계의 상황에 대한 걱정, 불안에 대한 이야기를 깨끗하게 멈춰야 한다고 강조했다. 마음은 보이는 것을 증폭하기 때문에 내면의 문제를 계속 이야기한다면 그 감정이 확대되어 상황이 악화될 뿐이다.

## 내적 평정심과 고요를 얻는 기법

이 젊은 부인은 성경의 치유 구절에 집중했다. 그렇게 하면 성경의 진리가 그녀의 잠재의식으로 침투해 그녀를 빛나고 행복하고 기쁘고 자유롭게 한다는 것을 알게 되었기 때문이다. 다음은 그녀에게 써준 치유에 관련된 성경 구절이다.

"내가 너에게 분명히 명령한다. 힘과 용기를 내어라. 무서워하지도 말고 놀라지도 마라. 네가 어디를 가든지 너의 하나님이 너와 함께 있어 주겠다."(여호수아 1장 9절)

"하나님을 사랑하는 이들에게는 (…) 모든 것이 함께 작용하여 선을 이룬다는 것을 우리는 압니다."(로마서 8장 28절)

"여러분의 모든 걱정을 그분께 내맡기십시오. 그분께서 여러분을 돌보고 계십니다."(베드로전서 5장 7절)

"주님은 나의 목자, 내게 부족함이 없어라. 푸른 풀밭에 나를 쉬게 하시고 잔잔한 물가로 나를 이끄시네. 당신께서 저의 원수들 앞에서 저에게 상을 차려 주시고 제 머리에 향유를 발라 주시니 저의 술잔도 가득합니다. 저의 한평생 모든 날에 선하심과 인자하심이 저를 따르리니 저는 일생토록 주님의 집에 사오리다."(시편 23편 1,2,5,6절)

이 영적인 음식에 관심을 집중하면서 그녀는 사람의 이해를 뛰어넘는 하나님의 평화를 빠르게 발견했다.

## 평온한 마음을 유지하는 방법

종교적 신념이 다른 여러 사업가와 전문가들과 이야기를 나눠 보니, 저마다 정기적으로 교회의 영성 수련회에 참가해 하나님의 말씀과 긍정, 명상의 기술을 듣고 묵상하는 시간을 갖는다고 한다. 아침 명상을 하고 나면, 들은 것을 묵상하며 며칠 동안 심지어 식사 시간에도 침묵을 유지하라는 지침이 들린다. 그러면 이 말씀에 따라 계속 매일 아침 주어진 지시와 명상 내용을 되새기며 차분하고 조용하게 살아야 한다.

그들 모두는 이런 시간을 갖고 나면 영적으로나 정신적으로 회복되어 새로워지고 충만한 상태로 돌아온다고 말했다. 그리고 사무실이나 공장 등 각자의 현업으로 복귀한 이후에도 매일 아침저녁으로 15분에서 20분 정도 조용한 묵상의 시간을 가지며, 성경 말씀이 사실임을 체감한다고 한다. "그러면 사람의 모든 이해를 뛰어넘는 하나님의 평화가 여러분의 마음과 생각을 그리스도 안에서 지켜줄 것입니다."(빌립보서 4장 7절)

## 정신적, 영적 배터리를 재충전하는 이점

이렇게 정신적 영적 배터리를 재충전한 전문가들은 믿음과 용기, 확신을 가지고 매일 일어나는 갈등과 성가신 일, 다툼 같은 여러 문제를 직면하고 대처할 수 있다. 그들은 에머슨의 말처럼 '미소짓는 휴식 속에 지내는 무한한 존재'와 조용히 합일을 이루어 새로이 회복된 영적인 힘을 얻는 곳을 알고 있다. 에너지, 힘, 영감, 인도, 지혜는 하나님과 합일을 이룬 마음의 침묵과 고요로부터 나온다. 이들은 마음을 편안히 하고 자기중심적인 자존심을 버려야 한다는 것을 배웠다. 그리고 눈에 보이는 것과 보이지 않는 것 모두를 창조하고, 만물을 시간을 초월해 영원히 다스리는 지혜와 힘을 인지하고 숭배하며 간구했다. 그들은 지혜의 길을 가기로 결심한 것이다. "지혜의 길은 감

미로운 길이고 그 모든 길 앞에는 평화가 깃들어 있다."(잠언 3장 17절)

## 조용한 마음은 손닿는 곳에 있다

내가 만약 당신에게 책을 선물하겠다고 하면, 책을 받기 위해 손을 뻗어야 한다. 마찬가지로, 하나님의 모든 부는 당신 안에 있으므로 그것을 받으려면 노력을 기울여야 한다. 하나님은 주시는 분이고 선물이시나 당신은 받는 사람이다. 마음을 열고 하나님의 평화의 강이 당신 안으로 흘러들어오게 하라. 하나님은 평화이시니 당신의 마음을 평화로 채워라.

다음의 시편 8편을 묵상해보라. 그러면 마음의 황무지를 적시고 고통받는 영혼에 안식을 가져다주는 생명과 사랑, 고요와 평온의 깊은 강을 찾게 될 것이다.

"우러러 당신의 하늘을 바라봅니다. 당신 손가락의 작품들을 당신께서 굳건히 세우신 달과 별들을. 인간이 무엇이기에 이토록 기억해 주십니까? 사람이 무엇이기에 이토록 돌보아 주십니까? 신들보다 조금만 못하게 만드시고 영광과 존귀의 관을 씌워 주셨습니다. 당신 손의 작품들을 다스리게 하시고 만물을 그의 발아래 두셨습니다."(시편 8편 3,4,5,6절)

시편의 이 구절에 담긴 영원한 진리와 우리가 속한 우주의 헤아릴 수 없는 본질을 명상하면, 우리를 창조하고 생명을 불어넣고 지지하며 주기적으로 조화로이 끊임없이 변화하지 않고 수학적으로 정확히 움직이는 무한한 마음과 무한한 지성이 당신에게 믿음과 확신, 강함, 안정감을 줄 것이다. 시편에서 말하듯 당신의 생각과 감정, 행동, 반응을 지배하는 것은 당신이다. 무한한 지성은 당신을 자존감과 뿌듯함, 힘으로 가득 채우고, 큰소리로 하나님을 영원히 찬양하며 일하고 기쁘게 살아가며 이 땅을 걸어 다닐 수 있는 힘을 준다.

## 내적 갈등을 어떻게 잠재울까

어느 날 베벌리힐스 거리를 걷고 있는데, 한 남자가 나를 알아보고는 발길을 멈추고 지금 본인이 몹시 심란하다고 이야기를 꺼냈다. "박사님이 생각하시기에 제가 고요한 마음을 얻을 수 있을 것 같으십니까? 지금 두 달이 넘도록 제 안에서 전쟁을 치르고 있답니다." 그는 내적으로 격렬한 갈등을 겪고 있었다. 그는 두려움, 의심, 증오, 종교적 편견으로 가득 차 있었다. 그는 딸이 다른 신앙을 가진 사람과 결혼한 데 분노했고, 사위가 정말 싫다고 말했다. 게다가 아들과는 말 한마디도 섞지 않고 있었다. 아들이 군대에 입대했는데 아버지인 그는 평화 운동 지지자였기 때문이다. 여기에 더해, 아내는 그에게 이혼 소송을 제기했다.

길모퉁이에 서서 오래 얘기할 수는 없어서, 딸이 자신이 꿈꾸던 남자와 결혼했다는 데 기뻐해야 하며, 사랑에는 신조, 인종, 교리, 피부

색이 상관없으니 서로 사랑한다면 결혼하는 게 당연하다고 간단히 얘기해주었다.

사랑은 하나님이고, 하나님은 비인격적이시며 사람을 차별하지 않으신다. 그리고 아들에 대해서는 그가 아들을 얼마나 사랑하는지 표현하고 그를 위해 기도한다고 전하라고 제안했다. 그리고 아들의 결정을 존중하고 그의 삶에 축복이 가득하길 바라는 것 외에 다른 간섭을 해서는 안 된다고 말했다. 또한, 그와의 대화를 통해 얻은 정보로 미루어, 결혼 생활의 다툼과 불화의 근본 원인은 아마도 어린 시절 겪은 어머니와의 해결되지 않은 갈등 때문일 것이며, 그는 아내가 어머니를 대신해주기를 기대한다고 말해주었다.

나는 이 영원한 진리를 종이에 적어 그에게 건네주며 읽고 그 뜻을 체화하라고 했다. "한결같은 심성을 지닌 그들에게 당신께서 평화를, 평화를 베푸시니 그들이 당신을 신뢰하기 때문입니다."(이사야 26장 3절) 나는 그에게 신뢰와 믿음, 확신을 가지고 마음을 하나님께 집중하면 생명과 사랑, 내적 고요함이 가슴을 가득 채움을 느낄 것이라고 말했다. 그리고 가족 중 누군가를 생각할 때마다 "하나님의 사랑이 내 영혼을 채우시고 하나님의 평화가 그 사람의 영혼을 채우시리라." 하고 말하라고 덧붙였다.

## 이러한 치유법은 어떻게 효력을 발휘했나

며칠 후 이 남성으로부터 짧은 편지를 받았다. "사는 게 지옥 같았습니다. 아침에 눈 뜨기 싫은 정도였지요. 잠을 자지 못해 매일 밤 수면제를 먹어야 했습니다. 그런데 박사님과 거리에서 만난 후, 제 가족과 제 자신을 하나님께 맡기고 끊임없이 긍정했습니다. '내 마음이 하나님께 머물러 있으니 하나님은 내 마음이 완벽한 평화 속에 있게 하실 것이다.' 그러자 믿기지 않는 변화가 일어났고, 지금 제 삶은 기쁨과 경이로움으로 가득 차 있습니다.

아내가 이혼 소송을 취하했고, 저희는 재결합했습니다. 그리고 딸과 사위 그리고 아들에게 편지를 썼지요. 이제 저희 가족 모두는 평화와 조화 속에서 서로를 이해하고 있습니다."

이 남성은 그저 마음에서 증오와 분노를 내려놓았을 뿐이다. 그런데 그가 내면의 평화의 황금 강에 자신을 바치자, 그 강이 그에게 반응하며 흘러 삶의 모든 조각이 신의 질서에 따라 제자리를 찾게 되었다.

## 어떻게 희생자가 되는 것을 멈추었을까

여름 동안 나는 콜로라도주 덴버에서 세미나를 진행하며 즐거운 시간을 보냈다. 그곳에서 면담한 한 남성이 자신의 이야기를 털어놓았다. "저는 모든 길이 막힌, 비참한 실패자입니다. 목장을 팔고 떠나버리고 싶지만, 일이 풀리지 않으니 감옥에 갇힌 듯 답답하기 짝이 없습니다."

"글쎄요." 내가 말했다. "만약 지금 내가 당신에게 최면을 걸면, 당신은 내가 암시하는 대로 순순히 믿을 겁니다. 추론하고 판단하는 당신의 의식이 활동을 멈추고 대신 논쟁을 일으키지 않는 잠재의식이 어떤 암시든 받아들일 테니 말입니다. 만약 내가 당신이 어느 범죄자를 추적하는 인도인 가이드라고 암시하면 당신은 그자를 찾기 위해 몰래 산을 뒤질 것입니다.

만약 내가 당신은 감옥에 갇혀 있지만 나올 수 있다고 하면, 당신은 자신이 벽과 철창으로 둘러싸인 감옥에 갇힌 죄수라고 믿고서 내 암시대로 탈출하기 위해 미친 듯이 노력할 겁니다. 벽을 뛰어넘으려 할 테고, 열쇠를 찾아 탈출하려 하겠지요. 그야말로 탈출하기 위해 무슨 짓이든 할 겁니다. 그리고 이곳 콜로라도의 이 탁 트인 넓은 공간에 바람처럼 자유롭게 서 있겠지요. 이는 잠재의식이 그러한 암시에 순응하여 충실히 실행했기 때문입니다.

마찬가지로, 당신은 잠재의식에 '목장을 팔 수 없다, 나는 이곳에서 못 벗어날 거다, 덴버로 이주해서 하고 싶은 일을 할 수 없다, 빚이 있다, 변화를 시도할 때마다 발목 잡힌다'라고 암시했습니다. 당신의 잠재의식에게는 주어진 암시를 받아들이는 것 외에 다른 선택지가 없습니다. 당신이 잠재의식에 새긴 것 외에 다른 모든 것은 망각하기 때문입니다.

사실상 지금의 상황은 당신이 스스로 최면을 걸고 암시하여 만든 결과입니다. 스스로 만들어낸 속박과 제한으로 고통받고 있으며 잘못된 의견과 신념으로 인해 끊임없이 정신적 갈등에 시달리고 있는 것입니다."

## 바르게 생각하는 법 배우기

나는 그에게 오랜 진리를 따르라고 제안했다. "정신을 새롭게 하여 자신을 변화되게 하라. 회개하여라, 하늘나라가 가까이 왔다." 회개한다는 것은 다시 생각한다는 뜻이다. 즉, 기본 원칙과 영원한 진리의 관점에서 생각하는 것이다. 나는 그에게 현재 구속을 떨치고 일어나 잘될 것이라고 주장하라고 말했다. 셰익스피어가 말했듯, '마음만 그렇다면 만사가 다 준비된 것'이니 말이다.

## 그를 구원한 '처방전'

나는 그에게 선한 생각을 받아들일 수 있도록 마음의 준비를 해야 한다고 조언했다. 조화와 건강, 평화, 인도, 풍요, 안정감의 왕국이 손 닿는 곳에서 그가 선을 받아들이기만을 기다리고 있기 때문이다. 그리고 다음과 같은 긍정 확언을 써주었다.

내 마음은 이제 영원하며 변치 않는 하나님의 진리에 빠져들어 깊이 매료되었다. 나는 지금 마음을 고요히 하고 하나님께서 내 안에 살고 계시며 내 안에서 걷고 말씀하신다는 위대한 진리를 묵상한다. 나는 여전히 마음의 수레바퀴를 돌리며 하나님이 내 안에서 살고 계심을 알고 있다. "너희 아버지께서는 그 나라를 너희에게 기꺼이 주기로 하셨다.", "네 길을 주님께 맡기고 그분을 신뢰하여라. 그분께서 몸소 해주시리라." 나는 이 진리를 알고 있으며 그렇다고 믿는다.

무한한 지성이 내 목장을 원하는 구매자를 보내주시고, 그는 그 안에서 번영을 누린다. 신이 인도한 거래이니 우리 모두 축복받는다. 구매자도 바른 사람이라서 정당한 가격으로 거래가 이루어지고, 내 마음 깊은 곳의 잠재의식의 흐름이 우리 두 사람을 모두 신의 질서 안에서 하나 되게 할 것이다. 나는 '마음만 그렇다면 만사가 다 준비된 것'의 의미를 알고 있다. 따라서 걱정이 마음에 떠오르면, 즉시 "그 무엇도 나를 움직이지 못한다."라고 단언하고 내 마음의 고요함, 편안함, 평정, 침착함을 회복할 것이다. 나는 나 자신을 위해 자유롭고 풍요로우며 안정된 새로운 세계를 만들고 있다.

몇 주 후 이 목장주로부터 전화가 걸려왔다. 마침내 목장이 팔려서 덴버로 갈 수 있게 되었다는 것이다. 그는 더 이상 마음의 감옥에 갇혀 있지 않았다. 그는 "부정적인 사고를 함으로써 결핍과 한계, 제한으로 둘러싸인 감옥에 제 자신을 스스로 가뒀다는 사실을 깨달았습니다."라고 말했다.

이 남성은 생각이란 창의성을 발휘하며, 그가 느낀 좌절감은 다른 사람들의 암시를 그가 거절할 수 있었음에도 그대로 받아들인 결과일 뿐 사건과 환경, 조건이 원인이 아니라는 것을 깨달았다. 그는 주변 사람들이 암시한 두려움과 한계를 완전히 거부하는 대신 오히려 여기에 빠져들었다. 그러나 직선적인 사고가 그의 세계에서 유일한 근거이자 힘임을 깨닫고, 긍정 확언을 반복하면서 건설적으로 생각하는 힘을 얻고 보편적 원칙에 따라 현명하게 선택할 능력이 있음을 입증했다.

불안, 걱정, 두려움이 당신을 찾아오면, 평정심을 유지하고 이렇게 긍정하자. "산들을 향하여 내 눈을 드네. 내 도움은 어디에서 오리오?" 그리고 단호하게 자신에게 선언하라. "이 어떤 것도 나를 흔들지 못하노라."(사도행전 20장 24절)

## 13장

# 모든 면에서 당신을 인도하는 무한한 힘

신의 인도의 원리는 당신 안에서 그리고 온 세상에서 작동하며, 내면의 무한한 지성을 사용하면 꿈꾸었던 것 이상의 많은 멋진 경험과 일이 당신에게 일어나게 할 수 있다. 이번 장에서는 당신의 삶에 온갖 축복을 끌어당길 수 있도록 인도의 원칙을 다양한 형태로 살펴보자.

### 여성은 어떻게 좋은 반려자를 만났을까

두 번의 결혼에 실패한 젊은 비서가 내게 털어놓았다. "세 번째는 실패하고 싶지 않아요. 과거 두 번의 실패는 겉모습으로 판단했기 때문이라는 걸 알고 있어요. 그런데 인도의 원칙을 제 삶에 어떻게 적용해야 할지 모르겠어요. 제가 지금 긍정하는 확언이 맞는지 살펴봐 주세요." 그녀가 긍정하는 확언은 다음과 같았다.

내 안의 무한한 지성이 내게 좋은 반려자를 데려다준다. 그는 성격이 좋고, 호감형이며, 다정하고 영적인 마음을 가진 사람이다. 나는 그에게 기쁨과 행복을 더하여 우리 사이에는 조화와 평화, 서로에 대한 이해가 존재한다. 나는 무한한 지성이 내 생각에 반응한다고 확실히 믿으며, 절대 실수하지 않는다는 것을 알고 있다. 나는 나와 잘 맞는 좋은 반려자를 만날 것이라고 기대하며 긍정적으로 확신하며 믿는다. 나는 이제 그 원칙이 작용하고 있으며 내가 그 빛 속을 걷고 있음을 알고 있다.

나는 그녀가 직접 쓴 긍정 확언과 그녀 내면의 힘을 끌어내는 과정에서 보인 지성과 지혜에 대해 칭찬했다. 신의 인도의 원리가 그녀에게 작용하여, 그녀는 재미있고 잘 맞는 멋진 남성을 매료시켰다. 그 후 나는 그들의 결혼식에 주례가 되는 영광을 누렸다.

## 신의 인도는 어떻게 작용하나

무한한 힘을 사용해 낯선 사람이나, 친척 혹은 친한 친구 등 다른 사람을 인도할 수도 있다. 이는 무한한 인도의 힘이 당신의 생각에 반응한다는 것을 알고 이 무한한 반응을 믿기 때문에 가능한 일이다.

나는 많은 사람을 위해 무한한 힘을 사용하여 놀랍고 멋진 결과를 얻었다.

어느 날, 젊은 엔지니어가 내게 전화했다. "제가 일하는 회사가 더 큰 회사로 매각될 예정입니다. 그런데 저는 그 새 회사에는 필요가 없다고 통보받았습니다. 저를 위해 신의 인도를 기도해주시겠습니까?" 나는 그에게 무한한 인도의 원리가 존재하며 이 원리가 자신의 뜻을 펼칠 곳으로 나아가는 새로운 문을 보여줄 테니, 그는 그저 보일의 법칙이나 아보가드로의 법칙 같은 과학 법칙을 믿는 것처럼 이 법칙을 믿기만 하면 된다고 말했다.

나는 그 원리를 다음과 같이 적용했다. 먼저 이 엔지니어가 내게 이렇게 말하는 모습을 상상했다. "급여가 높은 좋은 일자리를 찾았습니다. 예상치도 못하게 그런 기회가 주어지더군요." 그와 통화를 끝내고 3-4분 정도 이렇게 상상하고서는 완전히 잊어버렸다. 나는 분명 응답이 있으리라고 믿고 기다렸다.

다음 날, 그가 전화를 걸어와 새 엔지니어링 회사의 좋은 일자리 제안을 수락했다고 알려주었다. 그는 그 제안이 '예상치도 못하게' 왔다고 말했다!

하나의 마음만 있기에, 내가 주관적으로 상상하며 사실이라고 느낀 것이 그 엔지니어의 경험에서 실현된 것이다. 당신이 무한한 인도의 원리를 청하면 반드시 응답받는다. 일어날 것이라고 믿는 것은 반드시 일어난다.

## 진정으로 자신의 자리로 인도받으려면

하나님은 무한한 생명이시며 인간은 그 발현으로 만들어진 영원한 생명임을 알아가면서 무한한 인도의 힘에 대한 확신과 신뢰를 쌓게 된다. 생명의 원리는 당신을 통해 표현되고자 한다. 당신은 독특하며 전혀 다른 존재이다. 당신은 다르게 생각하고 말하고 행동한다. 세상에 당신과 똑같은 사람은 어디에도 없다. 생명의 원리는 결코 동일하게 반복되지 않는다. 당신에게는 특별하고 당신만의 독특한 재능과 능력이 있다는 것을 깨닫고 이해하고 믿어라. 당신이 당신이기 때문에 이 세상 누구도 할 수 없는 특별한 방법으로 무언가를 해낼 수 있다. 당신은 자신을 완전히 표현하고 사랑하는 일을 함으로써 운명을 성취하기 위해 이 자리에 있는 것이다.

당신은 중요한 존재이다. 당신은 하나님의 기관이며 표현이다. 하나님은 당신이 있는 그 자리에서 당신을 필요로 하신다. 그렇지 않으면 여기에 있지 않을 것이다. 하나님은 당신 안에 살고 계신다. 하나님의 모든 능력과 특징, 자질은 당신 안에 있다. 당신은 믿음과 상상력, 선택하고 상상할 힘을 가지고 있다. 그러니 당신이 생각하는 방식대로 자신의 운명을 형성하고 만들어 창조하라.

## 인도의 원리는 어떻게 목숨을 구했나

《에멧 폭스와 그의 업적Emmet Fox, The Man and His Work》의 저자인 고(故) 해리 게이즈 박사는 모든 일을 할 때 인도의 원리가 적용된다고 믿었다. 한 번은 그가 비행기를 타려는데, 내면의 목소리가 가지 말라고 말했다. 가방이 이미 비행기에 실린 상태였지만, 그는 짐을 내리고 여정을 취소했다. 이렇게 직관적 충동을 따른 행동이 그의 생명을 구했다. 그 비행기에 탄 사람들 모두 목숨을 잃었기 때문이다.

게이즈 박사가 가장 좋아하는 성경 구절은 시편 91편 11~12절의 말씀이다. "그분께서 당신 천사들에게 명령하시어 네 모든 길에서 너를 지키게 하시리라. 행여 네 발이 돌에 차일세라 그들이 손으로 너를 받쳐 주리라."

## 올바른 행동을 하도록 당신을 인도하신다

신의 인도는 당신의 동기가 올바르고, 진정한 내적 욕망이 올바른 일을 하는 것일 때 나타난다. 당신의 생각이 옳을 때, 즉, 황금률과 모두에게 선의를 베푸는 법칙에 부합할 때, 내적 평화와 평온함이 당신 안에서 샘솟는다. 이러한 내적 평온함, 균형감, 평정심은 삶의 모든 단계에서 올바른 행동을 하게 이끈다. 당신 자신이 바라는 것을 다른 사람을 위해서도 진심으로 바라는 것이 사랑을 실천하는 것이고, 이로써 건강과 행복, 마음의 평화가 이루어진다.

## 어떻게 인도받을 수 있을까

건축업에 종사하는 한 친구는 항상 바빠서 사업상 요구 사항에 제대로 대응하지 못한다. "사람들은 내게 일 처리 속도가 늦다고 하지만, 나는 쏟아지는 그들의 요구에 도저히 발맞추지 못하겠어." 그는 과거에 많은 실수를 저질렀고 두 번이나 사업 실패를 겪고 재산을 잃었는데, 6년 전 《잠재의식의 힘》을 탐독한 뒤 그 안에 설명된 원리를 적용하기 시작했다고 덧붙였다. 그러면서 그가 늘 지니고 다니는 긍정 확언 카드를 보여주었다. 그 내용은 다음과 같다.

건축업자 친구는 이 긍정 확언에 따라 자동적으로 모든 선함으로

> 나는 내가 저지른 과거의 모든 실수를 용서한다. 나는 아무도 탓하지 않는다. 내 모든 실수는 성공과 번영, 발전으로 가는 디딤돌이었다. 하나님이 언제는 나를 인도하시니 내가 하는 일은 무엇이든 옳을 것이라고 마음 깊이 믿는다. 나는 두려움 없이 자신있게 앞으로 나아간다. 내가 하는 모든 일에 최선을 다한다. 나는 모든 면에서 고양되고 인도받으며 지시를 받고 뒷받침되며 번영하고 보호받고 있음을 느끼고 믿고 주장하며 알고 있다. 나는 옳은 일을

하고, 내게 응답하는 잠재의식 속에 무한한 지성이 존재함을 알고 있다. 나는 고객들에게 최선을 다한다. 적절한 가격을 제시하도록 인도받고, 무엇을 해야 하는지 영감을 받으면 그렇게 한다. 나는 올바른 사람들을 끌어당겨, 그들과 화합하며 일한다. 이러한 생각들이 내 잠재의식으로 가라앉아 주관적인 패턴을 형성한다는 것을 알고 있으며, 습관적인 생각에 따라 잠재의식으로부터 자동적인 반응을 얻을 것이라고 믿는다.

인도되었다. 그는 자신이 하는 모든 일에 번영을 만들어내는 미다스의 손길이 미치는 것 같다고 말했다. 6년이 넘도록 그는 사업상 어떤 잘못을 저지르거나 손실을 입지 않았으며 노사 분쟁도 겪지 않았다. 그는 진정으로 신의 인도를 받고 있었다.

기억하라. 잠재의식은 의식의 생각과 이미지의 본질에 반응한다.

## 신의 인도가 진정한 재능을 일깨우다

한 청년이 내게 말했다. "하는 것마다 실패했어요." 그는 음악 분야에서도, 배우로서도, 사업에서도 실패를 겪었다. 나는 그에게 이 모든 문제에 대한 해답은 자신의 내면에 있으며, 인생에서 진정으로 자신을 드러낼 기회를 찾을 수 있다고 위로하면서, 자신이 좋아하는 일을 할 때 행복과 성공과 번영을 거머쥘 수 있다고 설명했다.

내 제안에 따라 그는 다음과 같이 긍정했다.

나는 앞으로 인생에서 더 높이 올라갈 힘이 있다. 나는 성공할 운명이므로 모든 걸 이겨내는 건설적인 삶을 살아가겠다고 굳게 결심한다. 나는 이제 성공으로 가는 왕도가 나의 것이라는 내적 확신에 도달한다. 내 안의 무한한 지성이 숨겨진 재능을 드러내고, 나는 내 의식, 추론하는 마음에 들어오는 지시를 따른다. 나는 이 모든 것을 명확히 인지한다. 이제 성공은 나의 것, 부도 나의 것이다. 나는 내가 좋아하는 일을 하고 있으며, 멋진 방식으로 인류에게 봉사하고 있다. 나는 인도의 원리를 믿으며, 내가 믿는 대로 행해지듯 응답이 올 것임을 알고 있다.

몇 주 후, 마음의 과학에 따라 이 청년에게 사역을 위해 공부해야겠다는 강렬한 열망이 생겨났다. 현재 그는 교사, 목사, 상담가로서 엄청난 성공을 거두었고, 자신의 일에 큰 행복을 느낀다. 그의 내면의 재능을 알고 그의 믿음에 따라 이를 보여준 무한한 인도의 원리를 발견한 덕분이었다.

## 노부인은 어떻게 마음속 부를 발견했을까

한 노부인과 매우 흥미로운 대화를 나눴다. 그녀는 80세가 넘었는데도 정신이 맑고 총명하며 의욕적이며 활기가 넘쳤다. 이는 그녀의 존재에 생기를 불어넣은 신의 영적 작용 덕분이었다. 그녀는 몇 주 동안 잠들기 전 상위 자아에게 요청했다. "내 상위 자아는 내 마음속에서 완성되어 쉽게 시각화할 수 있는 새로운 아이디어를 보여준다. 그리고 이 아이디어는 모든 사람에게 축복이 된다." 마음속에서 완성된 새로운 발명품의 모형이 떠오르자 그녀는 이를 그림으로 그려 엔지니어인 아들에게 주었고, 그는 이에 대해 특허를 받았다. 그녀는 어느 회사로부터 이 특허 사용료로 5만 달러에 달하는 매출액 일부를 받았다.

그녀는 자기 내면의 최고 지성, 무한한 인도의 원리가 반응하여 그 아이디어는 더 이상 개선할 필요가 없을 정도로 완성될 것이라고 믿었다. 그녀의 긍정 확언은 기대하고 시각화하고 계획했던 대로 이루어졌다.

당신이 무슨 직업이든 무슨 사업을 하든 상관없이, 자신의 마음을 고요하게 하고 잠재의식의 무한한 지성에게 당신과 세상에 축복이 될 새로운 아이디어를 보여달라고 요구할 힘이 있다. 그러니 답을 얻는다고 굳게 믿어도 된다. "그들이 부르기도 전에 내가 대답하고 그들이 말을 마치기도 전에 내가 들어주리라."(이사야 65장 24절) 모든 것에 대한 답은 이미 당신 안에 있다. 그것은 태초부터 거기에 있었다.

하나님은 당신 안에 사시며 하나님은 그 답을 알고 계신다.

## 인도의 원리는 당신이 찾는 것을 어떻게 끌어당기는가

아일랜드에 사는 한 친구로부터 편지가 왔다. 삼촌의 농장이 그녀의 오빠에게 상속되었는데, 그는 1922년에 미국으로 떠난 뒤 여태 감감무소식이라는 것이다. 그녀는 그를 찾아 편지를 보낼 수 있을지 물었다. 그 가족들은 아일랜드에서 변호사를 고용해 이 일을 의뢰했지만, 아무것도 찾지 못했고 작은 실마리조차 얻지 못했다. 게다가 내 친구는 오빠 사진조차 가지고 있지 않았다.

어느 날 밤, 나는 조용히 앉아 마음을 가라앉히고 시편 23편을 읽었다. 휴식과 마음의 평온을 얻는 데 가장 효과적인 부분이다. 시편 23편에서 다윗은 주님이 그를 푸른 풀밭과 잔잔한 물가로 이끄시었다고 밝히는데, 이는 무한한 인도의 원리가 인간에게 답을 제시하고 그를 평화롭고 행복하며 기쁜 상황으로 인도한다는 의미이다. 다윗은 이 인도의 원리를 믿었기에 응답받을 수 있었다. 그가 언급한 주님은 당신을 창조하고 지탱하는 잠재의식 속에 사는 창조적 지성이다.

어느 날 밤, 시편에 담긴 지혜를 묵상하던 중 나는 다음과 같은 생각이 들었다. '행성들의 운행을 인도하고 태양을 빛나게 하고 온 우주를 지배하는 무한한 인도의 원리는 내 안의 인도의 원리와 똑같다.

그것은 모든 것을 알고 모든 것을 본다. 이 최고의 지성은 그 사람이 어디에 있는지 알고 있으므로 그 답을 알려줄 것이다. 그는 즉시 여동생에게 연락할 것이다. 오직 하나의 마음만 존재하며, 마음의 원리에는 분리란 존재하지 않는다. 게다가 마음에는 시간이나 공간도 존재하지 않는다. 나는 이제 그의 소재지가 즉시 알려져 아일랜드에 있는 여동생과 변호사에게 연락이 닿을 것이라고 단언한다. 내 안의 이 무한한 지성은 이것을 실현하는 방법을 가장 잘 알고 있으며, 그만의 방식으로 이를 처리한다. 나는 이렇게 된다고 믿고 받아들이며 지금 이루어짐에 감사한다.'

인도의 원리가 작용하는 방식은 매우 계시적이며 감동적이다. 몇 주가 지난 후, 나는 아일랜드의 그 친구로부터 편지를 받았다. 오빠가 그녀를 방문하러 오는 중이라고 전보를 보내왔다는 것이다. 1922년 4월 집을 떠난 이후 46년 만에 처음 받은 연락이었다. 이는 단순한 우연이 아니었다. 이 세계를 이루는 법칙과 질서가 작용했기 때문이다. 우연히 일어나는 일은 없다. 에머슨이 말하지 않았나. "모든 것은 뒤에서 밀려서 일어난다." 내 생각은 우리 모두가 그 안에서 살고 활동하고 존재하는 보편적인 잠재의식으로 들어가 온 우주에 스며들었다. 이 생각을 실종되었던 오빠가 받아들이자, 삶의 인도 원리가 그 즉시 여동생과 연락하게 밀어붙인 것이다.

그녀는 다음 편지에서 오빠의 이야기를 전해주었다. 어느 날 밤, 그는 고향에 가서 여동생에게 연락하고 싶은 끈질기고 강렬한 충동이 들어 도무지 잠을 이룰 수 없었다. 그는 이 심령적 충동에 즉시 반응하여 동생에게 전보를 보내고 아일랜드행 비행기 표를 끊었다. 그리고 고향에 도착했을 때 그는 자신의 깊은 마음이 고향으로 돌아가라고 속삭이며 독촉한 것이 멋진 농장과 예쁜 집을 물려받았다는 축복을 알려주기 위해서였다는 것을 깨달았다.

우리는 긍정 확언이 어떻게 이행될지 결정하지 못한다. 성경에서는 이렇게 말한다. "하늘이 땅 위에 드높이 있듯이 내 길은 너희 길 위에, 내 생각은 너희 생각 위에 드높이 있다."(이사야 55장 9절)

## 14장

# 무한한 힘의 치유력

우리의 몸을 만든 창조적 지성은 그 치유법도 알고 있다. 그리고 당신 내면의 무한한 치유의 존재는 몸의 모든 작용 과정과 기능을 알고 있다. 이러한 무한한 힘과 합일을 이루면, 그 힘이 당신의 생명 속에서 활동하며 효력을 발휘할 것이다. 성경에서는 이렇게 말한다. "나는 너희를 낫게 하는 주님이다."(출애굽기 15장 26절)

건강과 활력, 튼튼한 활력은 태어나면서부터 하나님으로 받은 선천적 권리이다. 이번 장에서는 빛나는 건강을 얻고 이를 누리기 위해 무엇을 어떤 식으로 해야 하는지 자세히 살펴보자. 여기서 다루는 방법과 기법을 실천하기를 권한다. 그러면 분명히 건강과 조화, 평온으로 가는 길을 찾을 수 있을 것이다.

## 건설적인 사고를 통해 얻을 수 있는 건강

성경 잠언에서는 말한다. "그 마음의 생각이 어떠하면 그 위인도 그러한즉"(잠언 23장 7절) 여기서 마음의 생각이란 잠재의식을 의미한다. 잠재의식에 심어진 생각과 의견, 믿음은 몸과 사업, 그 밖의 다른 모든 일에서 분명히 드러난다. 그리고 건강은 하루 종일 생각하는 방식에 의해 크게 좌우된다. 마음을 온전함, 아름다움, 완벽함, 생명력에 대한 생각으로 인도하면 행복감을 경험하지만 걱정, 두려움, 증오, 질투, 우울, 비탄의 생각에 잠겨 산다면 몸과 마음이 병들고 하는 일마다 어려움을 겪게 된다. 당신은 당신이 온종일 생각하는 것 그 자체이다.

## 무한한 치유의 힘은 어떻게 발산되나

나는 만성 인후염과 열이 떨어지지 않아 고생하는 젊은 여성을 내 의사 친구에게 보냈다. 그는 이 병을 '연쇄상구균'으로 인한 인후염으로 진단하고 항생제와 가글액을 처방했다. 그러나 항생제를 비롯한 약이 그녀의 병에 약효를 발휘하지 못했다. 그는 본인의 처방이 효과를 보지 못한 이유를 도통 알 수 없었다. 내 요청에 따라 그녀가 나를 보러 왔다. 나는 그녀에게 혹시 뭔가 말하지 않고 마음에 담아 두고 있는 게 있는지 물었다. 만약 그렇다면, 나와 그 문제를 함께 이야기하면 병이 나을 수도 있다고 말했다.

그러자 그녀가 예상치 못한 말을 꺼냈다. “저는 어머니가 싫고 우리 집도 싫습니다. 어머니는 권위적이고 매사 일방적입니다. 그래서 본인이 생각하기에 제게 적합한 남자와 저를 결혼시켜서 제 인생을 통제하려고 합니다.”

이러한 분노와 어머니를 향한 죄책감이 열을 동반한 인후염으로 나타난 것이다. 나는 그녀에게 어떨 때는 어머니를 사랑하면서도 어떤 때는 어머니를 미워하는 사랑과 증오의 양가감정이 병의 원인이라고 설명했다. 그녀는 그 남자와 결혼하고 싶지 않았기 때문에 그녀의 잠재의식이 인후염을 일으켜 그녀에게 협력했다. 사실상 그녀의 잠재의식이 의식에게 이렇게 말한 셈이다. “당신이 병에 걸려 있는 한 그 남자와 결혼할 수 없어.” 그녀의 몸은 이렇게 잠재의식의 욕망에 순응한 것이다.

## 그녀는 어떻게 건강을 회복했나

내 제안에 따라 그녀는 어머니에게 그 남자를 사랑하지 않으니 그와 결혼하지 않겠다고 분명히 긍정적으로 말했다. 그리고 집을 나와 독립하고 스스로 모든 결정을 내리겠다고 마음먹었다. 나는 그녀의 어머니를 만나, 딸에게 사랑하지 않는 남자와 결혼하라고 하는 것은 완전히 잘못된 행동이며, 사랑이 아닌 다른 이유로 결정한 결혼은 터

무니없고 우스꽝스러운 거짓에 불과하다고 지적했다.

그 어머니는 현명하게도 내 말에 동의하고는, 딸에게 그녀가 원하는 사람과 결혼해도 좋다고 승낙하고 더 이상 딸에게 무엇을 하라고 강요하지 않을 테니 바람처럼 자유롭게 살라고 말했다.

## 치유의 기적이 일어나다

이 젊은 여성은 어머니와 마음을 터놓고 이야기를 나눈 끝에 서로를 용서하고 사랑과 선의를 회복했다. 그러자 그녀의 병은 완벽히 치유되었고, 그후 더 이상 아프지 않았다.

## 건강을 주는 힘은 어떻게 발산할까

최근 어느 젊은 은행가와 이야기를 나눈 적 있다. 그는 매우 신경질적이고 과민한 상태로, 몸과 마음이 병든 것처럼 보였다. 그는 "전 독감에 걸렸습니다. 이 독감이 저를 갉아먹고 있어요." 나는 그에게 정신적이며 영적인 처방을 써주고는, 이를 믿고 기대하며 반복하면 그 안에 담긴 건강과 온전함, 힘에 대한 생각이 그의 잠재의식에 침투하여 놀라운 결과를 얻을 것이라고 강조했다. 다음은 내가 그에게 준 처방전이다.

나는 강하고 튼튼하며 다정하고 타인과 잘 어울리며 활력이 넘치고 역동적이며 기쁨과 행복이 가득 차 있다.

그는 이 처방대로 된다고 인식하면서 하루에 서너 번, 5분 정도 이 확언을 반복했다. 일주일 정도 지난 후, 그가 내게 전화를 걸어와 말했다. "박사님이 제게 주신 영적인 약이 기적처럼 효과를 나타냈습니다. 지금부터 저는 제게 속한 것은 무엇이든 하나님을 닮으며 좋은 소식이 되도록 하겠습니다." 그는 성과가 있으리라 기대했고 잠재의식의 반응을 믿었다.

## 잠재의식의 무한한 치유력

어느 어머니가 열 살짜리 아들을 데리고 나를 찾아왔다. 이 소년은 심한 천식을 앓고 있었다. 그는 여름에 샌프란시스코의 할아버지 댁에서 지낼 때는 별 증상이 없었는데, 집으로 돌아오자 역시나 천식이 재발하여 다시 증상을 완화하는 약을 먹어야 했다.

그 소년과 단둘이 이야기를 나누면서, 나는 그의 아버지와 어머니가 항상 다투며, 소년은 이런 모습을 보면서 부모님이 헤어져 가정이 깨질까 봐 두려워하고 있다는 사실을 알게 되었다. 이 소년은 모든 면에서 완벽히 정상이었다. 문제는 가정 내의 갈등과 다툼이었다. 소년의 어머니와 상담하면서, 나는 그녀가 남편에게 엄청난 적대감과 억압된 분노를 품고 있다는 사실을 발견했다. 그녀는 가끔 남편에게 접시를 던졌고, 두 번 정도 남편에게 맞기도 했다고 털어놓았다. 소년은 부모 사이의 이러한 감정적 십자포화에 휘말려, 결국 두려움과 깊은 불안감에 시달리게 되었다.

## 무한한 치유력의 기적적인 효과

나는 소년의 부모를 한자리에 불러 아이들이 가정 내 정신적, 정서적 분위기에 어떻게 고통받는지 설명했다. 그들이 그 소년을 사랑하고 있다는 건 의심의 여지 없이 분명히 알고 있다면서, 그들이 소년을 세상에 데려온 만큼 부모로서 가정에 사랑과 평화, 조화가 있다는 것을 보여줄 도덕적이고 영적 의무가 있다고 지적하며 소년에게 자신은 부모에게 사랑받는 소중하고 감사한 존재라는 메시지를 전해야 한다고 덧붙였다. 그리고 소년이 안정감을 원한다는 사실을 설명하며, 부모 사이의 사랑과 조화가 회복되면 천식 증상도 사라질 것으로 믿는다고 했다. 소년의 천식은 두려움과 불안이 표현된 증상이기 때문이다.

## 아들의 치유를 바라는 부모의 긍정 확언

나는 소년의 부모에게 긍정 확언을 써주며, 그들이 서로와 아들을 위해 기도할 때 억압된 모든 증오와 악의는 신의 사랑에 의해 자연스럽게 사라진다는 것을 믿으며, 밤낮으로 기도하라고 제안했다. 다음은 그들에게 준 긍정 확언이다.

> 우리는 하나님이 우리 안에 계시며 그분의 무한한 치유력이 우리 각자를 통해 흐른다는 사실을 마음속 깊이 받아들이며 둘이 한마음으로 기도한다. 우리는 서로에게 사랑과 평화, 선의를 발산한다. 우리는 서로에게 임재하신 하나님을 보며, 상대에게 친절하고 다정하며 호의적으로 말한다. 우리는 하나님의 빛과 사랑, 기쁨이 우리 둘 사이에서 매일 조금씩 커지며 표현되고 있음을 알아가면서 정신적으로, 영적으로 서로를 고양한다. 우리가 각자 안에 있는 신성에 경의를 표하며, 우리 결혼이 나날이 축복받고 아름다워진다. 우리 아들은 마음을 열고 우리의 사랑을 수용한다. 우리 아들은 하나님 안에서 살고 움직이며 존재한다. 그는 성령의 순결한 숨을 호흡하고, 그리하여 그의 기관지와 폐, 전체 호흡기에 잠재의식의 무한한 치유력의 활력과 조화가 스며들고 충만하여 자유롭고 편하게 완벽히 호흡하게 된다.

아침에는 남편, 밤에는 아내가 이렇게 긍정하며, 매일 아침과 밤에 서너 번씩 이 확언을 반복했다.

## 아들을 위한 치유의 긍정 확언

다음은 그 소년이 매일 밤 반복한 긍정 확언이다.

나는 엄마, 아빠를 사랑한다. 하나님은 엄마, 아빠를 사랑하시고 보살피신다. 부모님은 함께 행복하시다. 나는 하나님의 평화를 들이마시고 하나님의 사랑을 내뱉는다. 나는 평화 속에 잠들고 기쁨 속에 깨어난다.

소년의 부모는 꾸준히 그들이 받은 긍정 확언을 소리 내어 읽으며, 잠재의식의 기적적인 힘을 믿었다. 2주 정도 지났을 때, 이들 부부는 아들이 천식 발작으로부터 완전히 벗어났다는 것을 알아차리고 모든 약물 치료를 중단했다. 소년은 긍정 확언한 지 일곱 번째 밤에 턱수염이 덥수룩한 남자가 그 앞에 나타나 "소니, 이제 괜찮아질 거다." 라고 말하는 꿈을 꿨다고 내게 말했다. 그는 아침에 일어나 부모님께 꿈 이야기를 하며 "저 이제 다 나은 것 같아요." 하고 말했다.

## 나의 분석과 해설

나는 이 부모가 아들뿐 아니라 서로를 위해 기도하기 시작하자, 평화와 조화, 사랑의 치유력이 진동하여 소년의 수용적인 마음에 영향을 미쳐 소년의 잠재의식 속에 이미 존재하고 있던 온전함과 조화, 완벽함을 부활시켰다고 믿는다. 그들은 소년의 잠재의식의 무한한 치유력을 믿으며 그들이 반복하는 긍정 확언의 힘을 믿었다. 게다가 소년의 긍정 확언까지 더해지자 치유 속도는 더 빨라졌다. 하나님의 치유력에 대한 믿음과 확신, 부모님에 대한 사랑이 소년의 마음을 채우자, 그의 잠재의식은 생생한 꿈으로 치유를 드라마화했다. 성경에서는 말한다. “나 주님이 환시 속에서 나 자신을 그에게 알리고 꿈속에서 그에게 말할 것이다.”(민수기 12장 6절)

## 태도 변화라는 기적이 인생을 바꾼다

19세기 말, 미국 심리학의 아버지로 불리던 윌리엄 제임스는 말했다. “우리 세대에서 가장 위대한 발견은 인간이 마음가짐을 바꿈으로써 그 인생을 바꿀 수 있다는 사실을 밝혀낸 것이다.” 다시 말해, 잠재의식을 조화와 기쁨, 활력과 힘, 에너지, 열정, 승리감처럼 생명력을 부여하는 패턴으로 길러내면 더 큰 건강과 활력, 생기, 회복력을 가질 수 있다는 것이다.

## 태도 변화로 어떻게 불가해한 병이 치유되었나

몇 주 전, 라스베이거스 프론티어 호텔의 대연회장에서 1,500명의 청중을 앞에 두고 강연했다. 강연 주제는 '치유의 의식을 개발하는 법'이었다. 강연 후, 어느 젊은 의사가 매우 흥미로우며 의미심장한 경험을 들려주었다. 어느 날 밤, 그는 아픈 젊은 여성이 있는 집에 불려갔다. 그런데 그 아픈 여성의 부모는 딸이 병에 걸렸다는 것도 의사의 진단도 믿지 않았다. 그 아버지가 의사에게 말했다. "제 딸은 공포에 휩싸여 자신이 죽게 될까 봐 두려워하고 있습니다." 의사가 그 여성을 진찰해보니 열이 39도였지만, 근본적으로 잘못된 곳도 없고 죽을 위험도 없으니 곧 나아질 거라고 말했다.

그녀는 의사에게 자신과 함께 기도해달라고 부탁했다. 그는 매우 신앙심이 깊은 사람이었으므로 여성과 함께 나직이 시편 23편을 암송했다. 그녀는 자신의 종교적 믿음에 위배된다는 이유로 어떠한 약도 거부하는 상황이었다. 하지만 그는 그녀가 나을 거라고 믿으며 완쾌한 모습을 상상했다.

한 달 후, 부모와 여동생의 이러한 종교적 믿음과 작별하고 스스로의 힘으로 매우 성공한 외과 의사가 된 그녀의 오빠가 그 의사를 찾아와 동생에게 무슨 치료를 했는지 물었다. 그의 여동생은 지금까지 매주 두세 번은 심한 간질 발작을 일으켰는데 이제 그 모든 발작과 증상이 사라졌다는 것이다. 그는 몇 년 동안 여동생에게 간질병의 신약을 복용시키려 했지만 실패했다고 털어놓았다. 젊은 의사는 그 여성의 오빠에게 그녀가 괜찮아지고 죽을 위험도 없으니 곧 회복될 것이라고 암시한 것 외에 아무런 치료도 하지 않았다고 말해주었다.

이 두 의사는 그 놀라운 결과에 어리둥절해져서 잠시 입을 다물지 못했다. 그러다가 환자의 오빠가 침묵을 깨고 말했다. "결국, 당신이 제 동생에게 하나님의 치유력에 대한 믿음을 불어넣자, 당신의 긍정적인 암시가 제 동생의 잠재의식으로 흘러가 그 아이를 치유한 거군요."

젊은 의사는 내게 말했다. "만약 그 소녀가 간질병 환자라는 걸 알았다면, 그렇게 적극적으로 자신감 있게 접근하지는 못했을 겁니다. 이제 보니, 그 소녀가 완벽히 건강을 회복한 모습을 상상한 제 마음 속 이미지가 그녀의 잠재의식으로 전달되어 제 태도와 그녀의 새로운 태도가 결합해 모든 것을 변화시키고 완벽한 치유를 끌어낸 것입니다. 그 후 1년이 지났는데, 그녀는 아직 한 번도 발작을 일으키지 않았습니다. 이제 결혼도 하고 직접 운전도 한답니다." 이처럼 태도가 바뀌면 모든 것이 좋은 방향으로 바뀔 수 있다!

성경에서는 이렇게 말한다. "네 믿음이 너를 구원하였다. 평안히 가거라."(누가복음 8장 48절)

## 15장

# 무한한 사랑의 힘과 보이지 않는 결혼 생활 안내서 활용하기

하나님은 생명이시며, 생명은 우리 각자를 통해 조화와 건강, 기쁨, 풍요, 아름다움, 올바른 행동 즉 삶을 더 풍요롭게 하는 것을 드러내고자 한다. 우리 모두에게는 우리의 기원을 상기시키고 근원으로 돌아가게 하는 어떤 기억의 힘이 있다. 이러한 기억을 크게 키워 활활 타오르게 하는 것이 우리의 임무이자 목적이다. 그러면 모든 생명의 근원이신 하나님과 일치됨을 느끼게 된다. 당신 안에는 무한한 생명의 원천, 당신의 창조주와 하나가 되고자 하는 깊은 굶주림과 갈증이 있기 때문이다.

인간은 태어나자마자 먹을 걸 구하며 운다. 점차 나이가 들어가면서 모든 축복의 무한한 근원으로부터 영감, 인도, 지혜, 힘 같은 영적 음식을 받지 못하면 허기가 절대 충족되지 않음을 알게 되었다. 무한한 생명 원리는 당신을 통해 표현되고자 하며, 하나님을 향한 당신의 사랑은 모든 축복과 모든 힘의 근원과 정신적 영적으로 하나됨을 느끼고자 하는 열망으로 표현된다.

## 마음의 그림을 사랑하라

정신적 패턴과 이미지는 자신이 품고 있는 사랑의 본질, 즉 감정적 애착에 의해 발현된다. 자신이 감정화하고 진실로 느끼는 아이디어나 욕망이 자신의 세계 안에서 주관화되어 발현되는 것이다. 이번 장을 읽으며 자신에 대한 청사진을 그리고 그 청사진에 관심을 기울이며 헌신하고, 규칙적이고 체계적으로 그것을 고수하면, 마침내 그 청사진은 감정화되어 경험으로 이끌 것이다.

하루 중 시간이 날 때마다 자주 당신이 되고 싶고, 하고 싶고, 갖고 싶은 것을 정신적으로 상상하라. 마음과 정성을 다해 꾸준히 하자. 억지로 마지못해 하지 말고, 잠재의식이 정신적으로 새겨진 그 이미지에 반응한다는 것을 믿으며 진심을 담아 확신을 갖고 자신이 상상한 정신적 이미지를 잠재의식으로 전하자.

## 여성은 어떻게 영원한 사랑을 끌어당겼나

최근 한 젊은 여성이 내게 물었다. "제게 대체 무슨 문제가 있는 걸까요? 전 교육도 잘 받았고, 회사 임원이고, 말도 잘 합니다. 매력적이라는 얘기도 많이 들어요. 그런데 제게 끌린다며 다가오는 사람들은 유부남이나 알코올중독자뿐이에요. 게다가 다른 사람들에게서 떳떳하지 못한 제안도 받고요."

## 그녀는 왜 자신을 거부하고 있었나

그녀는 매력적이고 발랄하며 사랑스럽고 성격도 훌륭한 데도 자신을 비하하는 많은 여성의 전형적인 사례이다. 그녀의 아버지는 무섭고 권위적이며 폭압적인 사람이었고, 그녀에게 조금도 사랑이나 관심을 기울이지 않았다. 그는 청교도 윤리를 고수하는 엄격한 사람으로, 일요일에 게임을 하는 것도 허락하지 않았고 일요일이면 하루 세 번 교회에 가도록 강요했다. 게다가 그녀의 어머니와도 심하게 싸워댔다. 그녀는 자신의 학업이나 안부에 조금도 관심을 보이지 않는 아버지를 보며, 거부당한다고 느꼈다.

그녀는 마음속으로 아버지를 미워했고, 이러한 사실에 죄책감을 느꼈다. 그러면서 이러한 자신은 벌을 받아 마땅하다는 두려움이 마음에 싹텄다. 그리고 자신이 거절당할 느낌, 사랑받을 자격이 없다는 느낌, 자신이 매력적이지 않다는 느낌이 그녀의 잠재의식 틈에서 끊임없이 샘솟았다.

## 신비한 끌어당김의 법칙

유유상종 '같은 깃털을 가진 새들끼리 모인다.'라는 말처럼 그녀는 거부당한다는 느낌, 처벌에 대한 두려움을 품고 있었기에 자연스럽게 좌절하고 신경질적이며 억압된 남자들을 끌어당겼다. 마음의 법칙은 주어진 사고 패턴이나 방향에 따라 부정적이거나 긍정적으로 작용하고 반응하기 때문이다.

## 잠재의식을 정화하다

내 제안에 따라 그녀는 다음과 같이 긍정 확언을 쓰고 아침, 점심, 저녁 5분에서 10분 정도 자신의 잠재의식을 다음과 같은 진리로 채우기로 결심했다.

나는 신의 사랑이 그 자체와 다른 모든 것을 녹여버린다는 것을 알고 있다. 나는 내가 의식적으로 명상하는 것이 잠재의식에 새겨지고 내 경험으로 표현될 것임을 알고 있으며 그렇게 믿는다. 나의 자아는 하나님이시다. 나는 내 안에 있는 하나님의 자아를 찬미하여 사랑한다. 자신을 비판하거나 트집 잡으려 할 때마다 나는 즉시 "내 한가운데 계신 하나님을 찬미한다."라고 긍정하겠다.

아버지에게 원망과 미움을 품었던 나 자신을 용서하고, 아버지에게 하나님의 모든 축복이 있기를 기원한다. 이제 돌아가셨지만, 아버지를 생각할 때마다 아버지를 축복하겠다. 그리고 내 마음의 가시가 모두 뽑힐 때까지 계속 이렇게 기도하겠다.

지금 하나님의 사랑이 내 몸에 흐른다. 나는 신의 평화에 둘러싸여 있다. 신의 사랑이 나를 에워싸고 감싸고 포옹한다. 이 무한한 사랑이 내 마음에 새겨져 있고 내면에 기록된다. 나는 모든 사람에게 사랑을 발산한다. 이제 하나님의 사랑이 나를 치유한다. 사랑은 내 안에서 작용하는 인도의 원리이며, 완벽하고 조화로운 관계를 경험하게 이끌어준다. 하나님은 사랑이시다. "사랑 안에 사는 사람은 하나님 안에 머무르고 하나님께서도 그 사람 안에 머무르십니다."

그녀는 이 긍정하기 요법을 한 달 정도 충실히 계속했다. 그리고 뒤이은 면담에서 만난 그녀는 변화된 모습이었다. 자기 자신과 삶, 그리고 세상 전반을 대하는 정신적 태도에 엄청나게 큰 변화가 일어난 것이다.

## 그녀는 어떻게 결혼을 준비했나

그녀는 자신을 거부하는 마음을 고쳤다. 이러한 부정적인 태도는 설령 결혼하더라도 결혼 생활을 파괴한다는 것을 깨달았기 때문이다. 그리고 다음과 같이 긍정했다.

나는 내가 이상적인 남편을 가질 수 있다고 믿는다. 나는 이상적인 반려자와의 결혼 생활은 쌍방향이어야 한다는 것을 알고 있다. 나는 그에게 신의와 헌신, 정식, 행복, 성취감을 주고, 그로부터 신의와 믿음, 확신, 신뢰, 사랑, 성취감을 받을 것이다. 내 안의 무한한 지성은 나의 이상적인 남성이 어디에 있는지 알며 내 꿈이 이루어지기를 원하고 있다. 나는 필요한 존재이며, 나를 원하는 사람이 있음을 느낀다. 그리고 무한한 지성이 나를 위해 선택한 이 남성은 나를 열렬히 원한다. 그는 내가 필요하고, 나는 그가 필요하다. 신의 사랑이 우리를 하나로 묶고, 우리는 영적, 정신적, 신체적으로 완벽히 화합한다. 나는 모든 두려움과 긴장감을 버리고, 무한한 지성이 우리를 함께하게 할 것임을 믿는다. 우리가 만나면 서로를 알아볼 것임을 안다. 그는 나를 사랑하고 나는 그를 사랑한다. 나는 이 모든 생각을 무한한 마음에 풀어내고, 이 생각이 실현된다는 데 사랑에 대한 보편적 법칙에 감사를 표한다.

그녀는 이러한 진리가 잠재의식의 벽을 뚫고 들어올 것임을 마음으로 받아들이고 믿으며 진심을 담아 이 긍정 확언을 밤낮으로 반복했다.

## 사랑은 사랑을 끌어당긴다

이러는 가운데 두 달이 지났다. 그녀는 몇 번 데이트를 했지만, 누구도 낭만적인 성격이 아니었다. 그러나 흔들릴 때마다 그녀는 무한한 힘이 자신의 소원을 돌보고 있다고 상기시키며 자신을 다독였다. 어느 날 그녀는 출장차 뉴욕으로 가는 비행기 안에서 옆자리의 키 크고 잘생긴 목사와 열띤 대화를 나누었다. 그와 다양한 종교에 대해 이야기를 나눈 끝에, 그의 종교적, 정치적 신념이 자신과 일치한다는 사실을 발견했다. 그녀는 그가 재직 중인 뉴욕의 교회에서 예배를 드렸고, 일주일 만에 약혼했다. 그들은 이제 결혼하여 아름다운 목사관에서 살고 있다. 그리고 그들은 항상 조화가 넘치는 가정을 꾸리고 있다.

## 비정상적 질투심을 사랑으로 극복한 사업가

사랑은 결합시키고, 질투는 분열시킨다. 밀턴은 '질투는 상처 입은 연인의 지옥'이라고 말했고, 셰익스피어는 "오, 질투를 조심하세요. 그것은 사람의 마음을 농락해 먹이로 삼는 초록 눈의 괴물이니까요."라고 말했다. 다시 말해서 질투심이 많은 사람은 자신이 주최한 연회에서 음식에 독을 넣어 먹는 것과 같다.

이러한 예로, 같은 회사에 근무하는 경쟁자에게 깊은 적의를 품고 있던 남성의 이야기를 해보자. 그는 경쟁자가 자신보다 성공하고 승진도 잘 되며 인기도 많다는 데 엄청난 질투심을 느꼈다. 나는 그가 출혈성 궤양, 치질, 고혈압을 앓고 있는 것은 질투라는 치명적인 독이 중요한 장기에 퍼졌기 때문이라고 설명했다. 게다가 질투의 독은 그의 온몸으로 퍼져나가 건강한 낯빛을 초췌한 흙빛으로 바꾸었고, 그의 활력을 앗아가고 있었다.

## 무한한 힘의 원리

무한한 힘은 하나이며 나뉘지 않는다. 자기 자신과 경쟁할 수는 없으니, 여기에는 경쟁이 없다. 그 안에는 분열이나 파벌도 없다. 유일한 존재이자 힘이자 원인이고 실체이므로 아무것도 그것에 반대하거나 방해하거나 그것을 손상할 수 없다. 무한한 존재는 무엇과도 어떤 사람과도 경쟁 관계에 있지 않다. 무한한 힘은 모든 인간 안의 삶의 원리이며, 자기만의 특별한 방법으로 각자를 통해 표현된다.

이 세상에는 30억 명이 넘는 사람이 있고, 모든 사람 안에는 무한한 생명의 저수지가 있다. 마음의 무한한 강이 우리 모두의 마음에 스며들고 있기 때문에 저마다 원하는 바를 이룰 수 있다. 무한한 힘에 대한 생각과 느낌, 관심, 인식은 무한한 저수지로 가는 직접적인 배수관이다. 믿음의 부족으로 이러한 연결을 끊을 수 있는 사람은 이 세상에서 당신뿐이다.

## 사랑하는 마음을 가지려면

자신의 내면을 들여다보고 자신의 선함과 건강, 부, 풍요, 영감, 인도, 사랑 그리고 당신이 원하는 어떤 것이든 얻을 수 있다고 선언하라. 당신이 기대하고 믿는 대로 응답이 흘러나올 것이다. 그러나 다른 사람이 가진 것을 원해서는 안 된다. 그의 성공을 기뻐하라. 바른 생각과 감정으로 원하는 것을 얻을 수 있다. 즉 당신이 마음속으로 원하는 것에 상응하는 정신 자세를 갖추면 보상을 받을 수 있다.

다른 사람의 재능, 성공, 성취, 부를 질투하면 자신을 비하하고 더 큰 결핍과 손실, 한계를 끌어당긴다. 사실상 모든 선의 신성한 근원을 거부하고 자신에게 이렇게 말하는 셈이다. "그는 이러한 것들을 갖고 성공할 자격이 있지만, 나는 그럴 자격이 없다." 이러한 무지는 승진과 성공의 기회를 앗아간다. 마음과 생명은 오직 하나뿐이기 때문에 생각과 마음으로 이 세상 모든 사람이 살아갈 권리, 자유, 행복을 누리며 하나님의 모든 축복이 함께하기를 진심으로 바랄 때 그들을 진심으로 사랑한다고 할 수 있다. 사랑(선의)은 성공, 행복, 마음의 평화 법칙을 실현한 것이다.

## 사랑이 그의 삶을 어떻게 바꿔 놓았나

이처럼 마음의 법칙에 대한 간단하면서도 실용적인 설명을 들은 그는 인생을 새로운 시각으로 바라보고 새로운 비전을 갖게 되었다. 그는 다시는 다른 사람의 승진이나 성공을 질투하거나 원망하지 않고, 누구든 앞서 나아가고 승진한다면 진심으로 기뻐해주겠다고 말했다. 나는 그를 위해 다음과 같은 확언을 써주며 자주 반복하라고 권했다.

> 나는 우리 모두가 같은 선조, 생명의 원리, 즉 같은 아버지를 갖고 있으니, 우리는 형제라는 것을 받아들이며 믿는다. 나는 각자 안의 신성에 경의를 표한다. 나는 내가 사랑하는 것에 의해 형체를 이루고 만들어진다는 것을 안다. 내가 모두에게 사랑과 선의를 쏟으면, 내 잠재의식의 질투와 적개심, 두려움을 씻어내고 정화한다는 것을 안다. 나는 주변 사람들을 비롯해 이 세상 모든 사람의 성공과 승진, 진보, 행복에 기뻐한다. 사랑과 생명의 강이 내 안을 흐르며 나를 정화하여 이제 나는 평화롭다.

그는 질투나 시기심이 느껴질 때마다 "나는 그의 성공을 기뻐한다. 나는 그에게 사랑과 선의를 발산한다."라고 긍정했다. 그는 이를 습관화했고, 현재 자신의 사업체를 운영하며 큰 성공을 거두고 있다. 가장 놀라운 것은 그가 그토록 질투한 동료가 지금 그의 동업자이며, 그들은 자신들이 꿈꾼 이상으로 번창하고 있다는 사실이다.

## 사랑의 힘을 건설적으로 사용하는 방법

얼마 전 면담한 여성이 물었다. "어떤 남자와 사랑에 빠졌어요. 어떻게 하면 그가 제게 청혼하게 할 수 있을까요?" 이러한 생각은 사랑의 법칙을 잘못 사용하는 경우이다. 이것은 사랑이 전도된 것이며, 상대가 하고 싶지 않을 일을 정신적으로 강제하거나 강요하려는 욕구이다. 이런 행위는 스스로 선택하고 결정할 수 있다는 하나님이 주신 특권과 특혜를 무시하는 것이다.

자신이 원하는 것을 다른 사람에게 시키기 위해 그의 정신에 영향력을 발휘하는 것을 흑마법이라고 한다. 이러한 정신의 힘은 인도뿐 아니라 세계 여러 곳에서 이루어지고 있다. 나는 그녀에게 이런 식으로 남자를 얻는다면 그 대가가 고스란히 돌아오기 마련이라고 설명하며, 절대로 그렇게 하지 말라고 강조했다. 그리고 그는 그녀가 애초 원했던 상대가 아닐 거라고 덧붙였다.

그리고 옳은 행동으로 이끄는 긍정 확언을 써주었다.

내 안의 무한한 지성은 결혼하고 싶다는 내 열망을 알고 있으며, 또한 나와 잘 어울리는 유형의 남자가 어디 있는지도 알고 있다. 그는 있는 그대로의 나를 사랑하고, 우리는 서로에게 끌린다. 지금 당장 주변에 특별히 끌리는 남자는 없지만, 무한한 마음이 신의 질서에 따라 우리를 하나로 연결하고 있음을 알고 있다. 그는 아무런 방해 없이 내게 오며, 우리 사이에는 상호 간의 사랑과 관심, 존경이 존재한다. 나는 본디 내 것이라면 내게 오기 마련임을 알고 있으며 그렇게 믿는다. 인생 어디에도 경쟁은 없다. 나는 지금 내 삶의 바른 행동 원리에 감사하며, 그렇게 이루어졌음을 안다.

그녀는 자신이 긍정하고 있는 확언의 진리를 진심으로 믿으며 깊은 확신을 담아 그것을 암송했다. 몇 주 후, 그녀가 5년간 일했던 회사의 사장이 청혼했다. 그들은 결혼 생활을 하며 서로가 이상적인 반려자임을 깨달았다. 나는 그들의 결혼식 주례를 섰다. 결혼식 후, 그녀가 말했다. "기도가 작용하는 방식이 정말 웃기지 않나요? 같은 회사에서 5년이나 일했는데, 그때는 전혀 저한테 관심도 없었거든요. 진정으로 기도는 변화를 가져오나 봅니다."

## 사랑 안에서 살아가려면

매일 아침 저녁으로 마음 깊이 다음의 오랜 성경 속 진리를 묵상하자. "하나님은 사랑이십니다."(요한 1서 4장 16절), "여러분이 하는 모든 일이 사랑으로 이루어지게 하십시오".(고린도전서 16장 14절), "사랑

안에서 살아가십시오."(에베소서 5장 2절), "사랑 안에 머무르는 사람은 하나님 안에 머무르는 것"(요한 1서 4장 16절), "네 이웃을 너 자신처럼 사랑해야 합니다."(레위기 19장 18절), "여러분이 처음부터 들은 말씀은 이것입니다. 곧 우리가 서로 사랑해야 한다는 것입니다."(요한 1서 3장 11절), "깨끗한 마음으로 서로 한결같이 사랑하십시오."(베드로전서 1장 22절), "사랑은 이웃에게 악을 저지르지 않습니다. 그러므로 사랑은 율법의 완성입니다."(로마서 13장 10절), "사랑하는 여러분, 서로 사랑합시다. 사랑은 하나님에게서 오는 것이기 때문입니다. 사랑하는 이는 모두 하나님에게서 태어났으며 하나님을 압니다. 사랑하지 않는 사람은 하나님을 알지 못합니다. 하나님은 사랑이시기 때문입니다."(요한 1서 4장 7-8절)

16장

# 믿음을 통해 불가능을 가능하게 하기

"그러므로 내가 너희에게 말한다. 너희가 기도하며 청하는 것이 무엇이든 그것을 이미 받은 줄로 믿어라. 그러면 너희에게 그대로 이루어질 것이다."(마가복음 11장 24절), "예수님께서 그에게 말씀하셨다. '믿는 이에게는 모든 것이 가능하다.'"(마가복음 9장 23절)

믿는다는 것은 어떤 것을 진실이라고 받아들인다는 것이다. 그러나 많은 사람이 절대적으로 잘못된 것을 믿고 있기 때문에 그 믿음만큼 고통받는다. 예를 들어, 로스앤젤레스가 애리조나주에 있다고 믿고서 그렇게 편지를 보낸다면, 그 편지는 주소가 명확하지 않으니 당신에게 반송되지 않겠는가. 어떠한 생각을 받아들인다는 것은 실제로 그것을 믿는 것임을 기억하자. 만약 누군가 당신은 성공하기 위해, 인생의 어려움을 이겨내기 위해 태어났다고 말할 때, 이를 조금도 의심하지 않고 완전히 받아들인다면 기적이 일어날 것이다!

## 절대적인 믿음이 일으킨 기적

고대 군주 알렉산드로스 대왕이 감수성이 예민한 어린 시절에 어머니 올림피아는 그가 제우스 신에 의해 임신되어 신성을 타고났으니 다른 아이들과 다르다고 말하며, 다른 아이들의 한계를 뛰어넘는 일을 해낼 거라고 말해주었다. 그는 어머니의 말을 굳게 믿으며 자라나 키와 힘, 능력이 뛰어난 청년이 되었다. 그의 삶은 보통 사람들의 이해를 넘어선 영광스런 위업의 연속이었다. 그는 '신의 미치광이'로 불렸다. 알렉산드로스는 상상조차 할 수 없던 일, 불가능해 보이는 일을 끊임없이 성취해냈다. 그는 뛰어난 전사이자 정복자가 되었다. 그는 자신이 인간인 아버지 마케도니아의 필리포스왕의 아들이 아니라는 믿음을 굳게 받아들였다.

전해지는 기록에 따르면, 어느 날 그가 길들여지지 않고 사납게 날뛰던 말에 팔을 걸고 안장이나 고삐도 없이 올라타자 그 말이 양처럼 순해졌다고 한다. 그의 아버지와 마부는 손도 대지 못하던 말이었다. 그러나 그는 자신이 신이므로 모든 동물을 제압할 힘을 갖고 있다고 믿었다. 그는 당시 알려진 세계를 정복하고 알렉산드로스 제국을 세웠다. 이에 관련해, 정복해야 할 나라가 더는 없다는 사실에 그가 눈물을 흘렸다는 이야기가 전해진다.

이는 불가능을 가능하게 하는 믿음의 힘을 보여주는 대표적인 사례이다. "사람에게는 그것이 불가능하지만 하나님께서는 모든 것이 가능하다."(마태복음 19장 26절) 알렉산드로스는 자신의 신념을 믿고,

이를 스스로 극화하여 자신만의 방식으로 몸과 마음, 과업에서 이 무한한 힘을 발현했다.

## 당신에게 신성이 있음을 깨달아야 하는 이유

당신은 살아계신 하나님의 자녀이다. 성경에서는 말한다. "이 세상 누구도 아버지라고 부르지 마라. 너희의 아버지는 오직 한 분, 하늘에 계신 그분뿐이시다."(마태복음 23장 9절)

당신은 하나님에게서 태어났으니, 당신에게는 신성이 있다. 당신은 하나님이 하시는 것과 같은 힘과 능력, 재능을 가지고 있다. "내가 이르건대 너희는 신이며 모두 지극히 높으신 분의 아들이다."(시편 82편 6절)

당신 안의 무한한 힘을 부름으로써 성취할 수 있는 놀라운 기적을 생각해보라. 자신이 하나님의 자녀라는 믿음은 인간의 잘못된 믿음이나 의견을 물리치고 지금 이 자리에서 하나님의 일을 해낼 수 있게 한다.

## 내면의 신성을 알아차리는 방법

다음의 확언을 자주 긍정해보자.

나는 내가 하나님의 자녀임을 알고 있으며 그렇게 믿는다. 나는 하나님의 모든 능력과 자질, 속성을 타고났다. 나는 내 안에 있는 신의 본성을 깊이 믿으며, 신의 생득권을 받아들인다. 나는 하나님의 모상(模像)으로 창조되었다. 나는 모든 것에 대한 지배권을 부여받았다. 나는 내 안의 하나님의 무한한 힘을 통해 온갖 어려움과 난관을 극복할 수 있다. 나의 모든 문제는 하나님의 능력을 넘지 못한다. 나는 나 자신과 다른 사람들의 고통을 덜어주시는 무한한 치유력이 발산될 수 있다고 확신한다. 나는 가장 높으신 분으로부터 격려받고 빛난다. 나는 매일같이 더 많은 하나님의 사랑과 빛, 진리, 아름다움을 발휘하고 있다. 하나님은 나의 아버지이시니, 나는 하나님의 자녀이므로 내게는 모든 일이 가능하다는 것을 알고 있다. 나는 지금 이순간 내 안에서 하나님의 빛이 빛나고 하나님 아버지의 영광이 내 위에 솟아오르고 있다고 단언한다. 나는 나를 강하게 하는 하나님의 힘을 통해 모든 일을 할 수 있다.

이 진리가 체화되었다고 느껴질 때까지 반복해 읽어보자. 그러면 당신 인생에 기적이 일어날 것이다.

## 목사는 믿음의 힘을 어떻게 입증했나

몇 달 전, 어느 목사와 흥미로운 대화를 나누었다. 1년 전, 뛰어난 내과 의사인 그의 형이 그를 불러 말했다. "톰, 너 악성 종양이 있어."

"그건 정말이지, 마른하늘에 날벼락 같은 이야기였지요." 그가 말을 이어갔다.

"나는 하나님은 사랑이시며 믿음은 산을 옮길 수 있다고 설교했던 것을 떠올리기 시작했습니다. 그러면서 자신에게 되물었습니다. '이게 사실이라면 나는 어째서 이리 놀라 두려워하는 걸까? 내가 이 진리를 받아들이지 못한 걸까, 그저 머릿속에서 이론적으로만 그렇게 생각한 걸까?' 그러다 문득 내가 정말 믿는다면 성경의 진리에 따라 살며 그 진리를 고스란히 실천해야 하지 않을까 하는 생각이 들었습니다. 그리고 형이 제시한 치료 요법을 따랐습니다. 극심한 고통이 찾아왔고 방사선 치료나 약물 치료도 효과가 없었습니다. 내 상태는 점점 악화되어 갔습니다. 그제야 나는 하나님의 치유 능력을 진정으로 믿지 않았다는 걸 깨달았습니다. 그저 말만의 믿음이었을 뿐 아무것도 아니었던 겁니다. 나는 성경을 펼쳐 이 구절을 읽었습니다. '내가 진실로 너희에게 말한다. 누구든지 이 산더러 '들려서 저 바다에 빠져라' 하면서, 마음속으로 의심하지 않고 자기가 말하는 대로 이루어진다고 믿으면, 그대로 될 것이다.'(마가복음 11장 23절)"

그는 이 구절을 묵상한 끝에 다음과 같은 내용으로 확언했다.

나는 이 성경 구절에 담긴 진리를 믿는다. 두려움과 근심, 질병의 산이 사라져 망각으로 던져진다. 이제 내 병은 나를 떠나간다. 나는 하나님의 치유력과 그분의 선의, 나를 보살피시는 마음을 믿는다. 나는 내 몸의 현재 상태가 잠재의식에 자리 잡은 부정적인 생각에 두려움이 더해져 야기된 결과임을 안다. 하나님의 치유하는 사랑이 이제 모든 부정적인 패턴을 해체하여 쓸어 내버리고 있음을 알고 있으며, 지금 일어나고 있다고 믿는 치유의 은사에 대해 하나님께 감사한다. 나는 절대 어려움에 힘을 보태지 않을 것이며 "나는 너희를 낫게 하는 주님이다."(출애굽기 15장 26절)라는 진리 안에서 기쁨으로 살아간다.

그는 이 확언을 하루에 몇 번씩 큰 소리로 암송했다. 그리고 마음에 두려움과 의심이 찾아올 때면 그 즉시 "지금 하나님이 나를 치유하고 계신다."고 긍정했다. 그렇게 3개월이 지난 후, 그는 모든 검사에서 음성 판정을 받았다. 이제 그는 바람처럼 자유로우며 매주 일요일과 수요일에 그의 교회에서 설교할 수 있을 만큼 완벽히 건강을 되찾았다.

"너희가 기도할 때 믿고 청하는 것은 무엇이든지 다 받을 것이다."(마태복음 21장 22절)

## 무한한 치유력을 믿고 온전해지려면

역사를 거슬러보면 기적적인 영적 치유의 사례를 얼마든지 찾아볼 수 있다. 예수님은 눈먼 이와 절름발이를 치유하셨다. 그분은 우리와 마찬가지로 잉태되어 태어난 분이었다. 유일한 차이점이라면 묵상과 하나님의 위대한 진리를 온 마음으로 믿고 받아들임으로써 더 많은 신성을 얻게 되었고 하나님과 일체를 이루었다는 점이다. 그는 모든 사람에게 말했다. "나를 믿는 사람은 내가 하는 일을 할 뿐만 아니라, 그보다 더 큰 일도 하게 될 것이다."(요한복음 14장 12절) 그리고 이렇게 덧붙이셨다. "믿는 이들에게는 이러한 표징들이 따를 것이다. 곧 내 이름으로 마귀들을 쫓아내고 새로운 언어를 말하며 (…) 병자들에게 손을 얹으면 병이 나을 것이다."(마태복음 16장 17~18절)

치유의 힘은 하나님과 함께라면 모든 것이 가능하다는 믿음에 있다.

## 어머니는 어떻게 아들을 치유했나

루이지애나에 사는 한 여성으로부터 전화가 왔다. 그녀의 아들이 병원에 입원해 있는데, 대규모 뇌출혈이 일어나 살아나기 힘든 상황이었다. 다시 말해, 가망이 없는 환자였다. 나는 이 여성과 대화하면서 그녀가 신앙심이 매우 깊다는 사실을 알아차렸다. 내가 그녀에게 물었다. "아들의 뇌와 몸을 만든 무한한 치유의 존재가 그를 치유하고 회복시킬 수 있다고 믿나요?" 그러자 그녀가 대답했다. "저는 성경 말씀을 믿습니다. '참으로 내가 너에게 건강을 되돌려주고 너의 상처를 고쳐주리라. 주님의 말씀이다.'(예레미야 30장 17절)"

우리는 전화로 함께 기도하며 무한한 치유력은 뇌는 물론 신체의 모든 기관을 치유하는 방법을 알고 있으며 아들의 병을 어떻게 치유해야 하는지 정확히 알고 있다는 데 의견을 모았다. 우리는 사랑과 평화, 조화의 분위기가 그녀의 아들을 에워싸고 모든 의사와 간호사가 모든 면에서 신의 인도를 받는다고 단언했다. 나는 그녀에게 아들이 집에 있다고 상상하고 그 생생한 상상 속에서 아들이 "어머니, 기적이 일어났어요. 이제 저는 완전히 나았어요." 하는 말을 들어보라고 제안했다.

어머니는 계속 기도했다. 하나님의 치유력이 아들을 회복시키리라 믿으며 아들이 집에서 웃고 행복해 하는 모습을 계속 머릿속에 그려냈다. 두려움이나 불안이 고개를 들 때면, 즉시 긍정했다. "나는 믿고 또 믿는다. 나는 무한한 치유의 존재가 지금 기적을 일으키고 계심을 믿는다." 그리고 그 청년은 현재 건강하고 튼튼하다!

누구도 치유력이 어떻게 작용하는지 정확히 알지 못한다. 이와 똑같은 방식으로, 나는 세콰이어 나무가 세콰이어 씨에서 어떻게 자라나는지 전혀 모르고, 그 누구도 알지 못한다. 이 여성은 아들의 몸을 치유하고 회복시키는 방법을 아는 무한한 지성이 있다고 절대적으로 믿었다. 그리하여 현실의 한계를 뛰어넘어 불가능한 일을 가능하게 할 수 있었다.

## 믿음의 진면목을 보려면

"내가 구하는 이것이 나를 위해 존재하는가?" 자신에게 물어보아라. 당신은 훌륭한 친구와 우정을 쌓을 수 있다고 믿는가? 당신이 원하는 모든 부를 보편적인 방식으로 얻을 수 있다고 믿는가? 살아가며 자신이 진정으로 있어야 할 자리를 찾을 수 있다고 믿는가? 당신을 위한 하나님의 의지가 가득한 삶, 큰 행복과 평화, 기쁨, 번영, 격려, 활기찬 건강에 있음을 믿는가? 당신은 이 모든 질문에 긍정적으로 대답하고 인생에서 가장 좋은 것을 믿고 기대해야 한다. 그러면 그 가장 좋은 것이 당신을 찾아올 것이다.

## 많은 사람이 삶의 풍요에 대해 잘못 믿는 것

많은 사람이 부와 행복, 풍요는 자신의 몫이 아닌 타인의 몫이라고 생각한다. 이는 열등감이나 거부감 때문이다. 세상에 남보다 더 잘났거나 못난 사람은 없다. 설령 아직 싹을 틔우는 중이라고 해도, 모든 사람은 하나님이다. "내가 이르건대 너희는 신이며 모두 지극히 높으신 분의 아들이다."(시편 82편 6절)

당신은 가족이나 인종, 타고난 조건으로 제한받지 못한다. 금수저를 물고 태어나지 못했지만 주어진 환경을 초월해 사람들 사이에서 두각을 나타낸 이들이 수도 없이 많다. 에이브러햄 링컨은 오두막집에서 태어났고, 예수님은 목수의 아들이었으며, 위대한 과학자 조지 카버는 노예로 태어났다. 그러나 하나님의 보편적인 은총은 인종이나 신조, 피부색에 상관없이 모든 사람에게 쏟아진다.

모든 것은 믿는 대로 주어진다. 마음의 법칙은 비인격적이며 늘 믿음에 반응한다는 것을 알고 있으면서도 자신의 마음속 바람을 요구할 권리가 있다고 믿지 않는다면, 바라는 것을 얻지 못할 것이다!

## 풍요롭고 즐거운 삶을 살 권리

온 세상의 선이신 하나님은 당신에게 즐겨야 할 모든 것을 풍성히 주셨으니, 당신은 하나님의 영광을 흠숭하며 그분을 영원히 찬미하기 위해 이 세상에 있는 것이다. 당신의 동기가 이기적이지 않고, 당신이 자신에게 바라는 것을 다른 사람도 함께하기를 바란다면 삶의 어떤 좋은 것도 가질 수 있는 완벽한 권리를 가졌다. 건강과 행복, 평화, 사랑, 풍요에 대한 바람은 누구에게도 해를 끼치지 않는다. 당신은 놀라운 수입을 얻는 훌륭한 자리에 오를 권리가 있지만, 다른 사람의 일자리를 탐내서는 안 된다. 무한한 존재는 당신의 성실과 정직에 합당한 수입을 거두는 일자리로 인도할 것이다.

당신이 추구하는 좋은 것을 가질 권리가 있다고 믿으며, 이를 실제로 가져오기 위해 당신이 아는 모든 방법을 동원해 최선을 다하라. 그러면 반드시 실현될 것이다. 다른 사람이 즐기고 있는 것을 탐내서는 안 된다. 하나님의 무한한 부는 모든 사람에게 주어지는 것이다. 인생은 그 권리에 대한 당신의 믿음과 그것을 어떻게 사용하느냐에 따라 반응한다.

## 믿는 만큼 얻는다

모든 경험과 조건, 사건은 우리의 믿음에서 비롯된 결과물이다. 원인과 결과는 불가분하게 하나로 연결되어 있다. 당신의 습관적 사고방식은 삶의 단계마다 현실로 표현된다. 당신 곁에는 당신을 위로하고 인도하고 지도하며, 당신 앞의 누구도 닫을 수 없는 열린 문을 붙잡고 있는 조용한 파트너가 있음을 믿어라. 그리고 최고의 기쁨 속에서 살아가라. 그러면 반드시 최고의 것이 당신에게 올 것이다.

매일 아침 일어나면 조용히 정성껏 다음과 같이 긍정하라.

오늘은 주님이 만드신 날이다. 나는 오늘을 반기고 기뻐하며 맞이할 것이다. 오늘 내 인생에서 놀라운 일이 일어난다. 나는 멋진 만남을 가지고, 훌륭하고 흥미로운 사람들과 만난다. 나는 신의 질서 속에서 주어진 과제를 완수하고, 오늘 큰일을 이루어낸다. 나의 조용한 파트너는 모든 것을 성취하는 새롭고 더 나은 방법을 내게 보여준다. 무한한 힘에는 장애물도 없고 어떤 장벽도 없음을 알고 있다. 나는 하나님이 나의 열망 이상으로 나를 번영케 하실 것을 믿는다. 또한 "믿는 이에게는 모든 것이 가능하다"(마가복음 9장 23절)라는 말씀을 마음으로 받아들이며 믿는다.

## 자신의 내재된 선을 긍정하다

몇 년 전, 어느 파산한 사람을 만났다. 그는 깊은 우울과 낙담에서 벗어나지 못하고 있었다. 심지어 아내와도 이혼했고 자식들과도 연락이 끊겼다. 아내가 아이들에게 자신에 대해 나쁜 생각을 심어주었기 때문이라고 했다. 그는 자신이 하나님을 믿지 않으며 벼랑 끝에 몰려있다고 말했다.

나는 그가 아무리 세상이 평평하다고 믿어도 지구가 둥글다는 사실은 변치 않듯이 그가 무한한 지성이 존재한다고 믿든 믿지 않든 사람 내면에는 무한한 지성이 존재한다고 설명했다. 그러면서 열흘 동안 긍정하기를 시도해보고 그 이후에 다시 이야기를 나누자고 제안했다. 내가 그에게 준 긍정 확언은 다음과 같다.

나는 하나님이 계시며, 하나님은 세상을 움직이고 모든 것을 창조하신 무한한 힘이라는 것을 믿는다. 나는 이 무한한 힘이 내 안에 살고 있음을 믿는다. 나는 지금 하나님의 인도를 받고 있다고 믿는다. 나는 하나님의 부가 풍요의 눈사태처럼 내게 쏟아진다고 믿는다. 나는 하나님의 사랑이 내 마음을 가득 채우고, 그분의 사랑이 두 아들의 마음도 가득 채운다고 믿는다. 나는 사랑과 평화의 유대가 우리를 하나로 묶는다고 믿는다. 나는 엄청난 성공을 거두리라고 믿는다. 나는 내가 행복하고 기쁘고 자유롭다고 믿는다. 나는 하나님이 항상 성공하신다고 믿는다. 하나님이 성공하시고 그 하나님이 내 안에 계시기 때문에 나는 엄청난 성공을 거둔다. 나는 믿고 또 믿는다.

나는 그에게 아침, 점심, 저녁에 5분 동안 큰 소리로 이 진리를 확언하라고 조언했다. 그는 이에 동의하고 돌아갔으나, 두 번째 날 전화가 왔다. "제가 하는 말을 하나도 못 믿겠습니다. 뻔하고 의미 없는 말의 나열에 불과한 것 같아요." 나는 그런데도 이 정신 훈련을 계속 해보라고 달랬다. "당신이 이 영적 확언을 소리내어 긍정하기 시작했다는 사실만으로도 성경에서 언급된 겨자씨 한 알만큼의 믿음이 싹튼 겁니다. 이를 계속하면 두려움과 결핍, 좌절의 산을 없앨 수 있을 겁니다."

10일 후 돌아온 그의 모습은 행복으로 밝게 빛났다. 두 아들이 그를 찾아와 기쁜 재회의 시간을 가졌다. 새로운 사고 패턴 덕분에 경마에서 돈을 조금 벌었고, 다시 사업도 시작했다. 그는 완벽한 삶을 주는 무한한 힘이 그에게도 작용했음을 깨달았다!

나는 그가 긍정 확언을 시작했을 때는 그 기도의 말이 그에게 아무 의미가 없었겠지만, 그가 계속해서 습관처럼 이 확언을 반복하면 그 생각이 잠재의식으로 가라앉아 정신의 일부가 될 것임을 알고 있었다.

"내가 진실로 너희에게 말한다. 너희가 겨자씨 한 알만한 믿음이라도 있으면, 이 산더러 '여기서 저기로 옮겨가라.' 하더라도 그대로 옮겨 갈 것이다. 너희가 못 할 일은 하나도 없을 것이다." (마태복음 17장 20절)

## 17장

# 무한한 힘으로 조화로운 관계 맺기

이번 장은 하와이주를 구성하는 섬 중 하나인 아름다운 마우이에서 쓰고 있다. 사람들은 "죽기 전에 한 번은 하와이에 와봐야 한다."고 말한다. 마우이의 뛰어난 명소 중 할레아칼라 화산이 있다. '태양의 집'이라는 뜻의 이 화산은 해발 3,000미터 높이의 휴화산이다. 이 산에 가면 아찔할 만큼 아름다운 경치와 더불어 여전히 바다에 그물을 던져 주식을 구하고 조상들로부터 전해진 방식대로 타로 밭을 경작하는 조용한 하와이 원주민의 삶을 엿볼 수 있다.

이곳에서는 모든 민족과 다양한 종교를 가진 사람들이 어울려 조화롭고 평화롭게 함께 살며 하나님 사랑의 햇살을 즐기는 모습을 볼 수 있다. 공항에서부터 마우이 힐튼 호텔까지 나를 태워다준 원주민은 자신의 선조들은 아일랜드인, 포르투갈인, 독일인, 일본인, 중국인의 피가 섞여 있다고 말했다. 그는 하와이 사람들이 수세대에 걸쳐 다른 민족과 결혼해 왔기 때문에 인종 문제가 일어나지 않았다고 알려주었다.

## 다른 사람들과 사이좋게 지내려면

세상살이에서 성공하지 못하는 사람들의 공통점 중 하나는 다른 사람들과 잘 지내지 못한다는 것이다. 이런 사람들은 다른 사람들을 잘못된 방식으로 대한다. 다른 사람들과 어울리는 가장 좋은 방법은 다른 사람 안의 신성에 경의를 표하고 모든 사람은 전 인류의 전형 또는 본보기라는 것을 깨닫는 것이다. 지구 위를 걷는 모든 사람은 살아계신 하나님의 자녀이다. 그리고 우리 안의 신성을 존경하고 흠숭하면 자동적으로 다른 사람 안의 하나님의 존재를 존경하고 흠숭하는 것이 된다.

## 웨이터는 어떻게 승진했을까

마우이섬 카아나팔리 해변 지구에 있는 어떤 호텔 체인을 방문했을 때, 나는 한 웨이터와 흥미로운 대화를 나누었다. 그는 매년 미국 본토에서 그 호텔을 방문하는 어느 괴팍한 백만장자 이야기를 했다. 이 백만장자는 웨이터나 벨보이에게 팁을 잘 주지 않는 구두쇠였다. 그는 인색한 데다 무례하고 몰상식하고 성질이 고약했다. 음식이건 서비스건 만족하는 법 없이 끊임없이 불평해댔다. 그는 웨이터가 서빙할 때마다 불평을 쏟아냈다. 웨이터가 내게 말했다. "그 사람은 병든 사람이라는 걸 깨달았습니다. 저희 카후나가 저런 행동을 하는 사람은 뭔가가 내면을 갉아먹고 있기 때문이라고 말했거든요. 그래서 제 친절로 그를 갉아먹는 것을 죽여 없애기로 했습니다."

## 기적을 가져온 특별한 기법

이 웨이터는 그 남자를 한결같이 예의와 친절, 존중을 담아 대하며, 속으로 이렇게 긍정했다. "하나님은 저 사람을 사랑하신다. 내가 저 사람 안의 하나님을 보니, 저 사람도 내 안의 하나님을 본다." 이 웨이터는 약 한 달 동안 이 기법을 실천했다. 그리고 한 달이 되어갈 때쯤 처음으로 이 괴팍한 백만장자가 그에게 인사를 건넸다. "좋은 아침이오, 토니. 날씨는 좀 어때요? 당신은 지금까지 내가 만나 본 웨이터 중 최고예요." 토니가 내게 말했다. "전 기절할 뻔했어요. 또 불평이나 늘어놓을 줄 알았는데 칭찬을 듣다니 말이죠. 게다가 제게 500달러까지 주더라고요." 이것은 이 까다로운 손님이 작별인사로 준 팁이었다. 게다가 그는 자신이 재정적으로 관련된 호놀룰루의 대형 호텔에 그를 주선해주기까지 했다.

"알맞은 때에 나오는 말이 얼마나 아름다운고!"(잠언 15장 23절)

말은 생각의 표현이다. 이 웨이터의 말(생각)은 이 까칠하고 심술맞은 손님의 영혼(잠재의식)에 전달되어, 그 생각들이 서서히 손님의 마음속 얼음을 녹여 사랑과 친절로 보답한 것이다. 토니는 타인의 마음속에 하나님이 계심을 알아보고 그 위대한 진리를 신봉하는 것은 인간관계에서 정신적으로나 물질적으로나 엄청난 혜택을 준다는 사실을 증명했다.

## 모든 사람을 이해한다는 것은 모든 사람을 용서하는 것

이는 심오한 진리를 내포한 오랜 격언이다. 마우이섬의 한 호텔에서 고객관리팀장과 흥미로운 대화를 나눴다. 가끔 손님에게 "멋진 날이네요."라고 인사를 건네면, "뭐가 멋진데요? 날씨가 정말 나쁜데요. 여기는 마음에 드는 게 하나도 없네요." 같은 식으로 대답하는 손님이 있다고 한다. 그리고 감정적으로 동요되어 이성적으로 행동하지 못하는 손님들도 있다고 덧붙였다. 그녀는 호놀룰루에 있는 하와이 대학교에서 심리학을 공부했는데, 곱사등이 같은 선천적인 신체 기형으로 고통받는 사람에게 짜증내거나 화를 내서는 안 되듯, 비뚤어지고 뒤틀린 감정적 기형을 가진 사람에게도 감정적으로 대응해서는 안 된다는 교수님의 가르침을 기억하고 있었다. 우리는 이런 사람들에게 좀 더 배려하는 마음을 가져야 한다. 그들의 정신적, 감정적 혼란 상태를 이해하면 그들을 너그러운 눈으로 바라보고 쉽게 이해할 수 있다.

## 힘든 감정에 대한 면역력을 키우는 이해심

이 젊은 여성은 상냥하고 매력적이며 사근사근하고 붙임성 있는 데다 무엇에도 '성질내지 않을 것 같은' 인상이었다. 그녀는 하나님이 주신 면역력을 키워 오며 자신을 제외한 누구도 그녀의 감정을 해칠 수 없다는 것을 완전히 깨달았다. 즉 그녀에게는 누구나 그렇듯 상대방을 축복하거나 원망할 자유가 있다. 그리고 그녀는 다른 사람을 축복하는 쪽을 선택했다. 그녀의 감정을 해칠 수 있는 사람은 오직 자신, 즉 스스로 완전히 통제할 수 있는 자신의 생각일 뿐임을 잘 알고 있기 때문이다.

## 긍정 확언은 어떻게 그에게 기적적으로 작용했나

대학 학비를 벌기 위해 밤에 현악기를 연주하는 젊은 음악가가 있었다. 그는 하와이 대학교에서 법을 전공하는데 몇몇 교수들과 마찰을 겪는 바람에 구술과 필기시험을 볼 때 공부한 것이 하나도 기억나지 않아 실패했다고 말했다. 이 젊은이는 잔뜩 긴장하고 분노한 상태였다. 나는 그의 잠재의식은 그가 읽고 들은 모든 것을 완벽히 기억하고 있지만, 의식이 긴장하면 잠재의식의 지혜가 마음의 표면으로 떠오르지 못한다고 설명해주었다. 그리하여 그는 매일 아침과 밤에 다음의 긍정 확언을 명상했다.

내 잠재의식 속의 무한한 지성이 내가 알아야 할 모든 것을 내게 보여주며, 내가 공부할 때 하나님의 인도를 받는다. 나는 교수님들에게 사랑과 선의를 발산하고 그들과 평화롭게 지낸다. 나는 신의 질서에 따라 모든 시험을 통과한다.

3주 후 그로부터 성공적으로 특별 시험을 통과했고 교수님들과의 관계도 지금은 매우 좋다는 편지가 왔다.

그는 내가 준 긍정 확언을 반복함으로써 자신이 알아야 하는 모든 것을 완벽히 기억한다는 생각을 잠재의식에 심는 데 성공했다. 그리고 그가 발산한 사랑과 선의는 무의식적으로 교수들에게 전해져, 화목한 관계로 발전할 수 있었다.

## 의사는 어떻게 화를 잘 내는 성격을 고쳤나

한때 갈라져 움푹 패인 곳으로부터 맹렬히 불을 내뿜던 할레아칼라 분화구는 강력한 화산 활동 끝에 지금은 차갑게 식은 원추형의 휴화산으로 남아 있다. 나는 덴버, 피츠버그, 스톡홀름, 스웨덴, 오스트레일리아 등 전 세계 다양한 지역에서 온 사람들과 함께 그곳에 올랐다. 분화구로 가는 리무진에서 내 옆에는 오스트레일리아인 의사와 그의 아내가 앉았다. 그는 다른 사람들을 가혹하게 비판하는 자신의 습관 때문에 그의 삶에도 지금 보고 있는 화산 활동의 결과처럼 모든 걸 황폐하게 한 화산 폭발이 일어났었다고 이야기했다.

그의 이야기를 요약하면, 그는 칼럼니스트들이 신문에 쓴 글에 분노가 치밀어오르곤 해서 국회의원, 다양한 연합단체장 등에게 독설로 가득 찬 악의적이고 신랄한 편지를 썼다. 이러한 내면에서 들끓는 불만은 물리적으로 폭발하여 두 번의 심각한 심장마비와 가벼운 뇌졸중의 형태로 나타났다.

그는 병에서 회복된 후 이 모든 건 자신이 자초한 결과라는 걸 깨달았다. 병원에 입원해 있는 동안 한 간호사가 "이것이 당신에게 진정으로 필요한 약입니다."라며 시편 91편을 건넸다. 그것을 곁에 두고 읽는 사이 점차 그 의미가 그의 영혼(잠재의식)에 스며들었다. 그는 인간이 모두 다른 조건을 타고났으며, 이 세상은 하나님의 완벽함을 닮으려 노력하는 불완전한 인간들이 살아가는 곳이라는 사실을 깨닫고 적응하는 법을 배우게 되었다.

## 자신의 내면에 충실하다는 의미

이 의사는 내면에 있는 하나님의 자아에 진실해지고 다른 사람 안에도 계신 그 똑같은 하나님을 공경하는 법을 배웠다. 셰익스피어는 말했다. "너 자신에게 정직해라. 그러면 밤이 낮을 따르듯, 너도 자연히 남들에게 거짓되지 않을 것이다." 이 의사는 모든 사람에게 이해심을 갖는 것이 모든 사람을 용서하는 것임을 깨달았다. 그는 아직도 그릇된 생각은 용납하지 못하지만, 사람에 대해서는 그렇지 않다. 그는 하나님의 진리와 영원한 원리를 충실히 따르고 있다.

## 인간관계에 큰 교훈을 얻기까지

아름답고 장엄한 마우이 힐튼 호텔에 인접한 바닷가에서 나와 해수욕을 즐기던 한 남자가 말했다. "저는 모든 것에서 벗어나려 이곳에 왔답니다." 그는 정부는 물론이고 자신이 속한 조직의 모든 사람을 비판하기 시작했다. 심지어 하나님마저도 원망하는 듯 보였다. 사실, 그는 하나님이 자신을 내버려두면 훨씬 더 잘 지낼 것 같다고 말했다.

"어떻게 하면 인간관계를 더 원만하게 맺고 이 마음에 안 드는 사람들과 잘 지낼 수 있을까요?" 그가 물었다. 나는 그에게 많은 사람이 인간관계에서 겪는 어려움의 상당 부분이 그 문제의 원인을 자신의 내면에서 찾지 않는다는 데 있다는 사실을 지적했다. 그 첫 번째 단계는 자신의 어려운 자아와 잘 지내는 것이다. 그러면서 그가 직원과 동료들과 겪는 문제의 많은 부분이 일차적으로는 그 자신으로부터 비롯되었고 다른 사람들은 이차적인 원인이라고 설명했다.

그는 자신이 표출되지 않은 분노와 적대감으로 가득 차 있으며 인생의 야망이 계획처럼 되지 않는 데 깊이 좌절한 상태라고 인정했다.

그의 억압된 분노가 주변 사람들의 잠재된 적대감이나 분노를 자극하는 것을 보기 시작했다. 그는 그들의 반응에 고통받았고, 동료와 직원들의 악의와 적대감이 그 자신의 적대감과 좌절감을 상당 부분 반영하고 있음을 발견했다.

나는 그에게 영적인 긍정 확언을 주었고, 그는 이를 깊이 확신하며 규칙적으로 반복했다.

나는 원인과 결과의 법칙이 있으며, 이에 따라 내가 만들어낸 기분은 다른 사람들이 나를 대하는 반응과 상태, 사건으로 내게 돌아온다는 것을 알고 있다. 내 내면의 혼란과 분노는 다른 사람은 물론이고 심지어 동물들에게도 불쾌감과 분노를 일으킨다는 것을 깨닫는다. 나는 내가 어떤 경험을 하든 그것에 대해 의식적으로나 무의식적으로나 내 마음에서 호감을 느껴야 한다는 것을 알고 있다. 내가 생각하고 느끼는 것이 내가 되고, 내가 생각하고 느끼는 대로 표현하고 경험하고 행동하기 때문이다.

나는 이 정신적, 영적인 약을 하루에도 몇 번씩 나 자신에게 준다. 나는 내 안에 있는 하나님의 중심에 따라 생각하고 말하고 행동한다. 나는 주변의 모든 사람과 이 세상 모든 사람에게 사랑과 평화, 선의를 발산한다. 하나님의 무한성이 내 안에서 미소 지으며 휴식하고 있다. 평화는 하나님 마음의 힘이며, 그분의 평화의 강이 내 마음과 가슴, 온몸에 넘쳐흐른다. 나는 하나님의 무한한 평화와 합일을 이룬다. 내 마음은 하나님 마음의 한 부분이며, 하나님에게 부합하는 것은 곧 내게 부합하는 것이다.

나는 이 세상 어떤 누구, 어떤 장소, 어떤 사물도 나의 정신적 동의 없이는 나를 화나게 하거나 짜증나게 하거나 혼란스럽게 할 힘이 없다는 것을 깨달아 알고 있다. 내 생각은 창조적이다. 나는 의식적으로 애써 모든 부정적인 생각과 암시를 떨쳐내고, 하나님이 나의 인도자, 상담자, 통치자이시며 그분이 나를 지켜주신다고 긍정한다. 하나님이 나의 진정한 고용주이며 나는 그분을 위해 일하고 있음을 알고 있다.

나의 진정한 자아는 하나님이시므로, 상처 입거나 악영향 받거나 방해받지 못한다. 나는 자기비판이나 자기비하, 자기모욕으로 나 자신에게 가장 큰 상처를 준 사람이 바로 나 자신임을 깨닫는다.

3주 후, 그에게 편지가 왔다. 이러한 정신적 영적 법칙을 실천한 결과, 혼란스럽고 부글부글 끓어오르는 가마솥 같은 마음에 평온과 평정, 침착함이 채워졌다는 내용이었다.

## 사람들을 향한 유익한 철학적 태도를 익히는 방법

하와이에서 어느 일본인 사업가와 흥미로운 대화를 나누던 중 이렇게 자신의 철학을 들려주었다.

"나는 50여 년 동안 사업하면서 여기저기 많이 돌아다녔습니다. 그러면서 인간은 기본적으로 선량하고 정직하다는 사실을 알게 되었습니다. 나는 사람들을 있는 그대로 받아들입니다. 사람들은 저마다 모두 다릅니다. 저마다 배움과 가진 조건이 다르지요. 다들 다른 관습과 종교적 믿음을 가지고 있고요. 이 모든 것은 그들이 받은 훈련과 교육, 습관적 사고가 만들어낸 결과입니다.

나는 사람들에 대해 불평하고 고객들에게 화를 낸다고 해서 그들이 바뀌지 않는다는 걸 알고 있습니다. 그러니 그들이 나를 동요하게 하지 않고, 누구도 내 마음을 괴롭히지 못하게 합니다. 나는 그들 모두를 축복하며 앞으로 나아갑니다."

## 악성 채권을 해결한 방법

그는 자신에게 상당한 돈을 빚지고도 청구서를 무시한 채 상환할 생각조차 하지 않는 고객 10명의 명단을 보여주며 말했다. "나는 이들 각자를 위해 아침저녁으로 기도했습니다. 하나님이 모든 면에서 이들을 번영케 하시고, 하나님이 그들을 선으로 인도하고 선을 지시하며 선을 증식시키신다는 것을 깨달았거든요. 나는 이들이 자신의 청구서를 기쁘게 지불하고 정직하고 성실하게 살아가며 모든 면에서 축복받기를 기도했습니다. 이렇게 기도를 시작한지 한 달이 되었는데, 그들 중 8명이 상환 지연을 사과하며 빚을 갚았습니다. 아직 두

명이 남아있지만, 그들도 곧 갚을 것임을 알고 있습니다."

그는 불량 채무자를 대하는 자신의 정신적 태도가 바뀌자, 그들 또한 변한다는 것을 깨달았다.

## 행복한 인간관계를 맺는 열쇠

사람들을 존중하라. 다른 사람 안에 계신 신성을 공경하며 경의를 표하라. 모든 사람에게 사랑과 선의를 발산하라. 어떤 사람도 자신에게 수용적인 사람에게 논쟁적이고 적대적이고 대립적이며 무뚝뚝한 태도로 대하지 않는다는 것을 깨달아라. 어디에나 정신적 갈등은 있기 마련임을 알고 있자. 카후나가 말했듯, '내면에 그들을 잡아먹고 있는 무언가가 있기' 때문이다.

어디에나 심리적 고통은 있기 마련이다. 하나님은 당신의 진정한 자아다. 그러므로 상처 입거나 악영향 받거나 방해받지 못한다. 살아가면서 상대하기 어렵고 힘든 사람들을 만나면, 그들을 하나님께 일임하고 그로써 이제 당신은 하나님 안에서 자유롭다고 선언하고, 그들을 하나님의 보살핌에 맡겨라. 그러면 푸른 초원의 고요한 물가에서 느긋하게 휴식하고 있는 자신을 발견하게 될 것이다.

18장

# 하나님과 동행하는 혜택 누리기

최근 유럽 강연 여행차 포르투갈, 프랑스, 영국, 아일랜드를 다녀왔다. 캘리포니아에서 동쪽으로 이동하던 중 뉴욕에서 비행기에서 내리다가 오랜 친구인 잭 트레드웰을 만났다. 《정신적 자력의 법칙 The Laws of Mental Magnetism》이라는 베스트셀러의 저자이기도 한 그는 자신이 살던 호텔에서 만난 한 노인에 대한 이야기를 들려주었다. 그 노인은 관절염으로 제대로 걷지 못했는데, 그는 노인에게 긍정하기 요법을 시도해보라고 제안하며 다음과 같은 긍정 확언을 써주었다.

> 하나님 사랑의 치유력이 이제 내 존재의 원자 하나하나를 하나님의 온전함, 아름다움, 완벽함의 패턴으로 변화시키고 있다.

이 노인은 매일 15분 정도 이 진리를 긍정했다. 그렇게 한 달이 지날 무렵, 그는 즐겁고 편하게 자유로이 걸을 수 있었다. 관절염을 유발한 모든 석회가 제거된 것이다. 그는 정신적, 영적, 신체적으로 하나님과 하나 되어 동행하기로 했다.

이 치유는 기적이 아니었다. 이 노인의 몸을 만든 무한한 치유의 존재는 늘 그의 안에 있었지만, 그걸 사용하지 못했던 것이다. 잭 트레드웰은 그의 내면에 있는 하나님의 선물을 자극하는 법을 가르쳐주었다. 이를 두고 성경에서는 이렇게 말씀하신다. "그러한 까닭에 나는 그대에게 상기시킵니다. 내 안수로 그대가 받은 하나님의 은사를 다시 불태우십시오."(디모데후서 1장 6절) 하나님과 함께 걷고 이야기하며 동행할 때, 하나님과 다른 모든 것이 당신의 몸과 마음, 상황에 녹아든다.

## 하나님과 동행하는 법

나는 여행을 떠나거나 강연 여행을 갈 때마다 다음 확언을 암송한다.

> 나의 여정은 하나님의 여정이다. 그러므로 그분이 가시는 모든 길은 기쁨이며 그분이 가시는 모든 오솔길은 평화이다. 나는 성령이 이끄심과 하나님의 인도를 받으며 인도한다. 내가 가는 길은 고대 페르시아 제국의 왕의 길, 부처의 중용의 길, 예수의 곧고 좁은 문, 왕의 대로이다. 나는 내 생각을 다스리는 왕이기 때문이다.

나는 하나님의 사랑과 평화, 빛과 아름다움이라는 나의 전령들을 내 앞에 보내어 나의 길을 곧고 아름답고 기쁘고 행복하게 만든다. 나는 하나님과 동행하며 어디를 가든 하나님이 보내신 평화와 기쁨의 전령들을 만난다. 내 눈이 하나님만을 바라보니 내가 가는 길에 악이 없다.

비행기, 버스, 기차를 타거나 걸어서 여행할 때 하나님의 힘이 늘 내 주변을 감싼다. 그것은 하나님의 보이지 않는 갑옷이니, 나는 자유롭고 기쁘고 신나게 이곳저곳을 다닌다. 하나님의 영이 내게 임하여, 저 위 천국부터 저 아래 땅의 모든 길을 나의 하나님의 대로로 만든다. 정말 멋지지 않은가!

나는 해외여행을 하는 수백 명의 사람에게 앞의 그 긍정 확언을 주었는데, 이 진리로 마음을 충만하게 하여 멋진 삶을 살고 있었다. 이 진리가 잠재의식으로 가라앉았고 그에 따라 깊은 마음이 반응한 결과이다. "네 믿음이 너를 구원하였다. 평안히 가거라."(누가복음 7장 50절)

## 기적을 믿자

뉴욕을 떠난 뒤 제일 먼저 들른 곳은 리스본이었다. 포르투갈은 험

준한 산과 굽이치는 평원, 코르크 농장, 13-14세기의 작은 마을로 이루어진 나라다. 나는 자동차로 이동하는 특별 가이드를 고용해 리버풀에서 온 조카와 함께 파티마 성모 발현 성지를 방문했다. 우리 가이드는 파티마 성지 이야기를 들려주었다.

1917년 5월 13일, 복되신 동정 마리아께서 이곳에서 루시아, 프란치스코, 히야친타 세 아이 앞에 발현하셨다. 갑자기 그들 주위에 번개가 치더니 나무 위에서 태양보다 더 빛나는 '성모님'이 모습을 드러내셨다. 루시아가 그 부인에게 그녀가 누구인지 묻자, "나는 천국에서 왔다. 너희는 매월 13일 이 시각에 여섯 번 여기로 돌아와라."라고 했다.

아이들은 거짓말한다며 시달림당했다. 그러나 그들의 말을 믿는 사람도 여럿 있었다. 하지만 성모 마리아를 볼 수 있는 사람은 이 아이들뿐이었다. 뒤이어 성모님께서 발현하셨다는 장소에 가면 병든 사람이 낫는 치유의 기적이 일어났다.

성모님께서 마지막으로 발현하신 때는 10월 13일이었다. 비가 내리는 날이었는데, 번개가 치면서 복되신 마리아께서 나타나셨음을 알렸다. 성모님께서는 3년째 이어지던 전쟁이 곧 끝날 것이라고 예언하셨고, 그 밖의 여러 예언 메시지를 남기셨다. 우리 가이드의 설명에 따르면, 그날 4만 명이 태양이 춤추는 것을 목격했다고 한다. 비가 갑자기 그치더니 빛나는 왕관을 쓴 태양이 불꽃의 수레바퀴처럼 빛을 발산하며 빙글빙글 도는 광경에 사람들은 무릎을 꿇었다.

## 직접 목격한 치유의 기적

우리는 성모님이 발현하신 그 성당을 방문했다. 우리 가이드는 오른쪽 다리가 마비된 한 여성을 가리켰다. 그녀는 목발을 짚고 있었고 곁에서 아들이 부축하고 있었다. 가이드는 포르투갈어로 올린 그녀의 기도를 해석해주었다. "성모님께서 발현하신 곳에 제가 무릎을 꿇으니 저는 치유될 것입니다. 하나님 찬미합니다." 우리는 그녀가 손에 묵주를 든 채 한쪽 무릎을 꿇는 모습을 지켜보았다. 그녀는 성모님께 열심히 기도했다. 15분쯤 지났을 때 우리는 그녀가 일어나 기쁨의 눈물을 흘리며 자유롭게 걸어서 성당을 나오는 모습을 보았다. 성경에서는 이렇게 말한다. "'하실 수 있으면'이 무슨 말이냐? 믿는 이에게는 모든 것이 가능하다."(마가복음 9장 23절)

## 기적의 의미

기적은 자연법칙을 거스르는 것이 아니다. 기적은 불가능이 아닌 가능을 증명한다. 기적은 사람들이 기적의 발현을 보기 전부터 알고 있던 것보다 더 높은 법칙을 따를 때 일어나는 일이다.

## 그녀가 치유된 원인

위에서 말한 그 여성은 자신이 믿고 기대한 대로 치유되었다. 그녀는 성모님이 나타나셨다고 믿는 곳에 있을 수만 있다면 치유될 것이라고 믿었다. 그녀의 믿음이 잠재의식 속 치유의 힘을 발산하게 한 것이다!

인생의 법칙은 믿음의 법칙이고, 믿음을 간단히 정리하면 마음속 생각이라고 할 수 있다. 당신의 의식과 이성이 진실이라고 받아들이는 것은 무엇이든 잠재의식으로부터 이에 상응하는 반응을 낳는데, 이는 곧 당신 안의 무한한 지성과 하나이다. 이 여성의 신앙 혹은 믿음이 자신을 치유한 것이다.

## 무한한 치유력과 이를 사용하는 방법

진정한 영적 치유법은 마법 지팡이를 휘두르거나 사원을 방문하거나 성물을 만지거나 특정한 물에 몸을 담그거나 성인들의 유골에 입을 맞추는 등의 어떤 마법적 힘에 기대는 행위가 아니라, 당사자와 이 세상 만물을 창조하고 모든 이의 마음에 내재하는 무한한 치유의 존재에 대한 개개인의 정신적 반응에 있다.

## 영적 치유와 신앙적 치유의 차이

신앙적 치유와 영적 치유는 다르다. 신앙 치유자는 의식과 잠재의식의 힘에 대한 지식이나 과학적 이해 없이 치유하는 사람이다. 그래서 마법 같은 치유 능력이 있다고 주장할 수도 있고, 그런 사람에 대한 병자의 맹목적 믿음이 결과를 가져올 수도 있다.

영적 치유자는 자신이 무엇을 왜 하고 있는지 알고 있어야 한다. 그는 치유의 법칙을 믿는다. 마음의 법칙은 당신의 잠재의식에 무엇이 새겨지든 형식, 기능, 경험, 사건 같은 방식으로 표현된다.

## 성모 발현의 의미

성모님은 '동정녀 마리아Virgin Mary'라고도 불린다. 라틴어 마레mare는 바다를 의미하고, 동정녀Virgin는 순수함을 의미하므로 '동정녀 마리아'는 '순수한 바다'라는 의미이다. 그리고 하나님의 여성성을 나타낸다. 이 여성적인 측면 또는 주관적 마음은 고대 상징체계에서 아무도 그 베일을 벗길 수 없었던 이시스, 페르시아인의 소피아, 에페소인의 다이아나로 언급되며, 이슈타르, 아스타르테, 밀리타, 부처의 어머니 마야로도 불린다. '하나님의 어머니'라는 표현은 주로 성모 마리아를 지칭한다. 물론 하나님에게는 아버지도 어머니도 없다. 신은 태어나지도 죽지도 않은 생명의 원리다. '하나님의 어머니'는 당신 마음속의 좋은 것을 어머니로 삼거나 그 안에 머무르거나 그것을 키워 간다는 의미이다. 즉 정신적인 태도인 것이다. '하나님의 어머니' 혹은 '성모 마리아', '동정녀 마리아'는 순수한 신화로 사랑과 아름다움, 질서, 하나님이나 모든 선한 것을 낳는 마음을 의미한다.

## 루르드와 파티마의 성모 발현은 주관적인 마음이 만들어낸 것일까?

만약 내가 당신에게 최면을 걸어 최면 상태일 때 이렇게 암시한다고 가정해보자. 내가 당신을 최면에서 깨울 때 당신은 할머니를 보고 이야기를 나눌 것이며, 그때 할머니가 당신에게 당신 자신과 세계에 대한 예언 메시지를 전할 것이다. 그러면 당신의 잠재의식이 할머니의 이미지를 투영하여, 이에 따라 당신은 할머니를 보고 할머니와 이야기를 나눌 것이다. 당신의 잠재의식은 내가 암시한 내용에 근거해 예언과 예지를 말할 것이다. 당신의 잠재의식 속에 할머니를 기억하는 사진이 있었다는 걸 기억하자. 물론 당신이 만난 것이 진짜 할머니는 아니다. 할머니는 분명 돌아가셔서 저세상에서 잘 지내고 계시니 말이다. 당신은 그저 주관적인 환각을 경험한 것이다. 당신이 최면술을 받은 방에 있는 다른 사람들은 할머니를 볼 수 없었다. 당신의 생각 사진을 볼 수 있는 사람은 당신 자신뿐이다. 파티마에 발현한 성모님은 그 아이들만 보았다고 보고되었다. 군중들 눈에는 아무것도 보이지 않았다.

## 베르나데트가 루르드에서 본 환시

알려진 바에 따르면 베르나데트는 외로운 어린 시절을 보냈다고 한다. 천식 발작으로 고통받았고 감정적으로 억제되었다. '성모님'을 보게 될 것이라는 마음속 흥분과 기대는 자동적인 최면 암시로 작용했고, 그녀의 잠재의식은 교회의 성모상이나 기도서의 성모 그림과 일치하는 여성의 이미지를 투영했다. 그녀의 경험은 자신의 마음속에서 투영된 것 같다. 환각은 그걸 보는 이의 마음 상태에 기반한다. 성스러운 존재를 열렬히 보고 싶어하는 사람은 성상이나 기도서 그림, 성화 등을 토대로 성모 마리아나 그 밖의 종교적 인물에 대한 개념을 볼 수 있도록 자신의 잠재의식을 형성할 수 있다.

## 어째서 예언은 이루어졌을까

파티마에 나타난 성모는 히야친타와 프란치스코가 독감으로 죽고 루시아는 수녀가 될 것이라고 예언했다. 그리고 모든 일이 이대로 실현되었다. 그러나 기억하라. 당신의 미래는 이미 당신의 마음속에 있으므로 능력 있는 심령술사나 영매라면 당신의 미래를 상당히 정확하게 예측할 수 있다. 당신의 미래는 마음의 현재 상태가 발현된 것이지만, 진심을 담아 긍정 확언한다면 보편적 원리의 관점에서 생각함으로써 미래를 바꿀 수 있다. 조화와 건강, 평화, 사랑, 바른 행동과 신의 법과 질서에 순응하도록 사고방식을 바꾸면, 당신이 가는 모든 길이 기쁨이요, 그 오솔길에는 평화가 있을 것이다. 그러면 어떤 부정적인 예측도 실현될 수 없다. 파티마의 경우, 그 예언이 실현되도록 이끈 것은 아이들 자신의 잠재의식이었다.

## 어느 장님을 치유한 근거

파리에서 내 강연에 참석했던 한 젊은 여성이 감정적 문제를 상담하고자 내가 묵고 있는 나폴레옹 호텔로 찾아와 대화를 나누었다. 그녀는 시골에서 파리로 처음 올라와서 재봉사로 일했다. 그녀의 고용주들은 그녀에게 매우 못되고 인색하게 굴었다. 그녀는 그들에게 원한을 품었고, 그후 자신이 시력을 잃어가고 있다는 사실을 알게 되었다. 안과를 찾아가자 의사는 재봉사를 그만두고 시골 생활로 돌아가라고 제안했다. 하지만 그녀는 의사의 조언을 무시했고 시력은 점점 더 나빠졌다. 이번에는 동네 의원을 찾아갔는데, 그는 지금 일자리를 그만두고 다른 곳을 찾으라고 말하며 그녀의 잠재의식이 불쾌한 환경과 고용주들을 차단하려 하고 있다고 설명했다. 그 의사의 설명이 납득된 그녀는 그 말을 따랐다. 행복하게 일할 수 있는 다른 자리를 찾았고, 시력도 점차 회복되었다.

그녀는 실제로 이전의 고용주들을 보고 싶지 않았었다고 말했다. 그러자 그녀의 잠재의식이 그에 반응하여 고용주들과 그에 관련된 환경을 볼 수 없게 했던 것이다. 결국 그녀는 이전 고용주들을 축복하고 앞으로 나아가는 법을 배웠다.

시력이 떨어지는 경우, 왜 자신의 잠재의식이 눈을 희생양으로 삼는지 자문해 보는 것이 현명하다. 당신의 인생에서 없애버리거나 차단하고 싶은 것이 무엇인가? 답은 당신 내면에 있고 해결책 역시 마찬가지다.

## 그녀의 생명을 구해준 신의 동반자

파업으로 파리에서 운행하는 택시가 없어서 프랑스 신문사의 여기자가 오를리 공항으로 나를 데리러 왔다. 그녀는 나의 오랜 친구로, 여행할 때면 내가 여행시 사용하는 이번 장 첫 부분에 공개한 그 긍정 확언을 끊임없이 반복한다. 그녀는 이 특별한 확언이 머리카락처럼 자신의 일부가 되었다고 말했다.

작년에 그녀는 북아프리카, 그리스와 몇몇 지중해 국가로 여행을 갈 예정이었다. 그런데 어느 날 밤 꿈에 내가 나타나서는 그녀가 탈 비행기가 재난을 당할 테니 여행을 미루라고 말했다고 한다. 그녀는 여행을 취소했고, 문제의 그 비행기는 추락했다. 그녀는 자신의 깊은 마음이 작용하는 방식을 이해하게 되었다고 했다.(잠재의식이 그녀가 믿고 그 말을 따를 사람의 이미지를 투영했던 것이다) 사실 그녀를 지켜준 것은 그녀 내면에 임재하신 하나님이었다. 그녀의 신의 동반자가 모든 길에서 그녀를 지켜준 것이다. 이는 우리 모두의 내면에 하나님이 존재하신다는 의미이다. "나 주님이 환시 속에서 나 자신을 그에게 알리고 꿈속에서 그에게 말할 것이다."(민수기 12장 6절)

## 잠재의식의 힘을 이용해 부자가 되는 법

메리 스털링 박사는 자신이 프랑스어로 번역한 《잠재의식의 힘》이 기대를 훌쩍 뛰어넘는 판매고를 올리며, 파리 두에가 22번지 그녀의 연구소로 놀라운 치유와 기도에 대한 응답을 간증하는 편지가 쏟아지고 있다고 알려주었다. 그중 한 파리 시민의 흥미로운 사례를 전해주었다.

내 책에 소개된 기법대로 잠들기 전 10분 동안 "부는 나의 것, 나는 이제 부유하다."라고 긍정했고 이를 잠들 때까지 반복했더니 큰 돈을 벌게 되었다는 것이다. 그는 이러한 긍정 확언을 반복함으로써 이러한 생각을 마음에 스며들게 했고, 마침내 성공을 거두었다. 마치 미다스의 손길처럼 자신이 손대는 것마다 돈을 벌었다. 미화 6만 달러에 상당하는 복권에 당첨된 것이 대표적인 예이다. 그는 자신을 인도하고 지시하며 치유하고 영감을 불어넣는 잠재의식의 힘을 진심으로 믿었고, 잠재의식은 그의 믿음대로 반응했다.

## 언제나 해답은 있다

런던 캑스턴홀과 영국 남부 해변 휴양지 본머스에서 몇 차례의 강연을 앞두고 파리에서 런던을 가던 중 내 옆에 앉은 한 프랑스인 소녀가 말을 걸었다. "박사님 강연을 들으러 런던으로 가는 중이랍니다. 제 마음의 힘에 대해 더 듣고 싶어졌거든요. 파리 강연에서 잠재의식에 무엇을 새기든 그것이 표현되고 성취될 거라고 말씀하셨잖아요."

이 소녀는 학생이라 런던까지 올 경비가 없었다. 그래서 "나는 신의 질서에 따라 머피 박사의 강연을 들으러 런던에 갈 것이다. 그리고 모든 것은 내 깊은 마음에 의해 준비될 것이다."라고 선언했다.

그녀는 파리에서 의사로 일하는 오빠에게 잠재의식에 대한 관심을 이야기했다. 그러자 오빠가 "그러면 런던에 가서 그 강연을 듣지 그래?"라면서 2,000프랑을 주었다. 여행 경비로 충분하고도 남는 금액이었다. 이전에 그녀는 오빠가 이러한 가르침에 적대적이라고 생각했었다.

잠재의식의 작용 방법은 알아차리기 쉽지 않다. 그녀는 수천 명의 다른 사람들이 그랬듯, 항상 답이 있다는 것을 발견했다. "청하여라, 너희에게 주실 것이다. 찾아라, 너희가 얻을 것이다. 문을 두드려라, 너희에게 열릴 것이다."(마태복음 7장 7절)

## 어떻게 잉글리시 더비 경마에서 세 번이나 이겼을까

나는 지난 20년 동안 2년에 한 번꼴로 런던 캑스턴 홀에서 몇 차례씩 강연했는데, 이번 강연 기간 중 친구들과 모임을 갖던 곳에서 만난 한 청년이 내게 말했다. "박사님께서 제가 마음을 나쁜 쪽으로 사용하고 있다고 생각하지 않으시길 바랍니다. 더비가 열리기 3개월 전, 저는 매일 밤 잠들기 전 '이번 더비의 승자'라고 긍정했습니다. 그리고 잠재의식이 제게 답을 보여줄 것이라고 확신하며 '승자'라는 단어를 자장가처럼 잠들 때까지 반복했습니다." 그는 3년 연속으로 경주 전날 밤 꿈에서 우승마를 보았고, 작년에는 1,000파운드를 걸어 상당한 돈을 벌 수 있었다. 그의 잠재의식은 그 힘을 믿는 그의 믿음에 반응했다. 그가 우승마를 미리 본 것을 예지라고 하는데, 바로 마음의 능력이다.

나는 그에게 잠재의식은 도덕성과 무관하다고 설명해주었다. 그것은 법칙이고, 법칙에는 선악의 개념이 없기 때문이다. 시험을 치르기 전 잠재의식에서 시험 문제를 보는 걸 나쁘다고 할 수 없다. 개나 말의 경주 대회 우승자를 보는 것도 마찬가지다. 단 하나의 주관적인 마음이 있는데 그것은 개에게도, 고양이에게도, 모든 생명체에게 있는 것이다.

## 죄책감을 해소함으로써 팔에 생긴 궤양을 치유하다

한 젊은 외과의사가 강연장인 캑스턴홀 옆의 세인트 어민스 호텔로 나를 찾아왔다. 좀 전에 '당신이 치유될 수 있는 이유'라는 내 강연을 듣고 온 것이다. 그는 내게 자신의 팔을 보여주었다. 궤양이 심각한 상태였다. 그는 온갖 치료법을 시도해 봤지만 아무 소용이 없었다. 궤양은 아무런 차도를 보이지 않았다. 내가 그에게 혹시 오른팔로 죄책감을 느낄 법한 일을 하진 않았는지 묻자, 그가 정직하게 다소 슬픈 어조로 대답했다. "제가 인턴이었을 때 경제적인 이유로 몇 번의 낙태 수술을 했습니다. 제 종교에서는 낙태를 살인으로 봅니다. 그래서 저는 죄책감과 후회로 가득 차 있습니다." 나는 그에게 물었다. "지금도 하나요?" 그가 대답했다. "물론 아닙니다. 지금은 사람들이 건강해지도록 돕고 있습니다."

나는 그에게 설명했다. 그는 자신을 벌하고 있으며, 그러한 수술을 집도했던 사람은 더 이상 존재하지 않는다. 그는 이제 정신적, 감정적, 영적으로 완전히 변화했으니 사실상 무고한 사람을 벌하고 있는 셈이었다. 하나님은 누구에게도 벌을 내리지 않으신다. 우리가 스스로 용서할 때 우리는 용서받은 것이다. 자책은 지옥이며, 자기용서는 천국이다.

이 외과 의사는 즉시 내 설명의 요점을 파악했다. 과거의 자신은 죽었다. 그는 이제 자신이 결백하다고 생각했다. 일주일 동안 이어진 강연이 끝나기 전, 그는 완벽히 나아 온전해진 손과 팔을 내게 보여주었다. 바울은 이렇게 말한다. "이 한 가지는 분명합니다. 나는 내 뒤에 있는 것을 잊어버리고 앞에 있는 것을 향하여 내달리고 있습니다.(…) 상을 얻으려고 그 목표를 향하여 달려가고 있는 것입니다."(빌립보서 3장 13-14절)

## 기적의 케빈

글렌달로그는 전통적으로 아일랜드의 '일곱 교회' 유적으로 알려져 있다. 성 케빈은 이곳에서 4년간 그 땅에서 나는 약초와 나무뿌리, 나무 열매만 먹으며 믿을 수 없을 정도로 금욕적인 생활을 했다. 498년에 태어나 618년에 죽은 그는 '기적의 케빈'이라고도 불린다.

어느 날, 마을의 한 농부가 우연히 눈에 돌을 맞았다. 그 눈으로는 아무것도 보이지 않았고 극심한 고통에 시달렸다. 성 케빈이 하나님께 간절히 기도하며 그의 눈을 만졌다. 그러자 즉시 피가 멈추고 고통이 사라지더니 상처가 치유되었다. 그리고 시력도 회복되었다. 많은 마을사람이 이 기적을 목격하고 크게 감화되었다.

## 순례지

성 케빈의 침대는 글레달로그 성지 순례의 핵심 부분이다. 그 침대는 수면 9미터 높이에 난 동굴이다. 성 케빈의 침대에 오르는 데 성공한 사람들은 간절히 원하는 소원이 이루어진다는 전설이 있다. 성 케빈의 의자에 앉은 사람은 그 외의 다른 소원도 이루어진다고 한다.

이번 성 케빈 성지 순례에는 내 누님도 동행했다. 우리는 킬라니에서 온 여성과 이야기를 나눴다. 그녀는 몇 년 전 암 말기일 때 이곳에 왔다고 한다. 가이드의 도움을 받아 성 케빈의 침대에 올라, 성 케빈에게 기도를 올렸다. 그리고 며칠 후, 치유되었다는 느낌이 들었다. 의사는 조직 검사와 엑스레이 검사를 한 뒤 암이 치유되었다는 그녀의 느낌을 확인해주었다. 그로부터 벌써 5년이 지났고, 그녀는 지금 튼튼하고 활기찬 삶을 살고 있다.

## 성 케빈의 우물

한 무리의 관광객이 우물 주변에 모였다. 가이드는 성 케빈의 것으로 추정되는 바위에 난 다섯 개의 손가락 자국을 가리켰다. 방문객들은 바위의 그 자국에 왼손을 정확히 맞추었다가 그 옆의 우물에 손을 넣고 기도했다. 그러면 그 소원이 성 케빈의 중재를 통해 이루어진다고 한다.

## 관절염 걸린 손은 어떻게 치유되었나

바위 근처의 한 노인이 내게 자신의 이야기를 들려주었다. 3년 전

관절염으로 양손을 거의 쓸 수 없는 지경이었는데, 알려진 대로 바위 위에 손을 얹은 뒤 우물에 손을 넣고 성 케빈에게 치유를 간청했다. "그랬더니 내 병이 나았다오. 이것 보시오." 그가 말했다. 노인의 양손은 완벽히 정상이었다.

## 이러한 치유는 어떻게 일어나는 것일까

에머슨은 말한다. "모든 개인에게는 보편적인 한마음이 있다. 모든 사람은 그 마음에 접근할 수 있다. 일단 한 번이라도 그 권리를 인정받은 사람은 누구나 자유로워질 수 있다. 또한, 플라톤이 생각했던 것처럼 생각하고, 성인이 느낀 것을 느낄 수 있다. 언제 누구에게 일어난 일이라도 모두 이해할 수 있다. 이 보편적인 마음에 가까이 간 사람은 이미 존재하는 일이나 앞으로 일어날 모든 일에 참여할 수 있다. 이것이야말로 통치권을 가진 유일한 행위자이기 때문이다."

예를 들어, 전기 기술자가 전기나 전자에 관련한 문제에 대해 답을 찾고 있다면 에디슨, 패러데이, 마르코니 등과 같은 인물의 모든 독창성, 기술, 연구, 발견, 지혜는 보편적 마음의 저장고에 있으므로, 누구든 이들의 지식과 지혜에 파장을 맞출 수 있다. 바흐, 베토벤, 브람스가 연주한 음악도 보편적인 마음에 축적되어, 우리 모두에게 활력을 준다. 음악가라면 누구나 이 저장고에 파장을 맞추고 문을 열면 즉시 이용할 수 있다. 종교 문헌에 언급된 성인들은 자신들의 문제를 극복했으며, 다른 사람들보다 더 많은 신성을 갖춘 사람들이다. 그들의 영적 인식은 다른 사람들보다 훨씬 높은 단계에 있으며, 그들의 치유 의식과 정신적, 육체적 모든 병에 대한 승리는 보편적 잠재의식이라는 은행에 축적된다.

이런 맥락에서 풀이하면, 그 아일랜드 노인은 그가 성 케빈에게 기도하면서 상상력에 불이 붙고 그의 의식이 믿음과 기대로 고양되자 항상 보편적인 마음에 있는 치유의 진동에 주파수를 맞추게 된 것이다. 그의 마음이 믿음과 기대로 가득 차 있었기 때문에 그의 기도는 효과를 발휘할 수 있었다. 모든 것을 포함하는 그의 깊은 헌신적인 믿음은 잠재의식에 새겨져 치유로 이어졌다.

잠재의식에 새겨질 만큼 충분히 오랫동안 주의를 집중하면 무엇이든 경험으로서 실증하게 된다. 이것이 성 케빈의 바위와 우물에서 일어나는 기적에 대한 설명이다.

조셉 머피

**52주간 긍정 확언 잠재의식의 힘**

**초판 1쇄 인쇄** 2023년 6월 20일
**초판 1쇄 발행** 2023년 6월 26일

**지은이** 조셉 머피
**옮긴이** 임지연
**펴낸이** 박수길
**펴낸곳** (주)도서출판 미래지식
**디자인** 최치영

**주소** 경기도 고양시 덕양구 통일로 140 삼송테크노밸리 A동 3층 333호
**전화** 02)389-0152
**팩스** 02)389-0156
**홈페이지** www.miraejisig.co.kr
**전자우편** miraejisig@naver.com
**등록번호** 제 2018-000205호

ISBN 979-11-91349-77-1 (13190)